建设学习型党组织

中宣部理论局、中组部干部教育局“党员干部学习推荐书目”

转变经济发展方式研究

国家发展和改革委员会学术委员会办公室　**编**

中 国 计 划 出 版 社

图书在版编目（CIP）数据

转变经济发展方式研究／国家发展和改革委员会学术委员会办公室编．—北京：中国计划出版社，2009.10（2012.6）
ISBN 978-7-80242-355-8

Ⅰ．转…　Ⅱ．国…　Ⅲ．经济发展—研究—中国　Ⅳ．F124

中国版本图书馆 CIP 数据核字（2009）第 142358 号

转变经济发展方式研究

国家发展和改革委员会学术委员会办公室　编

☆

中国计划出版社出版

（地址：北京市西城区木樨地北里甲 11 号国宏大厦 C 座 4 层）

（邮政编码：100038　电话：63906433　63906381）

新华书店北京发行所发行

三河富华印刷包装有限公司印刷

787×1092 毫米　1/16　21.25 印张　315 千字

2009 年 9 月第 1 版　2012 年 6 月第 9 次印刷

印数 47201—52200 册

☆

ISBN 978-7-80242-355-8

定价：45.00 元

《转变经济发展方式研究》

编撰人员名单

顾　问： 王春正　朱之鑫　白和金

主　编： 宋　群

副主编： 孙国华　贺克俭

编　委（按姓氏笔画排序）：

历志海　王树理　孔云龙　曲福田　刘晏良
杨庆育　杨振江　李忙全　沈金华　杭栓柱
欧阳彪　姚木根　银温泉　韩立华

目 录

总 报 告

分 报 告

总 报 告

转变经济发展方式的若干问题研究

国家发展改革委学术委员会办公室课题组

一、转变经济发展方式的理论创新和重大意义

（一）转变经济发展方式概念的提出

党的十七大明确提出“转变经济发展方式”，并作为“关系国民经济全局紧迫而重大的战略任务”，这是认真总结国内外发展实践经验和深化理论认识的结果①。改革开放以来，在中国特色社会主义理论指导下，我们坚持以经济建设为中心，聚精会神搞建设，一心一意谋发展。党中央不仅一直十分重视转变经济增长方式问题，也十分重视转变经济发展方式问题。党的十二大提出把全部经济工作转到以提高经济效益为中心的轨道上来。党的十三大提出要

---

① 中国网十七大专题网站：《朱之鑫解读转变经济发展方式：科学发展观的要求》。中国经济由“转变经济增长方式”到“转变经济发展方式”，这一提法的改变，朱之鑫表示，绝不仅仅只是两个字的改变，而是有着深刻的内涵，反映了党对经济发展问题认识的深化。朱之鑫从三方面作了解释：一是转变经济发展方式的提法，更好地体现了落实科学发展观的要求。二是转变经济发展方式的提法更好地体现了发展社会主义市场经济的要求。三是转变经济发展方式的提法，更好地体现了抓住主要矛盾和突出问题的要求。

从粗放经营为主逐步转到集约经营为主的轨道。党的十四大提出努力提高科技进步在经济增长中的含量，促使整个经济由粗放经营向集约经营转变。党的十四届五中全会提出实现经济体制和经济增长方式的两个根本转变，向结构优化要效益，向规模经济要效益，向科技进步要效益，向科学管理要效益。党的十五大又把完善分配结构和分配方式、调整和优化产业结构、不断改善人民生活作为经济发展的重要内容。党的十六大提出了全面建设小康社会的奋斗目标，强调要走新型工业化道路，大力实施科教兴国战略和可持续发展战略；全面繁荣农村经济，加快城镇化建设；促进区域经济协调发展；深化分配制度改革，健全社会保障体系。进入新世纪以来，党中央又根据面临的形势和任务提出科学发展观和促进国民经济又好又快发展等战略思想。因此，十七大明确提出转变经济发展方式，是在我国经济发展的基础上，不断进行理论和实践探索的结果，反映了我们党对建设中国特色社会主义的经济发展规律的全面和深刻认识，这一战略任务的提出也是对马克思主义发展理论的充实和发展。

（二）转变经济发展方式的科学内涵

要科学全面的理解转变经济发展方式的内涵，有必要区分转变经济发展方式与转变经济增长方式之间的联系和区别。

1. 转变经济发展方式与转变经济增长方式的联系

首先，二者之间具有理论上的传承关系。转变经济发展方式的提出，是对转变经济增长方式的理论发展。这个理论发展，很大程度上是针对我国国民经济发展状况而适时做出的调整。近年来，随着我国经济发展进入重化工业加速发展阶段，中央深化了对经济增长与经济发展的认识。但长期形成的经济结构不合理、经济增长质量不高的问题依然存在，资源短缺、环境污染、生态失衡成为国家工业化、现代化越来越严重的制约因素，消费、投资、出口在拉动经济增长中的作用还不协调，分配不够合理、收入差距过大的问题亟待解决，部分地方加快发展的积极性没有转入科学发展的轨道。在此背景下，中央提出了转变经济发展方式。

其次，二者之间在一定程度上是一种替代关系。经济增长方式转变，从一般意义上就是促使传统的、旧的增长方式向现代的、新的增长方式转化，用现代的、新的增长方式替代传统的、旧的增长方式。从经济增长方式的转变看，传统的、旧的增长方式有：资本、劳动密集型的增长方式，政府驱动型的增长方式，外需拉动型的增长方式，投资驱动型的增长方式，出口带动型的增长，外延粗放型的增长方式等；而现代的、新的增长方式相对的有：技术密集型的增长方式，市场导向型的增长方式，内需驱动型的增长方式，消费驱动型的增长方式，内涵集约型的增长方式等。历史地看，传统与现代、旧与新的增长方式只是一种相对划分。而且不同类型的经济增长方式有着不同的形成条件，相互之间并非孤立、对立，往往存在着交叉重叠、主辅互补的关系，相应产生不同的增长结果。从这个意义上看，转变发展方式也是如此，也是从旧的、传统的发展方式转变为新的、现代的发展方式。经济增长是经济学最早研究的问题之一，20 世纪 40、50 年代以前，经济理论研究中一般把经济增长与经济发展视为同一概念。之后，经济学开始把二者区别开来，一些经济学家将经济增长定义为产出的增加，并认为这是发达国家经济学的研究课题；将经济发展定义为结构的改变，并认为这是发展中国家经济学的研究课题。后来，由于经济增长成为一个全球性现象，经济发展成为世界各国面临的共同问题。某种程度上，经济增长与经济发展就是同一个研究对象。特别是提出科学发展观理论后，许多研究经济增长方式转变的问题，也是经济发展方式的转变问题①。

第三，二者之间具有内在的包容关系。从转变经济增长方式到转变经济发展方式，范围扩大了。经济增长偏重于数量的概念，主要指由投入变化导致产出数量的增加，它的核算常采用 GDP（国内生产总值）总量、GDP 增长率和人均 GDP 三个指标。经济发展方式即通过生产要素投入的变化，包括生产要素数量增加、质量改善和组合优化来实现经济增长的方式。经济发展的内涵比经济增长

① 周叔莲，刘戒骄．从转变经济增长方式到转变经济发展方式。

更广泛、深刻，它强调经济系统由小到大、由简单到复杂、由低级到高级的变化，是一个量变和质变相统一的概念，不仅包含生产要素投入变化，而且包括发展的动力、结构、质量、效率、就业、分配、消费、生态和环境等因素，涵盖生产力和生产关系、经济基础与上层建筑各个方面。经济发展包含经济增长，但经济增长不一定包含经济发展。经济发展不仅重视经济规模扩大和效率提高，更强调经济系统的协调性、经济发展的可持续性和发展成果的共享性。转变经济发展方式是指按照科学发展观的要求调整经济发展诸因素的配置方式和利用方法，把经济发展方式转变到科学发展的轨道上。

2. 转变经济发展方式与转变经济增长方式的区别

"经济增长方式"通常指决定经济增长的各种要素的组合方式以及各种要素组合起来推动经济增长的方式。按照马克思的观点，经济增长方式可归结为扩大再生产的两种类型，即内涵扩大再生产和外延扩大再生产。外延扩大再生产主要通过增加生产要素的投入，实现生产规模的扩大和经济的增长。而内涵扩大再生产，主要通过技术进步和科学管理来提高生产要素的质量和使用效益，实现生产规模的扩大和生产水平的提高。现代经济学从不同的角度将经济增长的方式分成两类，即粗放型经济和集约型经济。粗放型经济增长方式是指主要依靠增加资金、资源的投入来增加产品的数量，推动经济增长的方式。集约型经济增长方式则是主要依靠科技进步和提高劳动者的素质来增加产品的数量和提高产品的质量，推动经济增长的方式。

经济发展，是指一个国家或地区人均实际福利的增长过程，不仅指社会财富的量的增多，还包括社会财富的质的提升，即经济结构、社会结构的变化，投入产出效益的提高，人民生活质量的改善等。可见，经济发展是在经济增长的基础上，一个国家或地区经济结构、社会结构持续高级化的进程和人口素质、生活质量、生活方式不断提高和文明化的过程。经济发展方式，是实现经济发展的方法、手段和模式，其中不仅包含经济增长方式，而且包括结构（经济结构、产业结构、城乡结构、地区结构等）、运行质量、经济效益、收入分配、环境保护、城市化程度、工业化水平以及现代化进程等诸多方面的内容。转变经济发展方式，不仅要突出经济领域中“数量”的变化，更强调和追求经济运行中“质量”的提升和“结构”的优化。其鲜明特征在于：顾及可持续性，顾及经济结构调整、优化和产业升级，顾及就业、消费、分配等一系列社会需要等。转变经济发展方式，是经济的数量型扩张向质量型发展的理念和内涵的升华。

转变经济发展方式体现了“四位一体”的现代化建设总体布局的要求。党中央将中国特色社会主义事业的总体布局由经济建设、政治建设、文化建设三位一体发展成为经济建设、政治建设、文化建设、社会建设四位一体。这就要从人民群众的根本利益出发，努力实现经济社会全面、协调和可持续发展，客观上要求把转变经济增长方式拓展为转变经济发展方式。经济增长虽是经济发展的前提，但对GDP的片面追求并不必然改善人民群众的福祉，只有在经济增长与经济发展相统一的基础上，协调推进经济建设、政治建设、文化建设和社会建设，才能实现科学发展。

3. 转变经济发展方式的内涵特点

从转变经济发展方式与转变经济增长方式的区别与联系中可进一步看出，转变经济发展方式的内涵具有三个特点：一是转变经济发展方式不仅注重数量的增长，而且更注重通过科技进步、科学管理提高生产要素的质量和使用效率；二是转变经济发展方式不仅注重经济总量的扩张，而且更注重经济结构及运行质量；三是经济发展方式转变不仅注重经济领域的发展，而且更注重经济、社会和资源环境的协调发展，乃至注重经济建设、政治建设、文化建设和社会建设的“四位一体”。因此，转变经济发展方式，不仅是以转变增长方式为基础，而且是比经济增长方式的内涵更丰富，更深刻、更全面，是对经济增长方式理论内涵的创新和发展。

（三）转变经济发展方式的理论创新

从转变经济发展方式理论的形成过程和内涵看，这一概念的提出，具有重大的理论价值，是对现代经济学的一大理论贡献。归纳起来，这个理论有以下主要创新点：

1. 用“发展”代替“增长”，符合当今世界发展潮流，更加全面地反映了经济发展规律，是对经济学理论的发展和创新

在经济学界，对于“经济增长”与“经济发展”是有着不同的界定的。国际上专门研究经济增长的是“增长经济学”或“经济增长理论”；专门研究经济发展的是“发展经济学”。

我国《政治经济学大辞典》对“经济增长理论”这一词条的解释是：“通过研究实现经济均衡增长的条件，以及影响经济增长的因素等问题，来解释国民收入长期发展的态势。西方经济学通常把经济增长规定为产出量的增加，一般用国民收入或人均收入量作为测量经济增长的尺度。”而对于“发展经济学”这一词条的解释则为：“它主要研究在发展中国家是哪些因素制约或阻碍经济的发展；探索在这些国家加快经济发展，摆脱贫困落后，实现经济现代化的途径。”“概言之，发展经济学是研究发展中国家如何实现从不发达的经济形态发展到现代化经济形态的理论体系”①。

研究经济增长的经济学家，在研究现代经济发展问题时，已经超出了经济增长的研究范畴。如美国经济学家库兹涅茨根据一些国家长期统计资料的分析，认为现代经济增长具有以下几个特征：一是人均产值和人口的高增长率；二是全要素生产率的高增长率；三是经济结构急剧变动，如农业、工业、服务业比重的变化，企业规模和企业组织的变化、职业状况的变化；四是社会结构和意识形态迅速变化，如城市化；五是全球化的发展趋势。我国许多经济学家也早就指出：转变经济增长方式不仅包括经济效益的提高，而且包括经济增长能否持续稳定健康地进行，能否实现产业结构的优化升级和生产的规模化，能否使广大人民的生活质量显著提高及生活环境能否改善②。

转变经济发展方式的提出不仅涵盖了经济学最新的研究成果，而且将经济发展与资源环境协调及社会和谐发展的问题紧密结合在

① 杨欢进．转变经济发展方式：走向科学发展的关键。

② 周叔莲．十七大为什么提出转变经济发展方式。

一起，进一步创新了转变经济发展方式的理论，更加符合当今世界发展实际，为经济学领域研究解决增长和经济发展开辟了崭新的新天地①。

2. 提出推动经济发展方式转变的三种途径，体现了中国特色

传统的经济增长理论对经济增长的理论途径经历了由19世纪中后期的资本、劳动、土地等要素投入到20世纪80年代的技术、人力资本等知识要素推动形成的新经济增长理论，构成了推动经济增长方式途径转变的历史轨道。我国提出经济发展方式转变的三种途径既包含了西方经济增长理论中提到的所有途径，同时，又根据中国经济发展的特定阶段和国情，提出了走新型工业化道路，扩大内需的方针，同时从需求和供给及生产要素等多方面提出实现“三个转变”的途径。这集中反映了在推动经济发展方式转变过程中的中国国情和发展阶段特征，反映了发展中国家发展途径的特点，一定程度丰富了发展经济学的理论内容，同时，对传统的经济增长理论也是一种有益的补充。

3. 转变经济发展方式是科学发展观理论的重要组成部分

科学发展观的第一要义是发展。这种发展要体现科学性，如进行非科学的发展，简单地将发展看成是经济数量的增长，不按照转变经济发展方式的要求去发展，发展是难以为继的，甚至会影响国民经济的健康发展和全面发展。科学发展观的核心是以人为本，就是发展是为了满足最广大人民群众日益增长的物质和文化需要，发展要依靠群众，发展成果由广大群众共享。不转变经济发展方式，以人为本就难以真正体现。不实现“三个转变”中的第一个转变，长期依赖出口拉动经济增长，压低国内劳动成本，发展成果只是由少数国外富商和国内企业主分享，而不能由广大人民群众分享。如果不实现第二个转变，长期依靠第二产业拉动，一、三产业落后，就无法解决广大人民群众消费结构的升级。第二个转变不实现，发展不可能持续。同样，第三个转变不实现，资源环境更不可持续，

① 经济学领域研究增长的专门学科是经济增长理论，研究经济发展的是发展经济学，但是这两门经济学的分支学科都未形成经济发展方式理论。参见附录：经济增长理论和发展经济学简介。

社会的总循环会存在障碍，社会经济与自然生态不能协调。因此，转变经济发展方式是落实科学发展观的重要途径，是实现科学发展观的应有之义，也是基础和必要条件。

（四）转变经济发展方式的现实意义和长远意义

当前影响我国国民经济发展的因素不再局限于单纯的经济增长模式，而是已扩大和涉及整个国民经济结构的各个方面，并将会影响和制约我国经济社会的稳定与发展。因此，及时地转变经济发展方式显得非常必要和紧迫。十七大将转变经济发展方式作为重大战略任务，具有极其重大的现实意义和长远意义。

1. **转变经济发展方式，是符合当前我国经济发展实际的重大战略**

改革开放初期，我国经济总量小，社会物资匮乏。为了尽快改变这种局面，在推动经济发展时，我们自觉不自觉地把速度看得更重，追求总量的增长。现在我国经济总量已跃至世界第三，供求关系由长期短缺转变为一定程度的相对富裕，人民生活由解决温饱向全面小康迈进。但原有的以高投入、高能耗、高消耗、高污染、多占地为特征的“四高一多”式的粗放型增长方式没有得到根本改变，同时又积累了一些新的经济社会矛盾和问题。这集中反映了当前我国经济发展中存在的一个突出弱点，就是经济增长由粗放型向集约型转变还没有整体性突破，经济发展的质量和效益还没有实质性提高。特别是近几年来，随着我国经济增长速度加快，资金投入、资源消耗和环境污染大幅度增加。这种发展方式与实现经济社会全面发展的要求不相适应，与不断改善民生、促进和谐的要求不相适应，与全面建设小康社会的要求不相适应。因此，必须把转变经济发展方式作为经济工作的中心任务。

2. **转变经济发展方式是贯彻落实科学发展观的必然要求**

多年来，我国为转变经济增长方式做出巨大努力，取得了明显成效。但是也要看到，虽然转变经济增长方式要求提高经济质量，特别是提高科学技术对增加经济总量的贡献，但是这种转变主要强调通过提高资源效率来增加经济总量，依然是追求数量扩张，并没有必然要求提高质量和效益，调整和优化经济结构，更没有要求转变资源利用方式。对一个国家或地区来说，转变经济增长方式并不能保证实现全面协调和可持续发展，因此它存在一定的局限性。按照科学发展观的要求，必须从最广大人民的根本利益出发，努力实现经济社会全面、协调和可持续发展。这样的发展目标以及由此所决定的发展方式，显然是经济增长方式难以全面涵盖的，也就是说，单纯转变经济增长方式不能保证实现科学发展，而必须转变经济发展方式。

3. 转变经济发展方式是实现全面建设小康社会的重要实现途径

党的十七大报告提出确保到2020年实现全面建成小康社会的奋斗目标的战略任务，并在十六大确立的全面建设小康社会目标的基础上对我国发展提出新的更高要求，指出了我们必须适应国内外形势的新变化，顺应各族人民过上更好生活的新期待，把握经济社会发展趋势和规律，坚持中国特色社会主义经济建设、政治建设、文化建设、社会建设“四位一体”的基本目标和基本政策构成的基本纲领。这就要求必须转变经济发展方式，增强发展的协调性，使国民经济朝着又好又快的方向发展。使经济在优化结构、提高效益、降低消耗、保护环境的基础上，实现人均国内生产总值到2020年比2000年翻两番。社会主义市场经济体制更加完善，自主创新能力显著提高，科技进步对经济增长的贡献率大幅上升，进入创新型国家行列。居民消费率稳步提高，形成消费、投资、出口协调拉动的增长格局。城乡、区域协调互动发展机制和主体功能区布局基本形成。社会主义新农村建设取得重大进展，城镇人口比重明显增加。只有转变经济发展方式，才能更好保障人民权益和社会公平正义，使扩大社会主义民主落到实处，从而使公民政治参与有序扩大。依法治国基本方略深入落实，全社会法制观念进一步增强，法治政府建设取得新成效。基层民主制度更加完善，政府提供基本公共服务能力显著增强，也才能有效加强文化建设，明显提高全民族文明素质，使覆盖全社会的公共文化服务体系基本建立，文化产业占国民经济比重明显提高、国际竞争力显著增强，适应人民需要的文化产品更加丰富。进一步加快发展社会事业，全面改善人民生活。实现全民受教育程度和创新人才培养水平明显提高。覆盖城乡居民的社会保障体系基本建立，人人享有基本生活保障。合理有序的收入分配格局基本形成，中等收入者占多数，绝对贫困现象基本消除。人人享有基本医疗卫生服务。社会管理体系更加健全。实现生态文明的建设，基本形成节约能源资源和保护生态环境的产业结构、增长方式和消费模式。生态文明观念在全社会牢固树立，生态环境质量明显改善。

二、转变经济发展方式的紧迫性

按照发展经济学的观点，人均 GDP 在 400～2000 美元为经济起飞阶段，2000～10000 美元为加速成长阶段，10000 美元以上则进入稳定增长阶段。1994 年，国家统计局发布我国人均 GDP 达 1000 美元，进入新的发展时期；2006 年，我国人均 GDP 超 2000 美元，标志我国经济进入加速成长阶段。进入新的发展阶段，如果发展方式不加快转变，必将严重影响经济社会的健康发展。当前，我国的经济持续高速增长，但由于发展方式没有相应及时转变，经济和社会发展中潜伏的矛盾已日益突出，某种程度上已经严重制约了经济社会的健康发展。

（一）资源环境矛盾日益突出

2007 年我国能源和矿产品产量快速上升，原煤产量达到 23.73 亿吨、原油 1.85 亿吨、铁矿石 8.05 亿吨、粗钢 4.19 亿吨、10 种有色金属 2360 万吨、磷矿石 4542 万吨、原盐 5800 万吨、水泥 13.5 亿吨。大宗短缺矿产品的进口量持续增加，2007 年我国矿产品贸易总额超过 4942 亿美元，进口原油 16317 万吨、铁矿石 3.83 亿吨、锰矿石 458 万吨（2005 年）、铬铁矿 302 万吨（2005 年）、铜矿石 406 万吨（2005 年）、钾肥 917 万吨（2005 年）。“十五”期间，中国能源消费总量持续快速增长，从 2001 年的 13.5 亿吨标准煤增加到 2005 年的 22.2 亿吨标准煤，2007 年为 26.5 亿吨标准煤。我国水资源总量占世界总量的6.5%，用水总量占世界总量的15.4%，黄河流域、淮河流域和海河流域水资源的开发利用率已分别高达70%、60%和90%，而国际上公认的河流水资源开发利用率应低于40%，否则将危害河流健康和流域安全。过去几年间，我国主要资源消费的增加量占世界总增加量的比例，包括能源、煤炭、石油和钢等均居世界第一位，资源开发利用的规模巨大。

根据世界银行和英国石油公司公布的统计数据，2003年我国每创造1万美元的GDP所消耗的能源数量，是世界平均水平的3.33倍，是美国的3.68倍、英法德意等欧洲发达国家的5~7倍、韩国的3.1倍，日本的10.4倍，甚至是印度的1.45倍。目前我国的原材料利用效率低、浪费严重，单位产值的消耗强度大大高于世界平均水平，单位资源产出水平仅相当于美国的1/10、日本的1/20。以水资源为例，我国农业灌溉用水消耗的水资源总量占水资源总消耗量的70%，但由于输水方式、灌溉方式、农田水利基础设施、耕作制度、栽培方式等方面的原因，农业用水的利用率不高，渠道灌溉区只有30%~40%，机井灌溉区也只有60%，低于发达国家水资源利用率80%的水平。

我国的污染物排放总量大，单位GDP SO_2和氮氧化物排放量是发达国家的8~9倍，能源消费量和CO_2排放量均居世界第二位，日耗水量和日均污水排放量都居世界第一位，有机污水排放量相当于美国、日本和印度排放量的总和，单位GDP污染物排放量是发达国家平均水平的十几倍。我国每年产生1亿多吨的城市生活垃圾，带来严重的固体废弃物污染。持久性有机污染物的危害开始显现，已对我国的生态环境安全和人民健康构成了严重威胁。我国生态环境脆弱区环境状况恶化，生态系统服务功能退化，全国因水土流失每年流失土壤50亿吨，沙化土地面积达174万平方公里，荒漠化加剧，90%以上的天然草原退化，湿地面积不断减少，生物多样性锐减，各类生物物种受到威胁的比例普遍在20%~40%。

发展经验表明，在发达国家的经济增长中，75%靠技术进步，25%靠能源、原材料和劳动力的投入，而我国的情况则恰好相反。

在当前的国际分工中，我国成为世界加工厂，承接了国际上劳动密集性高的高投入、高消耗、高污染型经济的产业转移。多年来经济增长走的是高投入、高消耗、高污染的粗放式发展道路，经济总量的增长在相当程度上是建立在资源大量消耗和环境严重污染的基础上[①]。这种发展方式不转变，资源环境是难以为继的。

（二）经济社会发展不协调的矛盾日益显现

一个现代化国家，经济繁荣和社会发展是相辅相成的两个最主要的方面，应该平衡协调发展。改革开放初期，全力以赴搞经济建设，这是必要的，但是当我们实现了第一个翻番以后，应该逐步转向经济社会协调发展，但因为各种原因，还是偏重经济发展，在有些地区和有些部门甚至形成了以 GDP 挂帅的局面，为了实现经济指标，不惜牺牲社会发展，牺牲环境，致使教育、科技、文化、医疗、环保和社会保障等社会事业，严重落后于经济发展，形成了今天“一条腿长，一条腿短”的不平衡状态。教育和医疗卫生方面的情况最能说明这个问题。中国历来有重视教育的好传统。改革开放以来，我们在普及义务教育、扫除青壮年文盲方面，取得了很大成绩。但在中等专业技术、职业教育方面，则做得很不理想，不能适应经济发展的需要，如熟练技工、技师严重短缺。高等教育有一段也发展得很慢，1999 年开始，国家决定扩大招生名额，2007 年，在校大学生猛增到 1738. 8 万人，使大学生毛入学率达到 23%。从精英教育过渡到了大众教育阶段，这方面的成绩要充分肯定，但也带来不少新的问题，如合格的教师缺乏，校舍、场地、教学设施跟不上需要，经费严重不足，不少大学在负债运行。这需要有一个调整、整顿、协调、提高的过程。

医疗卫生方面的问题更加严重，看病难、看病贵成为近年广大群众最为关注的头号社会问题。这里当然有医院和卫生部门的责任，但追根求源，最根本的是经济发展了，城市人口大量增加了，

① 翟金良:《我国资源环境问题及其控制对策与措施》，中国科学院院刊 2007 年第四期。

人们对医院看病治病的需要日益提高了，但医院和医护人员都没有相应的增加，国家在医疗卫生方面的投入没有相应的增加，医疗体制改革没有到位。从1978年（全国总人口97523万人）到2007年（132129万人），全国总人口增加35.5%，城市人口从1.7亿增加到5.9亿，增加2.47倍。但全国的医院、卫生院的数量从64309个缩减到60397个，反而减少6%，看病难的问题很严重。据了解，在工业化、现代化的国家里，医疗保健是政府应该提供的公共产品，很大部分是由公共财政负担的。政府在医疗卫生方面的支出占总费用支出比例，发达国家多在50%以上，发展中国家一般在30%左右。

从教育、医疗卫生方面的实例可以看到，我国当前社会事业发展落后的主要原因，是传统的国民收入分配格局还没有调整到社会主义市场经济体制要求应有的格局上来。所以，应该下决心改革，调整国民收入分配格局，大量增加对社会事业的投入，加快社会事业的发展，只有如此才能改变经济发展与社会发展不平衡、不协调的困境①。

（三）社会结构问题越来越突出

社会结构和经济结构一样，都是一个国家、地区最重要的结构。过去我们重视经济体制的改革，重视经济结构的调整，这当然是应该的，也取得了很大的成绩。但我们没有同时也重视社会体制的改革，社会结构的调整，以至形成了当前社会结构与经济结构很不契合、很不相适应的状况。社会结构包括人口结构、就业结构、城乡结构、地区结构、组织结构、阶级阶层结构等等。仅以就业、城乡、阶层结构来说，2007年，我国的经济结构中，第一产业占11.3%，第二产业占48.6%，第三产业占40.1%，这已经是工业化中期阶段的经济结构特征。而在就业结构中，2007年，第一产业劳动力占40.8%，第二产业占26.8%，第三产业占32.4%；在城乡结构中，城市化率为44.9%；在社会阶层结构中，社会中间

---

① 陆学艺：《经济社会发展不协调是当前要解决的主要矛盾》，中国社会科学院院报。

阶层约占20%～22%，这都还是工业化初期阶段的社会结构。总体来说，我国目前的经济结构是工业化中期阶段的结构，而社会结构则还是工业化初期阶段的结构，经济结构与社会结构严重背离，很不相称，很不协调。这种结构性的矛盾是产生当前诸多经济社会问题的根本原因。举实例来说，“三农”问题是我们要解决好的重中之重的工作，党和政府历来十分重视，投入了巨大的人力、物力、财力，作了很多工作，取得了很多成绩，但为什么“三农”问题始终未能解决呢？“三农”问题说到底是个结构性问题，是经济结构和社会结构不协调的集中体现。在GDP结构中，第一产业只占11.3%，而在就业总劳力中，劳动力占40.8%，在城乡结构中，农村人口占总人口55.1%。也就是40.8%的劳动力，只创造11.3%的财富，这说明，农业劳动生产率很低。而这11.3%的财富，又要在55.1%的农村人口中分配。这种不合理的结构，是因为计划经济时期形成的户口、就业、社会保障等社会体制还没有得到应有的改革造成的。不改革社会体制，农业劳动力不转移出来，农民不减少，农民就富裕不起来，“三农”问题就不可能从根本上解决。可见，继续深化改革，调整社会结构，使社会结构与经济结构相适应，是解决诸多经济社会矛盾，构建社会主义和谐社会的重要环节。

（四）国际分工优势逐步丧失

自2001年加入WTO以来，我国开始更加广泛地参与国际分工体系，并与世界经济紧密融合，不断攀升的贸易额更是从一个侧面反映出中国经济在扩大开放征途中愈加稳健的步伐。2007年中国稳居世界第三大贸易国之位，2001年中国进出口贸易总额为5000亿美元，至2007年已经猛增到2万亿美元以上。然而，中国开放步伐不断加快的同时，也为自身经济发展带来一定隐忧。

从20世纪90年代初至今，我国外贸依存度①提高了30多个百分点，而加入WTO这一年，成为外贸依存度增速上升的一个重要

---

① 外贸依存度，指一定时期内一个国家或地区对外贸易总额占该国或地区国内生产总值即GDP的比重。

转折点，相关数据表明，2002～2004 年，我国外贸依存度几乎以每年增长 10 个百分点的速度上升，即使 2005 年略有下降，也达到了 63.89%，2007 年已经接近 70%。持续增长的外贸依存度不仅反映了中国参与全球一体化进程的加速，也表明国外市场需求已经成为中国经济增长的一个重要动力。

我国实施开放式加外向型发展战略，主导了贸易依存度持续高攀，而这一战略的核心内容由我国开放政策、积极吸引外资、出口导向以及加工贸易政策所构成。对此，有学者提出，由于我国出口产业中大多数是组装型的生产环节，增值率较低，如果用包含加工贸易的进出口额与 GDP 相比，计算出的外贸依存度夸大了国民经济对国际市场的依存度。无论采取怎样的计算方式，我们都要正视中国外贸依存度过高的问题，即使剔除加工贸易的影响，中国的外贸依存度也仍然较高。日本在贸易立国时期，外贸依存度也没有超过 20%，而我国外贸依存度增长速度过快，对外部依赖越来越大，将增加经济的系统风险。过高的对外贸易依存度将使得我国产品供给结构受国际需求和国际分工约束较大。一方面中国经济更容易受到外部冲击，另一方面过多投资进入加工贸易部门，也将导致产品结构长期停留在中低端产品领域。同时，加工贸易这种“候鸟经济”十分不稳定，一旦我国的廉价劳动力优势丧失，他们就会转移出去，选择具有更为廉价劳动力成本的国家或地区进行生产。

近年来，中国吸引外商直接投资额（FDI）也逐年增加，相关数据显示，1995～2007 年，中国年实际到位的外商直接投资额已由 375.21 亿美元增长到 747.7 亿美元，1979～2007 年累计达到 7602 亿美元，是发展中国家中的最大引资国。然而，由于跨国公司大量投资我国制造业，近 70% 的外资都流向了我国制造业领域，导致我国一些产业生产过剩、畸形发展。

自中国加入 WTO 以来，不断扩大的贸易顺差数据也成为欧美各国频频对我国施压和挑起贸易争端的把柄。WTO 发布了一份反倾销统计报告指出，中国仍然是全球反倾销调查的头号目标国。按新立案数目衡量，2006 年中国内地遭到 32 起新发起的反倾销调查，比位居第二的美国多 4.3 倍，比 2005 年同期（23 起）增加了 9 起，增幅高达39%。

与能够通过国际贸易规则及双边磋商进行解决的经贸摩擦问题相比，更让人忧虑的则是由“双顺差”所带来的中国内部经济失衡，以及外资不断流入所造成的要素中市场价格扭曲。目前，我国劳动力、土地、能源、水和环境产品价格扭曲，实际造成了资源外流。据不完全统计，我国参与外贸市场的人力超过上亿人，直接在外商投资企业打工的农民工就有3000万~4000万。农民工在劳动保护、社会保障等方面的缺失，是中国劳动力要素扭曲的体现，对农民工的低工资和保障制度的缺失等问题应倍加关注，反之，由于保障制度缺位，影响到国内消费不足，内需难以启动，进而造成整体利益流失。

对此，曾任摩根士丹利全球策略部主管的大卫·罗奇（David Roche）撰文指出，中国经济依赖廉价资本和劳动力的增长模式已进入“迟暮之年”。他认为，中国的劳动力供应并非没有止境，从现在起到2009年，中国每年的劳动力人口增幅只有0.5%，此后将开始萎缩，而从2014年起，每年将以1%的速度减少。该文指出，技术工人短缺或许已经导致工资标准被抬高，在中国东部沿海地区的工厂，工资水平已经赶上许多即将加入欧盟的东欧国家。在临近香港的深圳，企业工资水平已超过印度和印尼等竞争对手。事实上，以廉价劳动力参与国际分工只能是中国开放型经济的启动模式，而不具备可持续发展的潜力。中国经济在开放的步伐中，必须面对一些深层次矛盾，并寻求均衡发展之变。摩根士丹利首席经济学家斯蒂芬·罗奇（Stephen Roach）在“后WTO时代，中国与世界”论坛上就表示，中国经济实际上是一个不平衡的经济，从定义上讲就是一个非常脆弱的经济，因为没有很强的支撑基础，如果美国经济出现问题，中国经济也会出现连带的影响①。

---

① 王斌：《中国广泛参与国际分工面临外贸依存度过高问题》，《第一财经日报》，2006年12月6日。

三、"三个转变"的相互关系及存在的主要问题

（一）"三个转变"的相互关系

十七大报告中提出的转变经济发展方式的"三个转变"，是转变我国经济发展方式的核心内容和当前经济工作的关键。只有实现这三个转变，才能促进经济发展方式的转变。三个转变不是相互独立的，每一个转变都与我国经济发展方式的转变密切相关，"三个转变"相互之间也具有密切的联系。

1. 总供给与总需求的结合

第一个转变，即"促进经济增长由主要依靠投资、出口拉动向依靠消费、投资、出口协调拉动转变"，是从需求方面提出的。消费、投资、出口构成经济总需求，也被喻为拉动经济增长的"三驾马车"。这个转变就是要使我国的三大需求结构变得更加协调。第二个转变，即"促进经济增长由主要依靠第二产业带动向依靠第一、第二、第三产业协同带动转变"，是从供给方面提出的。我国三次产业的发展不平衡，各产业内部结构不合理，需要逐步加以改变，使三次产业结构不断合理化。根据现代经济学原理，社会总需求与社会总供给之间存在平衡关系，同时也存在相互制约和相互促进的关系。社会总需求大于社会总供给会造成物价总水平上涨，引发通货膨胀；如果社会总需求小于社会总供给，则会出现产品积压，失业，进而引发通货紧缩。这是总需求与总供给平衡的基本原理。总需求与总供给相互制约主要表现在，需求与供给之间不适应，产品不适销对路，就会相互制约。这在改革开放前是长期存在的情况，有的经济学家将这种情况称为"短缺经济"。生产与消费脱节，产品不管是不是适销对路，也在大量生产，而市场急需的产品却长期无货或者供应紧张。二者相互促进是推动经济增长的动力。需求引导生产，反过来生产也可以引导消费、引导需求。随着我国改革开放的不断深化，社会主义市场机制的不断完善，总需求与总供给之间的关系逐步自

觉地相互适应、相互促进。但是这种适应仍然处于被动的状态。如出口需求中的“两高一资”，造成我国资源消耗过大、环境受到严重破坏等问题就是一种被动适应的状况。因此，转变经济发展方式，从社会总需求和社会总供给平衡方面提出新的要求，不仅要使二者之间相互适应、相互促进，推动经济增长，而且要求提高质量，抑制不合理的部分，增加和放大合理的部分。因而，转变经济发展方式就要求经济发展不是以增长为主要目的，而是选择更合理的经济增长，促进经济社会协调发展和可持续发展。

2. 单一要素转向多元要素结合

第三个转变，即“促进经济增长由主要依靠增加物质资源消耗向主要依靠科技进步、劳动者素质提高、管理创新转变”，是从生产要素方面提出的。要从依靠资本要素和资源要素转变为依靠全要素生产率的提高，同时提高资源、资金的配置效率来驱动发展。这就要求经济增长不仅要有量的增加，而且要有质的提高，要创新。

3. 相互协调和促进

三个转变，充分体现了“协调”的精神。三个转变中，第一、第二个转变互为因果，第三个转变是核心和关键。三个转变之间相互制约又相互促进。比如，出口的增长，会抑制内需；如果出口带动进口，促进收入提高，会带动国内消费。投资会促进消费，但如果没有提高劳动者的收益，反而会抑制消费，起了反效果。第二产业发展，如果能促进农业专业化分工，产生生产性服务业的需求，可以促进农业和服务业的发展。第三个转变要求技术进步、劳动者素质提高、管理创新、提高资源的利用效率，是当前我国转变经济发展方式的核心问题。

（二）存在的主要问题

1. 经济增长过于依靠投资、出口拉动，消费需求的拉动作用不足

从投资与消费的关系看，我国经济增长过于依赖投资。2003

年以来，我国固定资产投资的增长一直快于 GDP 的增长，资本形成占 GDP 的比重持续攀升，投资率已由 2002 年的 37.9% 上升到 2006 年的 42.5%。同期，最终消费率则由 59.6% 下降到了 49.9%。投资比重过高、消费比重太低的失衡状况不断恶化。2007 年我国固定资产投资比上年增长 24.8%，资本形成占 GDP 的比重将进一步上升。由于固定资产投资和货物贸易顺差的增长，2007 年我国消费增长继续慢于 GDP 的增长，消费率继续下降，投资与消费的比例关系进一步扭曲。目前，我国最终消费率比全球平均水平低 27.6 个百分点以上，而资本形成率比世界平均水平高出了 20 多个百分点。再从内需与外需关系看，经济增长对外部依赖太大。如货物进出口占 GDP 的比重，2002 年是 42.7%，2003 年是 51.9%，2004 年是 59.8%，2005 年是 63.9%，2006 是 66.6%。2007 年有所回落，这个比重仍然是 65.2% 左右，比世界平均水平高出约 15 个百分点。这些都表明，从需求方面拉动经济增长中，消费需求不足是造成不协调的主要方面。造成消费不足的原因是多方面的，主要是：

（1）长期形成的以 GDP 为核心的经济发展指导思想，导致经济增长过度依赖投资，而过分投资除导致最终消费率过低外，也引发宏观经济过热等一系列问题。经济发展的这种指导思想是导致消费难以有效启动的重要原因。

（2）收入水平增长缓慢与收入分配差距持续扩大是消费难以启动的原因。消费由收入决定。改革开放以来虽然经济持续快速增长，但收入水平增长仍较缓慢，同时收入分配差距却持续扩大。这种收入分配差距的扩大不仅表现在城乡居民收入水平差距的扩大，同时也包括城镇与农村居民内部收入分配差距的扩大。

（3）改革开放以来我国就业不足，尤其是农村剩余劳动力转移尚缺乏良好的制度环境，也导致消费难以启动。目前在我国通过就业获取收入，是一般公众获取收入的最主要途径。在当前就业岗位不足的情况下，一般劳动力收入水平被压低，而为数众多的失业者更是对消费的贡献不高。更重要的是，农村剩余劳动力难以顺利转移，直接抑制了广大农村居民收入水平和消费的提高。

(4) 产业结构调整与升级缓慢导致有效的消费供给不足，也是导致消费难以启动的原因。虽然我国经济持续快速增长，但是产业结构调整与升级仍然任重而道远，尤其是服务业发展不足，导致一些消费供给不足，直接影响到了消费的扩大。目前不但广大农村市场自给自足现象仍较严重，而且城镇中由于缺乏消费的有效供给导致消费不振的现象也较为常见。

(5) 目前的教育体制是居民消费水平难以提升的原因之一。当前我国教育虽然得到了长足的发展，但是义务教育与高中教育收费过高以及乱收费等现象较为严重，一些居民为子女教育储蓄而无钱消费的现象非常普遍。高等教育的高收费更是剥夺了一般家庭的消费能力。

(6) 当前医疗体系与社会保障体系中存在的问题，也是影响消费的原因。当前看病贵看病难的现象普遍存在，其他养老等社会保障体系也不够完善。医疗体系与社会保障体系存在的问题，使普通公众预防性储蓄增加，以致挤占了日常的正常消费①。

2. 经济增长过于依靠第二产业带动，第一、第三产业带动不足

长期以来，我国固定资产投资的高速增长带动了重化工业和建筑业的蓬勃发展，而消费的缓慢增长制约着第三产业的发展，结果导致我国第二产业比重太高、第三产业比重过低，产业结构严重失衡。2007 年我国第一、二、三产业增加值占 GDP 的比重分别为 11.73%、48.6% 和 40.1%。与全球平均水平相比，我国第二产业比重高约 17 个百分点，第三产业比重低约 25 个百分点。从我国的三大产业对 GDP 增长的贡献率来看，进入 21 世纪以来，第二产业仍是推动 GDP 增长的主要力量，第一产业贡献很小，第三产业的贡献也在下降（见表 1）。造成第一和第三产业带动不足的主要原因：

① 刘社建、李振明：《大力增强消费对经济增长的拉动作用》。《文汇报》，2006 年 2 月 13 日。

表1 2001～2007年三大产业对GDP的贡献率（%）

贡献率	2001年	2002年	2003年	2004年	2005年	2006年	2007年
第一产业对GDP的贡献率	5.1	4.6	3.4	7.8	6.1	5.3	3.6
第二产业对GDP的贡献率	46.7	49.7	58.5	52.2	53.6	53.1	54.1
第三产业对GDP的贡献率	48.2	45.7	38.1	40.0	40.3	41.7	42.3

数据来自国家统计局。

（1）我国农业基础薄弱，劳动生产率一直较低，“三农”问题一直困扰着我国的现代化进程。目前的农业产业结构仍存在不少的问题。一是农产品品种、品质结构尚不优化，农产品优质率较低。我国的牛、羊、猪等肉类产品，苹果、梨等水果产品，花卉产品以及水产品等在国际市场上具有明显的价格优势，但面临着品种不优、质量不高的困扰。二是农业产业化进程缓慢，产品加工业尚处在初级阶段，保鲜、包装、储运、销售体系发展滞后，初级产品与加工品比例不协调。发达国家的农产品加工业产值与农业产值之比大都在2:1以上，而我国只有0.43:1，与国外相比差距比较大。三是农产品区域布局不合理，各地没有充分发挥自身的地区比较优势，未能形成有鲜明特色的农产品区域布局结构。

（2）第三产业发展滞后。从总量来看，第三产业增加值在GDP中所占比重明显偏低。目前，绝大部分发达国家的第三产业比重在70%左右，大部分发展中国家在50%左右，而我国的第三产业比重长期徘徊在30%～40%之间。从第三产业内部结构看，发达国家主要以信息、咨询、科技、金融等新兴产业为主，而我国的商业餐饮、交通运输等传统服务业比重较大，占40%以上；邮电通信、金融保险等基础性服务业以及信息咨询、科研开发、旅游、新闻出版、广播电视等新兴服务业虽然发展较快，但比重仍然不高，发育仍然不足。此外，我国服务业产品创新不足，服务品质和技术水平不高，在组织规模、管理水平与营销技术上与国外服务业都存在相当大的差距，难以适应激烈的国际竞争需要①。

3. 经济增长过于依靠增加物质资源消耗，依靠科技进步、劳动者素质提高、管理创新不足

我国经济增长过于依靠物质资源消耗的投入，造成这种状况的主要原因：

（1）科技研发投入不足，自主创新能力不强。目前，我国制造业总量规模占全球的6%，而研发投入仅占0.3%，研发投入严重匮乏，产业共性技术研究队伍出现严重萎缩，产业创新能力有进一步削弱的危险，产业升级面临很大困难。产业的技术创新能力差，导致对国外核心技术和关键部件高度依赖，企业无法在品质、创新等差异化竞争中取得优势，只能靠低成本维持收益。改革开放后的二十多年，中国经济高速增长，批量化生产的成本优势使我国获得了“世界工厂”的称号。但是，我国总体仍然处于浅层工业化阶段，比较优势在相当程度上是依靠廉价劳动力获得的，在总出口额中，加工贸易所占比重超过了50%，这导致行业的竞争优势主要体现在加工组装环节，处于全球价值链底端，产品的附加值难以提高。

（2）劳动者素质有待提高。目前，中国的1.4亿职工中具有中级工职称的仅占35%，高级工更少，仅占3.5%。据测算，到2010年，中国技能劳动者需求总量将增长20%至25%，特别是技师、高级技师的需求将翻一番。13亿人口既是巨大的人力资源的宝库，同时，13亿人口要吃饭，要消耗资源，对资源环境、对发展带来巨大的压力。要改变高投入、高消耗、低产出的现状，最根本的就是要通过提高人的素质，从而提高科技创新能力。没有劳动者特别是农村劳动者综合素质的提高，社会的全面、可持续发展将受到影响②。

（3）随着我国更加深入地参与经济全球化，我国企业面对的国际国内市场竞争更为激烈。这就迫切要求我国企业更加注重管

① 2008年《发展和改革蓝皮书》，第十四章《我国产业结构演变30年》。

② 刘纯银：《提高劳动者素质是保持全球竞争力的关键》。《大江时评》，2006年10月11日。

理、不断加强管理，以管理水平的提高促进市场竞争力的提升。国内外很多成功企业的实践表明，管理创新是提高企业素质和竞争力的关键，是企业持续快速发展的动力源泉。进一步强化管理创新，依靠管理创新提高管理水平，是我国企业面临的一项重要任务。然而，管理创新的重要意义和作用在很多企业并没有引起足够的重视。不少企业认为，管理创新是大企业的事，对于中小企业来说，远不如搞技术创新更为实际。这与对管理创新的内涵理解不深有关，也与对管理理论和方法的生搬硬套有关。不少企业只注重管理模式的引进，而不善于结合企业实际创造性地运用，对引进的管理模式缺少起码的消化吸收过程，这种所谓的管理创新自然难以奏效。应该认识到，管理创新不是为创新而创新，它的根本目的在于最大限度地调动企业员工的积极性，提高企业生产效率。管理创新包含两大内容：一是以人为本。企业为维持生存和发展，需要投入人力、设备、资金、技术等生产要素，而人作为生产力的第一要素，无疑处于企业运转的核心地位。企业要加强管理、提高经济效益，就必须改变重物轻人的旧观念，坚持以人为本的管理理念，不断创造条件满足员工物质以及自尊、情感等方面的需求。二是根据企业实际选择管理模式。现代企业管理没有固定的模式，不同行业、不同规模、不同文化背景的企业对企业组织结构有不同的要求。我国企业在学习借鉴先进的管理思想、方法和手段时，应注意结合企业实际，探索对本企业最行之有效的管理模式和方法。制约我国企业管理创新的因素，除了观念问题，还有企业管理基础工作薄弱的问题，集中表现为基础数据信息不准确、不完整，业务流程不规范、不标准，规章制度不健全。管理基础工作薄弱，严重影响了现代管理手段和方法的推广应用。因此，企业在管理创新中不能盲目赶“时髦”，过分关注外在形式而忽略基础性工作。应将管理创新与加强管理基础工作有效结合起来，并注意运用现代技术手段，这样才能真正提高管理水平①。

---

① 胡俊华：《管理创新为何“叫好不叫座”》。《人民日报》2008 年 6 月 4 日。

四、转变经济发展方式的有利条件和制约因素

党的十七大提出转变经济发展方式，正是基于我国经济社会发展的现状，针对一直以来转变经济增长方式效果不够理想，在科学发展观的引领下，突破经济增长和发展理论，适时提出的具有战略意义的新理论和新方针。为了更好地贯彻实施这个宏大的发展战略，有必要对我国转变经济发展方式的条件和制约因素进行分析。

（一）转变经济发展方式的有利条件

1. 科技进步为转变经济发展方式提供了强劲的内在动力

从理论上看，新经济增长理论揭示了科技进步对经济增长的关键作用。以 AK 经济增长模型为例。AK 模型将生产函数的关系式表述为 Y = AK，A 是反映一定技术水平的常数，K 代表资本。从表面上看，产出与资本存量呈正相关，这似乎不太恰当，但如果将 K 作为包括人力资本、知识和公共设施在内的广义资本，就显得非常合理。其单位产量为 Y = AK，它揭示了产出与资本存量的线性递增关系，从而否定了传统经济增长理论资本收益递减的假定。在 Y = AK 模式下，经济可以持续增长。这里的技术和广义资本都包含了科技进步的因素。

国际经验表明，当人均 GDP 达到 2000 美元左右时，国家的经济社会进入一个重要的转型期。如果说 2000 美元以前主要是靠开放、靠技术引进和合作的话，那么之后的发展就看这个国家是不是有持续创新的能力。经历过这样阶段的地区和国家，如东亚的日本、韩国和中国的台湾省，欧洲的芬兰、爱尔兰，都主要是依靠自主创新成功转型，并取得了经济的发展。但是，也有一些国家，20 年以前人均 GDP 已经达到 3000 美元，目前还维持在这个水平。如巴西，在 1985 年就已达到人均 3000 美元，可是到 2002 年时却退回 2603 美元。原因并不是巴西不开放，也不是没有市场经济，只是自己没有技术创新能力，主要的制造业都是依靠外国的技术和外国的投资，导致持续增长的后劲不足。所以，从自主创新型经济和依附型经济

两种模式的对比中可以看出，如果长期依附于外国，技术的高端都是由外国公司掌握，国家就会失去经济发展的主动力[①]。

从实际上看，我国多年来注重科技进步，科技进步对经济社会的推动作用正逐步显现。近年来，国家对科技创新的支持力度不断加大，财政支出中对科技的投入逐年增加。2006 年国家用于科技事业的财政拨款为 1689 亿元，是 1980 年的 26.1 倍，年均增长达 13.4%。随着国家经济实力的不断增强，政府在加大财政扶持力度的同时采取有效措施积极引导全社会加大对科技事业的投入。据统计，2007 年全社会研究与试验发展（R&D）经费支出达 3710.2 亿元，是 1991 年的 26.1 倍，年均增长 22.6%；按全国人口计算的人均 R&D 支出为 280.8 元，是 1991 年的 22.8 倍。2007 年 R&D 经费支出与国内生产总值（GDP）之比为 1.49%，比 1991 年增加 0.84 个百分点，表明社会资源配置对于自主研发的倾斜逐年加大。从 2006 年的情况来看，我国的研发投入总量排在美国、日本、德国、法国、英国之后，已成为世界第六的研发投入大国。而作为科技研发投入主体的企业投入也在不断提高。统计结果显示，在 2007 年全社会研究与试验发展（R&D）经费支出中，各类企业支出 2681.9 亿元，是 2000 年的 5 倍，占全社会 R&D 支出的 72.3%，比 2000 年高 12.3 个百分点；其中起主导作用的大中型工业企业支出 2112.5 亿元，是 1995 年的 14.9 倍，年均增长达 25.3%，大中型工业企业 R&D 支出占全社会 R&D 支出的比重已达 56.9%，比 1995 年高出 16.3 个百分点[②]。这表明，企业作为研发主体的作用日益增强，促进经济发展方式转变的内在机制在逐步形成。

当前，国家要求全面贯彻落实科学发展观，加强自主创新，建设创新型国家，并对实施国家中长期科技发展规划纲要做出了重大部署，提出建设以企业为主体，市场为导向，产学研相结合的技术创新体系，未来 15 年，中国科学技术发展的指导方针是自主创新，重点跨越，支撑发展，引领未来。具体的目标：一是科学研究与试

① 徐匡迪：《依靠科技进步推动经济增长方式转变》。《中国发展观察》，2007。

② 国家统计局：《改革开放 30 年报告之十四：科技创新取得了举世瞩目的巨大成就》。

验发展（R&D）投入占GDP的百分比，由2005年的1.35%，到2020年要提高到2.5%。二是科学技术进步对GDP的贡献率从现在的39%提高到60%。三是技术的对外依存度从50%降到30%。现在世界是一体化的，技术不可能全部自己做，必须要互相交流，1/3左右的引入是非常合理的。四是中国的专利和论文被引用的数目要从现在世界第二十位上升到世界第五位。党和政府对科学技术发展的重视，为我国经济发展方式的转变注入了强大的内在动力，这是最重要的有利条件。

2. 市场机制的不断完善为经济发展方式转变创造了重要条件

转变经济发展方式与完善社会主义市场经济体制相辅相成，相互促进。从两者的目的来看，无论是转变经济发展方式还是完善社会主义市场经济体制，都是为了实现国民经济又好又快发展，全面建设小康社会和构建社会主义和谐社会。从两者之间的关系来看，是互为因果和条件的：切实转变经济发展方式必须遵循市场经济规律，客观上要求建立健全现代市场体系，因此有利于进一步完善社会主义市场经济体制；同时，不断完善社会主义市场经济体制，不断改革阻碍市场经济发展的体制和机制，有助于实现稀缺资源的合理配置和高效利用，从而促进经济发展方式的转变。从两者的现实背景来看，都是在建设中国特色社会主义伟大道路上面临的必须高度重视和努力解决的重大现实问题，是从中国的实际国情出发提出的重大发展战略。

经过30年的改革开放，我国社会主义市场经济体制的基本框架已经初步建立起来，并发挥了巨大的作用，促进了生产力的快速发展，从根本上改善了人民群众的物质和文化生活，极大地提高了综合国力。经济体制改革不断深化，社会主义市场经济体制初步建立。从市场充分发挥作用的微观基础看，公有制为主体、多种所有制经济共同发展的基本经济制度已经确立。国有经济的整体素质和竞争力不断提高。鼓励支持和引导个体、私营等非公有制经济健康发展。从市场机制广泛发挥作用的载体看，多种层次、比较完备的市场体系已经形成。市场体系日臻完善，要素市场发展加快，我国股票市场已经成为国际资本市场的重要组成部分，土地、劳动力、技术等要素市场也趋向成熟。从市场机制正常发挥作用的条件来看，宏观调控体系逐步健全。初步建立起国家规划计划、财政、货币、投资等政策手段相互配合、相互制约的调控机制。初步构建了符合社会主义市场经济要求的公共财政体制，更加注重运用信贷、利率、准备金率等经济杠杆，引导市场主体行为。从市场机制正常发挥作用的保障来看，广覆盖、保基本、多层次、可持续的城乡社会保障体系正不断完善。我国社会主义市场经济体制的不断完善，为经济发展方式的转变创造了重要的条件。

3. 资源环境约束日益强化，增加了经济发展方式的紧迫性和必要性

如前所述，随着国民经济的发展，资源环境的矛盾日益突出。资源环境的承载力是经济发展方式的重要节点。这是我国迫切需要转变经济发展方式的一个重要原因。

从经济发展历史看，有许多这样的例子。比如，最初发生在农业领域的经济发展方式的转变。最初的、原本意义上的粗放经营发生在农业领域，此后，随着资源约束条件的转变，粗放经营成功地转向了集约经营。再比如，经济发展方式的适时转变促进了西欧经济的发展。18 世纪以前，西欧与东亚、特别是中国的经济发展水平大体相当，18 世纪以后却大相径庭，其原因就在于西欧适时地转变了经济发展方式。据美国学者彭慕兰研究，直至 1750 年前后，东亚和西欧的发展模式均为劳动密集型，“直到 18 世纪后期和 19 世纪，引人注目的发展才扭转了那条道路”。是什么原因使得欧洲已有的劳动密集型的发展道路发生了急剧断裂？彭慕兰认为是矿物质燃料和新大陆的发现，使得西欧的燃料和土地并不稀缺，稀缺的是劳动力，资源约束条件的变化使西欧在技术创新中出现对节约劳动的需求，他们把注意力放到了节约劳动的发明中。而在东亚，充裕的劳动力使其不需考虑劳动力的节约，因而没有产生改变经济增长模式的冲动。资源约束条件的变化，并对资源约束条件变化的灵敏反应，是促使西欧转变经济发展模式的制度变革，即市场机制和财产所有权制度就是这种反应。当前我国资源环境矛盾日益突出，实际上也进一步增加了发展方式转变的紧迫性和必要性。

4. 我国的宏观经济管理模式为转变经济发展方式提供了重要的制度保障

从发展模式角度看，转变经济发展方式有三种不同模式：

第一种是市场机制作用下的自发渐进的方式。这种模式其缺点就是具有盲目性。传统体制下以粗放经营为特征的经济发展模式在许多市场经济国家却难以转变，表明单纯依靠市场机制的自发作用不能推动经济发展方式的有效转变。因而，这种存在盲目性的转变模式不是最佳选择。

第二种是政府主导、行政强制的方式。例子是前苏联的模式，事实证明效果也不好。传统计划经济体制下，企业所以选择粗放的、扩张的模式，完全在于传统体制下国家与企业的“父子”关系而导致的预算约束软化，即企业没有产权，财产权制度不起作用。这种模式下，难以产生转变经济发展方式的机制和动力。

第三种是以市场为基础、政府与市场协同推进的方式。日本的经济发展是典型例子，可以作为后发国家选择经济发展方式转变的借鉴。但是这种模式也不是万能的，如果把握不好，政府主导型的市场经济，弊端积累起来也会产生严重的后果。

我国的宏观经济管理体制为我国的经济发展方式转变，创造了有别于其他国家的模式，为我国的经济发展方式转变提供了重要的制度保障。主要表现为既有市场机制的逐步完善，又有国家发展规划的宏观控制以及党和政府对经济发展的正确引导。特别是党的十七大提出了科学发展观指导纲领的情况下，配合贯彻落实科学发展观，将全党和全社会的思想统一到科学发展的轨道上来，就会形成合力，朝既定的发展目标迈进，并成为我国转变经济发展方式的动力和保障。

5. 新一轮的全球金融危机对我国经济发展方式的转变客观上起到了催生的作用

从 2007 年的次贷危机到 2008 年 9 月雷曼兄弟宣布破产，标志着美国次贷危机迅速演变成席卷全球的金融危机。自 2007 年 10 月以来，全球被蒸发财富超过 5 万亿美元，给自然人、企业和社会带来巨大破坏作用，也波及我国金融市场和经济领域，A 股市场最大跌幅一度超过72%，市值被蒸发掉22万亿元。但是这场百年不遇的金融海啸，也将给我国带来新的战略性机遇，为我国转变经济发展方式提供新的机遇和动力。

（1）当前国际金融危机给我国提供了加速产业合理布局、加快经济结构调整与产业升级的机会。长期以来，我国产业结构存在的一个突出问题，是产业技术水平和产品附加值较低。在经济不景气或相对低迷的时期，市场竞争往往更为激烈。其结果，就是技术落后、劳动生产率低、不符合市场需求的产品及相关产业遭到淘汰；劳动生产率高、产品质量好、符合市场需求的产品及相关产业则得到发展和壮大。发达国家产业结构升级的一个重要动力，是通过市场淘汰落后产业，产生新兴产业，鼓励生产率更高的技术、产业等出现。当前的金融危机为我国切实推进产业结构优化和升级、转变经济发展方式，提供了很好的机遇，需要我们自觉地利用经济不景气时所带来的压力，将压力转为动力。虽然在国际金融与经济危机影响下，国内经济增长下滑还会继续，但是我国目前依然存在着城市化、工业化、市场化、国际化和人口红利较大发展空间。

（2）为扩大内需带来机遇，有利于启动拉动经济增长新的动力源。2008年10月末，我国各类金融机构人民币存款余额45.83万亿人民币，实际贷款30万亿人民币，尚有近16万亿人民币还没有被充分利用起来。无论我国政府、企业和个人，负债率和杠杆率在国际范围内都是偏低的，加之受金融和经济危机影响，各种生产要素价格都有不同程度下降，通货膨胀得到有效抑制，经济过热担忧已经解除，而且PPI和CPI仍在继续下滑，给放手保增长实施积极财政政策和适度宽松货币政策提供了有利条件，也有可能又迎来一次“低成本、高增长”的国民经济健康发展机遇。以加快基础设施投资为龙头，撬动有效需求，实现经济增长方式转变和产业结构升级转型，所以，国家制定了扩大内需促增长的四万亿人民币投资计划。根据国际惯例和过去政府投资1元能拉动社会投资3元的经验，到2010年政府投资4万亿人民币，能够带动社会投资12万亿人民币，2007年固定资本投资总额为13.7万亿，意味着2008

和2009两年每年总投资额都将达到16万亿人民币[①]，这对进一步扩大内需提供了有利的保障。

（3）这次全球金融危机，也会促进我国的节能减排工作。金融危机的情况下，可以加大资源、环境、基础设施的建设，增加用于节能减排的投入，推动节能减排工作的深入。这次金融危机对世界来说也是转变发展方式、转变消费方式、转变生活方式、调整经济结构、调整产业结构的一次非常好的机会[②]。

这次全球金融风暴给我国的经济发展带来严峻考验的同时，也为我国的经济发展和提升国际经济地位带来多方面机遇，对促使我国转变经济发展方式无疑也是一种重要的催生动力。

（二）制约经济发展方式转变的主要因素

当前情况下，我国具备许多转变经济发展方式的有利条件，但也存在许多困难，同时伴有许多制约经济发展方式转变的不利因素，主要有：

1. 思想观念的束缚

在党中央号召全党深入学习实践科学发展观的过程中，全党和各级干部对科学发展和转变经济发展方式的重要性、紧迫性的认识有了全面的提高，但同时也暴露出来一些根深蒂固的落后思想观念，包括对节约资源保护环境的重要性紧迫性缺乏足够的认识，简单地把经济增长和经济发展等同起来、仍然存在GDP增长挂帅的思想，存在对科学发展、协调发展不够重视，对转变经济发展方式不够重视等问题。胡锦涛同志在全党深入学习实践科学发展观活动动员大会暨省部级主要领导干部专题研讨班开班式上发表重要讲话时强调指出：当前，党的执政能力与新形势新任务的要求还不完全适应、不完全符合，一些党员、干部的思想观念、能力素质与党的先进性要求还不完全适应、不完全符合，一些基层党组织的管理手段和创新能力与经济社会发展任务还不完全适应、不完全符合，一些地方

---

① 刘勘：《金融危机将催生战略性机遇》。《上海证券报》，2008年11月21日。

② 新华社：《金融危机对国内调整结构带来机遇》。2008年10月29日。

的党组织、领导班子、领导干部党性党风党纪方面还存在这样那样的问题。将全党特别是各级领导干部的思想统一到科学发展观和转变经济发展方式上来，仍需要通过不断学习，进一步提高认识，解放思想，转变观念。

2. 科技创新能力仍旧较低

科技创新能力是转变经济发展方式的关键因素之一。我国科技发展较快，但与发达国家比，还有很大差距。发达国家劳动生产率的提高主要依靠技术进步，技术进步的作用上升为60%~80%。我国经济增长率虽然维持在较高位上，但经济效益仍在低位徘徊，在很大程度上是由于科技一直是我国国家实力增长中的薄弱环节，科技缺乏竞争力。尽管我国的R&D投资占GDP比重上升很快，但要发挥作用还有一个过程。

3. 产业结构升级难

新一轮全球金融危机促进了我国产业结构优化升级，但这一过程仍然十分漫长，任务很艰巨。从我国“十一五”规划的节能减排执行情况就可以反映出产业结构升级的一个侧面。为推进节能减排，我国“十一五”规划确定了两项约束性指标，即到2010年，万元GDP能耗将在2005年基础上降低20%左右，主要污染物排放总量减少10%。同时，国务院发布了节能减排考核实施方案和办法，对各省级人民政府和千家重点耗能企业节能减排情况实施问责制。截至2007年，单位国内生产总值能耗降低5.38%，二氧化硫和COD总量减排完成百分之三点几到四点几。从节能来看，今后每年至少要降低4.5%，才能完成五年任务。环保方面，二氧化硫和化学需氧量（COD）还要完成减排总量的6%~7%的任务。今后三年，节能减排任务相当艰巨①。这也表明产业结构升级的任务仍然艰巨。

4. 扩大消费需求难度加大

为了应对国际金融危机，国家出台了10项扩大内需的政策措施。初步匡算，实施这10项措施的工程建设投资，到2010年底约

① 《新华网》，《中国目前没有调整节能减排考核指标的计划》。2008年10月30日。

需投资4万亿元。[①] 这个重大决策引起全世界的密切关注，确实是十分果断和有效的决策。这十项措施中，有一项是“提高城乡居民收入”，还有一项是“有针对性地培育和巩固消费信贷增长点”（第一项也能拉动消费）。其余措施基本是基本建设投资。因此，扩大内需的政策主要还是以投资拉动经济增长的方式。根据经验，投资能在一定程度上拉动消费需求，但是由于消费需求的扩大涉及因素较多，并且短期效应不明显，因此对推进发展方式由主要依靠投资和出口转向发挥消费的作用也增加了难度。

5. 管理体制的障碍

“九五”规划就提出了要实现经济增长方式的根本转变，但是十几年过去了，至今仍没有很快地实现这个转变。经济发展方式的转变并不是非常顺利，特别是近年来，沿海地区都强调要加快转型，但是进度不快，根本的问题在于体制障碍。目前地方政府在经济发展决策中有越位的问题，掌握了过大的资源配置权利，而且把GDP的增速作为政绩的主要标志[②]，这是管理体制阻碍经济发展方式转变的根本原因。实践证明，在从高度集中的计划经济管理模式转向市场取向的经济管理模式的过程中，经济管理体制的每一次重大改革，都对经济增长方式转变发挥了巨大的推动作用。消除这个障碍，党中央和国务院已经采取了许多重大措施，仍需加大改革力度，特别是加快转变政府职能非常重要。

五、转变经济发展方式的目标和主要措施

2009年是我国经济结构大调整的一年。受国际金融危机影响，中国的进出口贸易产品结构将发生深刻的变化；国家采取的扩大内需的十项政策将对产业结构发生深刻影响。为此，我们要抓住这个

① 《新华网》，《温家宝主持召开国务院常务会议 研究部署进一步扩大内需促进经济平稳较快增长的措施》。2008年11月9日。

② 《吴敬琏：转变经济发展方式需消除体制障碍》。《腾讯专稿》，2008年11月2日。

挑战与机遇并存的特殊阶段，加快转变经济发展方式，促进我国的产业升级和转型，培育国内消费增长点，推进改革，为“十二五”时期和更长远的经济发展打好基础。

（一）转变经济发展方式的中长期目标

以2007年为基数，2010年为转变新起点，2015年、2020年为中期目标和长期目标，我们围绕“三个转变”提出以下目标预期值：

1. 由主要依靠投资、出口拉动向依靠消费、投资、出口协调拉动转变

消费、投资、出口是拉动经济增长的“三驾马车”。以三者对经济增长的贡献率作为指标，我们提出了一个中长期目标。目前的情况是消费对经济增长的贡献率偏低，协调转变的核心应当是逐步提高消费需求对经济增长的贡献率。表2以2007年的三者贡献率为基数，分别提出了2010年、2015年和2020年的消费、投资和出口贡献率目标。到2015年消费贡献率提高到40%，2020年再进一步提高到45%。由于消费贡献率的提高，投资和出口贡献率将相应降低。

表2　消费、投资、出口贡献率目标

类别	2007年	2010年	2015年	2020年
消费贡献率（%）	38.6	35	40	45
投资贡献率（%）	37.7	45	40	35
出口贡献率（%）	23.7	20	20	20

（1）2007年，我国消费对经济的增长首次超过投资，标志着我国经济逐步向协调的方向迈进。这是在十七大提出了落实科学发展观和转变经济发展方式后取得的成效。但是2007年与政府抑制投资增长的宏观政策有关，同时与CPI指数偏高有关，实际上经济增长依靠投资驱动的格局没有改变。①

（2）2008年国家采取拉动内需政策后，投资与消费的关系将发生变化，启动消费难以迅速见效，拉动内需的投资作用比较明

① 新华网：《消费拉动中国经济增长贡献率7年来首超投资》。2008年3月6日。各方面对此存在不同的分析观点。

显。因此，预计到2010年，投资对经济增长的贡献率将再次超过消费，成为拉动经济增长的第一动力源。

（3）通过世界部分国家比较，我国投资率比发达国家普遍高出20多个百分点，而消费率则低20多个百分点。① 这与发展阶段有关，考虑中国的经济发展阶段因素并参照发达国家的比例，我国消费率的上升空间很大，消费对经济增长的贡献率将会逐步显现出来。

（4）出口拉动的作用受国际市场的影响很大，比如，2008年我国出口贡献率将出现逆转。2009年《经济蓝皮书》预计，2008年中国进出口对GDP增长的贡献率将转为负值。

（5）根据对1978~2007年三大需求对经济增长的贡献率关系分析，我国消费的贡献率在1979~1985年期间为高贡献率阶段，1986~1997年期间为中贡献率阶段，进入2003年后，消费的贡献率稳定在40%以内，出现持续的低迷状态，总的趋势是逐步走低；而投资贡献率，则是从1978~2007年期间的总趋势一路走高；出口贡献率则更不稳定，但总的趋势是上升的（见图1）②。

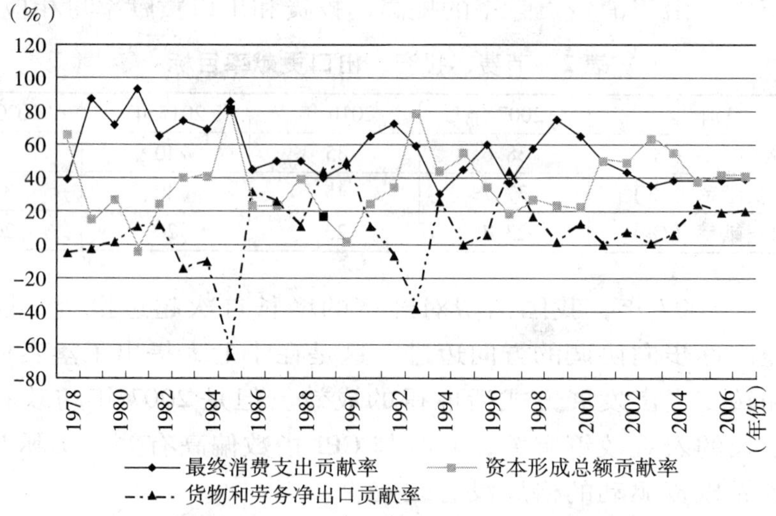

图1 消费、投资、出口对GDP增长的贡献率

① 《中国信息报》经济观察：《如何测度“三驾马车”对经济增长的贡献》，2005年1月31日。

② 国家统计局数据。

仔细分析三大需求的长期波动趋势，可以发现很有趣的现象，三大需求的贡献率之和为100，但是变化很激烈，相互之间是相互生克的关系，其中以消费和投资的生克关系比较明显，投资高了则消费就低，反之亦然，但是有的年份投资、消费都高，克的是出口，如1985年，投资的贡献率达80.9%，消费达85.5%，净出口则为-66.4%，说明这一年大量进口国外的货物与服务，国内不管是消费还是投资都有相当比例用于进口。实际上，这一年也正是海南汽车疯狂走私的一年。可见，这一年，无论是消费支出还是投资支出，大量用于购买汽车造成了出口贡献率的高负值。1993年，我国石油进口量较大，外贸逆差，所以当年的出口贡献率也为负值。

（6）2010年的数值带有预测的成分，主要是考虑到刺激内需，必将加大投资的贡献率，消费贡献率会受到克制，而投资同时会带动进口，出口贡献率也会受到控制。2015年经济步入正常发展轨道，消费投资开始协调拉动，进出口贸易也步入正常，但是进出口结构将提升层次，高技术产品比重上升，“两高一资”（高污染、高能耗和资源性）产品的出口比重将明显降低。2020年，三驾马车开始协调拉动，出口拉动将更加偏向于技术含量高的产品。

2. 由主要依靠第二产业带动向依靠第一、第二、第三产业协同带动转变

三大产业的结构转变，其核心是第三产业的比重。目前我国的经济增长过度依赖第二产业，第三产业比重与发达国家比较低20个百分点左右。我们采用三大产业对经济增长贡献率指标，以2007年度统计数据作为基数，预测了2010年的情况，提出2015、2020年的中长期目标。由于第一产业的比重总的趋势是逐步缩小的，因此，提高第三产业的比重是协调转变的关键（见表3）。

表3　三次产业贡献率目标

类别	2007年	2010年	2015年	2020年
第一产业贡献率（%）	3.6	3	2.5	2
第二产业贡献率（%）	54.1	52	49	45
第三产业贡献率（%）	42.3	45	48.5	53

（1）我国三次产业对GDP的贡献率从1990～2007年的总的趋势是，第一产业趋于下降，第二产业也是略有下降，而第三产业呈上升趋势，这个特征符合我国经济发展的规律和发展趋势（见图2）。

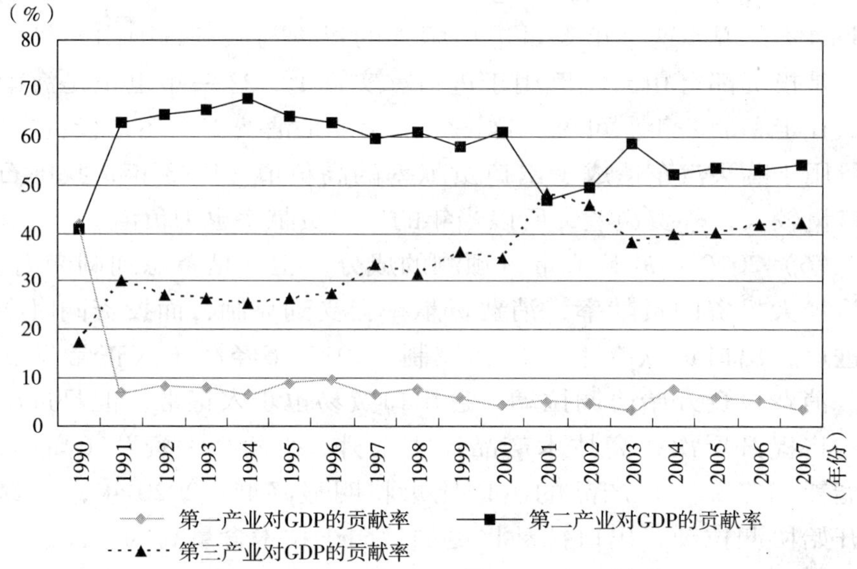

图2 1990－2007年三次产业对GDP的贡献率

数据来自《2008年中国统计年鉴》。

（2）根据《中华人民共和国国民经济和社会发展第十一个五年规划纲要》，到2010年我国服务业增加值比重增加到43.3%的规划指标，按照三次产业划分，也就是第三产业贡献率（产业贡献率指各产业增加值增量与GDP增量之比）的比重上升到43.3%的水平。

（3）2008年国家扩大内需的十项政策措施多数都将有利于第三产业的发展，第三产业的贡献率将会上升较快，因此，第三产业的贡献率突破“十一五”规划指标的可能性极大。

（4）《发展和改革蓝皮书》列举了不同国家的三次产业变化趋势，从中可以看出，多数国家的发展趋势是第三产业比重增加较快，有的国家第三产业的比重超过70%，如英国、巴西等。我国相比较第三产业的发展空间很大。

（5）2007 年，国务院《关于加快发展服务业的若干意见》提出，到 2020 年，要基本实现经济结构向以服务经济为主的转变，服务业增加值占国内生产总值的比重超过 50%。结合我国经济发展方式转变的大趋势，第三产业的贡献率将有可能加大。

（6）第一产业是我国国民经济中很重要的基础，发展重点在于提高质量，提高科技进步，内涵扩大再生产，而国家的扩大内需政策也直接惠及农业，但是贡献率会继续走低，有可能随着第三产业的较快发展还会更低。三次产业的这种变化趋势正是转变经济发展方式的大趋势。

3. 由主要依靠增加物质资源消耗向主要依靠科技进步、劳动者素质提高、管理创新转变

第三个转变的指标选取相对较困难，首先选取科技进步贡献率指标，对这一指标尽管存在分歧，但我们认为在没有更好的指标时，用此指标可说明一定问题；劳动者素质提高的指标较多，包括技术工人比重、受教育人口比重等，我们选取了公共教育支出占 GDP 的比重指标，这个指标能反映国家对提高劳动者素质的重视程度；管理创新没有单独设计，是因为管理创新是指把一种新思想、新方法、新手段，或者新的组织形式引入到企业或者国家的管理中，并取得相应的效果的过程，不好量化。企业管理创新是指企业把新的管理要素（如新的管理方法、新的管理手段、新的管理模式等）或要素组合引入企业管理系统以更有效地实现组织目标的创新活动。因此，管理创新与体制改革、思想观念转变、技术进步等有关，是个比较综合的指标，某种程度上体现在全要素生产率中。此外，我们选取了单位 GDP 能耗、主要污染物排放量减少两个指标来反映控制物质消耗情况。第三个转变综合反映了国民经济的运行质量，是协调转变的核心和重点。我们以 2007 年指标为基数，预测并提出了 2010 年、2015 年和 2020 年的目标（见表 4）。

表4　科技进步等主要要素目标

项目	2007年	2010年	2015年	2020年
科技进步贡献率（%）	40	46	53	60
公共教育支出占GDP（%）	3	4	4.7	5.5
单位GDP能耗（吨标准煤/万元）	1.160	1	0.8	0.6
主要污染物排放总量减少（%）	—	10	10	10

（1）科技进步贡献率由于测算方法不同，目前存在较大分歧，只能作为参考指标[①]。也有人将“科技进步贡献率”用国际通用的“全要素生产率”（Total Factor Productivity，简称TFP）代替[②]，但是，TFP的情况，中国这些年表现得非常好，而且，发达国家的TFP也不是很高，日本为55.2%，美国为47.8%。而采用技术进步对劳动生产率的贡献，发达国家则高达60%～80%。我国目前只有40%左右。这里采用的是《国家中长期科学和技术发展规划纲要（2006－2020年）》的指标。

（2）反映劳动者素质的指标较多，有工程技术人员占就业人员比重、在岗职工的平均受教育程度等。这里采用公共教育支出占GDP比例来衡量劳动者素质。这个指标与实际的劳动者素质有一个滞后，但是却能最全面地反映国家对劳动者素质的重视情况。这个指标的世界比较是，2000年，发达国家平均为5.3%，欠发达国家平均为4.1%，转型国家平均为4.2%，最不发达国家平均小于3%，中国是2.9%。由于我国人口数量多，人均GDP与发达国家差距大，实际这个比例分摊到人均后，比发达国家要少很多[③]。由于我国具有重视教育的传统，城乡居民的消费支出中，教育支出比重较高弥补了财政公共教育支出少的问题，因此，我国的实际受教育情况远高于许多国家。国家统计局城调总队的专项调查显示，绝大多数国家教育的主要投资者是政府，特别是初中等教育，居民负

① 宋卫国、李军：《“十五”规划我国科技进步贡献率目标选择分析》。

② 郭励弘：《全面、准确地把握“科技进步贡献率”的内涵》。《搜狐财经》，2006年4月17日。

③ 刘泽云、袁连生：《公共教育投资比例国际比较研究》。《比较教育研究》2007年第2期。

担的比例世界平均不到8%，而我国的现实却远非如此。2002年，在教育投入总量9248亿元中，国家投入3107亿元，占33.6%；社会投入346亿元，占3.7%；个人投入5795亿元，占62.7%。值得注意的是，所有学级中个人都是教育投入的主力军①。但是，消费支出中的教育支出比重高，也反映了国家教育体制的不完善情况。这个比重应该逐步转变。

（3）单位GDP能耗指标是我国节能减排的重要控制指标，在很大程度上反映了我国经济发展方式转变的进展情况，但是这个指标与发展阶段有关，发达国家单位GDP能耗从上升转为下降的拐点处于第二产业比重仍比较高的时期，其直接原因是本国工业向高端升级，工业化后期第三产业的发展巩固了单位GDP能耗的下降。我国应将万元GDP能耗降低目标上升为“走新型工业化道路”的标志性指标，将推动工业发展走向高端作为当前阶段降低单位GDP能耗的主要途径②。据《2007年各省、自治区、直辖市单位GDP能耗等指标公报》，我国单位GDP能耗比上年下降了3.66%，降幅比2006年的1.79%提高了1.87个百分点。根据“十一五”规划2010年单位GDP能耗降低20%的目标，2010年的单位GDP能耗为0.97吨标准煤/万元。从2008年的政策走向和经济发展状况看，是完全有可能的。如果后10年也按这样的幅度下降，也就是这个指标每5年降低20%，2015年将是0.8吨标准煤/万元，2020年为0.64吨标准煤/万元。这将使我国工业朝新型工业化方向迈出了坚实的一大步，将有力推动经济发展方式的转变。

（4）“十一五”规划对主要污染物减少指标的控制是二氧化硫和化学需氧量5年减少10%。这个指标即可以反映工业结构升级的结果，也可以是治理的结果。根据环境保护部通报的情况，2007年主要污染物排放量首次出现“拐点”。积极推进工程减排和结构减排，认真落实管理减排措施，全国装备脱硫设施的燃煤机组占全部火电机组的比例由2005年的12%提高到48%，城镇污水处理率

---

① 国家统计局城调总队：《我国教育经费投入知多少》。《新华网》专稿。

② 白泉：《国外单位GDP能耗演变历史及启示》。

由52%提高到60%，全年全国化学需氧量排放量1383.3万吨，比2006年下降了3.14%；二氧化硫排放量2468.1万吨，比2006年下降了4.66%，主要污染物排放量实现双下降，首次出现了“拐点”。这说明，主要污染物排放控制指标执行的难度。根据“十七大”全面建设小康社会的要求，今后每5年主要污染物排放控制再下降10%的幅度是必须的，这在一定程度上也是转变经济发展方式的要求。

（二）加快转变经济发展方式的主要措施

为了实现转变经济发展方式的中长期目标，需要宏观经济政策的协调动作，深化体制改革，即要保增长速度，更要注重结构改善，确确实实将落实科学发展观作为引领经济社会发展的纲领，围绕转变经济发展方式的“两个坚持”、“三个转变”为重心，实施配套的改革措施和政策组合，发挥宏观调控促进加快转变的功能。需要采取的重点措施主要有：

1. 深入贯彻落实科学发展观，促进经济社会的协调和可持续发展

进一步解放思想，牢固树立科学发展观，弘扬和鼓励按照科学发展观办事的宗旨，从规划、政策、法律、规章各个方面，按照科学发展观的要求，统筹兼顾，促进经济社会发展的协调性和可持续性。要不断增强全党和各级政府贯彻落实科学发展观的自觉性，确确实实按科学发展观办事，才能有效推进加快经济发展方式的转变。

2. 增强消费需求的拉动作用，促使内需结构合理化

一是深化收入分配制度改革，理顺收入分配关系，逐步缩小收入分配差距。调整收入分配格局，促进居民、企业和国家的分配格局向合理的方向变化。逐步提高城乡居民的收入水平，增加劳动者报酬。二是逐步完善公共财政体制，调整财政收支结构，逐步增加公共服务的支出，进一步强化政府提供公共产品和再分配功能。三是着力改善和解决民生问题，不断完善社会保障制度，解决人民群众医疗、教育、养老的后顾之忧，改善城乡居民的消费结果。四是科学地、正确地培养居民消费新的增长点，逐步加强消费能力，促使内需逐步向合理化方向转变。

3. 适时调整外贸外资政策，提升对外经济的质量和效益

在外贸方面，今后要积极扶持高附加值产品、品牌产品，特别是有自主知识产权的产品出口，提高出口产品质量和附加值，推动外向型产业由劳动密集型逐步向资本密集型和技术密集型升级，优化进出口结构，努力转变出口增长方式；在外资方面，鼓励先进制造业、节能环保产业和现代服务业利用外资，提高利用外资的水平，要着力引进高新技术、先进装备等先进制造业项目，同时要依托制造业重点引进服务外包产业，利用有限的资源，创造最大的价值。要加大实施“走出去”战略，形成一批国际竞争力较强的跨国企业，为此，加快构建政府服务体系，强化对海外企业和资产的监管，培养一批懂管理、懂技术、懂法律、懂国际规则和国际惯例的复合型人才，适应“走出去”的需要。同时，通过“走出去”，促进服务业的国际贸易，提高中国在国际服务业中的地位和水平。

4. 以节能减排为突破口，促进新型工业化的转型

我国将节能减排作为宏观调控的目标之一是具有重大意义的战略决策，推进节能减排，有利于促进走新型工业道路，是我国实现可持续发展的必然选择，是推进经济发展方式转变的重要环节。为此，要坚持不懈地继续加大节能减排的政策力度，控制高耗能、高污染行业过快增长，加快淘汰落后生产能力，积极推进能源结构调整。突出重点，全面实施节能减排重点工程。抓好重点企业、重点行业、重点领域节能减排。依靠科技，促进节能减排的技术研发和推广应用。强化责任，加强节能减排监督管理。完善政策，形成节能减排激励约束机制。加强舆论宣传，提高全民节约资源、保护环境的意识。同时要积极推进新能源和可再生能源的开发利用，促进能源结构优化。

5. 加快现代服务业发展，促进产业结构升级

现代服务业已成为发达国家参与国际竞争的核心产业，更是我国从经济大国迈向经济强国的战略性产业。目前我国正处于工业化中期，面临着资源环境的约束，发展现代服务业是建设循环节约型社会的必然选择，是推进发展方式转变的核心力量，是促进产业结构升级和提高国家竞争力的关键所在。为此，要加快自主创新，不断提升现代服务业发展水平。服务业自主创新是涉及技术、产业、组织、管理、业务流程和制度的集成创新，能促进服务外包和服务业集群的发展，推动服务业的迅速发展和升级，是整个产业链技术进步与创新的源泉。要推动区域协调发展，优化现代服务业空间布局。技术实力雄厚的长江三角洲、珠江三角洲和京津冀城市群应侧重发展现代服务业产业集群，加快新兴服务业的发展。同时，加大与中、西部城市群的合作，通过辐射带动效应促进中原、长江中游、川渝和关中城市群现代服务业的发展，实现现代服务业的区域优势互补和良性互动，同时利用现代服务业的产业拉动、资本倍增、技术进步、结构升级等效应，促进本区域农业和工业的健康发展，增强区域竞争力。要推进市场化改革，促进我国现代服务业发展。深化现代服务业体制机制的改革和创新，引入新的组织方式和现代管理理念，通过竞争优胜劣汰把现代服务业的巨大潜能释放出来。抓住世界经济结构调整和国际服务业向新兴市场国家转移的契机，主动承接国际服务业的转移，引导外资投向我国现代服务业部门，学习引进国际上的先进技术、组织形式和经营管理方式，借鉴现代服务业的体制机制改革经验，推动服务业微观制度和经营管理创新，全面促进现代服务业技术进步和快速发展。同时大力发展服务贸易，扩大现代服务产品的出口。积极培育具有竞争优势的服务外包企业，创建一批服务外包产业基地，提高外包企业的创新能力和科技水平，使服务外包成为我国服务贸易的新增长点。要实施品牌战略，加快培育龙头服务企业，建立市场调研、信息咨询等服务平台，支持外向型现代服务业龙头企业参与国际竞争①。

6. 完善资源价格形成机制，加快资源要素价格的改革

长期以来，我国资源价格水平偏低，资源价格只反映了资源开发、运输成本，没有全面反映生态环境破坏修复成本、基础设施建

① 王耀中、张阳：《我国现代服务业发展的战略思考》。《光明日报》，2008 年 12 月 17 日。

设、安全生产、企业退出、转产成本等因素。而且，我国资源税偏低，还不到德国、法国这些低税率国家的1/30，根本没有真实反映市场供求关系和资源稀缺程度，对国民经济发展产生许多不利影响，导致市场机制在资源配置中的基础性作用得不到充分发挥、资源产出效率低，不利于优化资源配置，不利于转变发展方式和建设资源节约型环境友好型社会。为此，要进一步明晰资源领域的产权关系。完善法律法规，中央政府要通过提高征收资源开发税税率、健全资源开发秩序相关制度等来行使包括资源开发权、收益权等在内的所有权，真正把法律规定的资源国家所有权落到实处。要打破资源性行业垄断经营，引入市场竞争机制。在明晰产权的基础上，打破垄断，引入竞争机制，在市场竞争中形成反映市场供求状况和资源稀缺程度的价格，保障资源性产品生产和资源节约。要科学制定资源性产品成本的财务核算办法。认真贯彻国务院《关于促进资源型城市可持续发展的若干意见》，将资源开采权取得、资源开采、环境治理、生态修复、安全设施投入、基础设施建设、企业退出和转产等费用列入资源性产品的成本。提高资源性产品定价的科学性，促进资源与经济社会协调发展。通过对资源要素价格的改革，使资源完全成本化，促进节约资源，推进发展方式的转变①。

7. **统筹城乡发展，推进社会主义新农村建设**

由于国内庞大的农村资源尚未被开发，加快“三农”建设步伐，推进“三农”建设现代化，有利于促进我国内需增长。这是因为，城市与农村的消费边际弹性不同。城市居民在经历了20世纪末商业革命和大宗消费品排浪式消费之后，先后步入个性化消费阶段。城市居民收入边际消费弹性也随之逐渐减小。而在农村，广大农民的生产消费基本尚处于未开发或刚开发阶段，我国农村人口规模庞大，农民潜在的生活消费需求很大，农民消费边际弹性较大。随着我国“三农”现代化发展，这将会成为我国现实和未来的内需主力构成。此外，农村有巨大的社会民生需求。由于各地经

① 《蔡玲：关于深化资源价格改革的建议》。《中国网》：2008年“两会”提案报道。

济社会发展的基础和条件差异较大，城市化进程在各地的发展还不够平衡，城乡之间的发展也不平衡，农村对于教育、医疗、卫生、就业、社会保障等的巨大需求，是扩大内需的主要增长点①。促进“三农”发展，也是转变经济发展方式的内在要求，只有实现现代化的农业，才能促使三次产业之间的协调，才能为我国的经济社会发展提供基础性保障，从而为全面实现小康社会打下基础。

8. 全面提高自主创新能力，加快建设创新型国家

胡锦涛总书记在党的十七大报告中就提高自主创新能力、建设创新型国家作了精辟论述，强调指出：这是国家发展战略的核心，是提高综合国力的关键。要坚持走中国特色自主创新道路，把增强自主创新能力贯彻到现代化建设各个方面。21 世纪头 20 年，是我国经济社会发展的重要战略机遇期，也是我国科技事业发展的重要战略机遇期。我们的目标是：到 2020 年，使我国的自主创新能力显著增强，进入创新型国家行列，为全面建设小康社会提供强有力的支撑。为此，立足我们当前所处的国际形势和我国的实际国情，首先要培养创新型人才。当前，人才竞争已成为国际竞争的一个焦点，这就要求我们必须以国际化的眼光来培养人才、吸引人才、留住人才、使用人才，营造良好的体制、机制和社会环境，使创新型人才能够脱颖而出，充分发挥作用。其次要加快科技体制改革，特别是要加快国家创新体系建设。必须根据我国国情建设有中国特色的创新体系。再次是要确立企业在技术创新中的主体地位。要进一步创造条件、优化环境、深化改革，切实增强企业技术创新的动力和活力，使企业真正成为技术创新的主体。发挥经济科技政策的导向作用，使企业成为研究开发投入的主体。还要创造有利于自主创新的政策环境。与经济、社会发展结合，通过政策的协调，创造一种平等的竞争环境，在税收、投资、贸易等方面，全面促进科技发展。同时，要增强知识产权意识，实施国家知识产权战略。积极培育企业创新能力，促进形成一批拥有自主知识产权和知名品牌、国

---

① 姜永坤：《转变发展方式的突破口 以“三农”现代化带动内需增长》。《解放日报》，2008 年 12 月 11 日。

际竞争力较强的优势企业。并抓紧制定和完善促进具有自主知识产权的技术产业化的扶持政策，鼓励知识产权转移与实施。进一步完善形成既与国际接轨又符合我国国情的知识产权法律法规体系。通过完善法律和加强执法，扩大宣传教育，把知识产权保护工作落实到各个环节，形成激发创新热情、鼓励创新行为和提高创新回报的社会环境。国务院总理温家宝在十一届全国人大一次会议上作政府工作报告时说，“要坚持把推进自主创新作为转变发展方式的中心环节。”可见推进自主创新对转变经济发展方式的重要性。

9. 加快行政管理体制改革，转变政府职能

深化行政管理体制改革、转变政府职能，是进一步深化改革、完善社会主义市场经济体制的关键环节。要贯彻落实中央精神，按照科学发展、和谐发展的要求，积极推进政府自身的改革和建设。转变政府部门职能，创造公平竞争的发展环境、规范有序的市场环境、诚信守约的信用环境、公正廉洁的执法环境和公开高效的办事环境，需要进一步在完善市场经济体制基础上转变政府职能和各级干部的工作作风，尽快建立起与这种新的经济发展理念相匹配的干部考核指标体系，其中特别要处理好干部定量考核与发展导向之间的关系。为此，要引导干部树立正确的政绩观，就必须设立全面评价干部政绩的合理指标，形成有利于落实科学发展观、转变经济发展方式的政绩考核体系：一是从过去侧重于考核物质指标转向注重考核以人为本指标；二是从过去侧重于考核经济数量指标转向注重考核经济运行质量和效益指标；三是从过去侧重于考核经济发展速度指标转向注重考核经济社会事业协调发展指标；四是从过去侧重于考核近期利益指标转向注重考核可持续发展指标。从而消除行政管理体制中存在的对转变经济发展方式的阻碍，增强市场机制作用。

10. 不断完善社会主义市场经济体制，为经济发展方式转变提供体制条件

经过 30 年的经济体制改革，我国的社会主义市场经济体制已经基本建立。但是在发展过程中也出现了一些不协调、不和谐的现象，面临许多新情况、新问题，特别是提出科学发展观之后，对经济社会的发展提出了更高的要求，这就要求进一步完善社会主义市场经济体制。十七大提出要“加快形成统一开放竞争有序的现代市场体系，发展各类生产要素市场，完善反映市场供求关系、资源稀缺程度、环境损害成本的生产要素和资源价格形成机制，规范发展行业协会和市场中介组织，健全社会信用体系。”在进一步完善市场体制过程中，要充分发挥市场机制有利于促进经济发展方式转变的作用，一是进一步规范市场配置资源，减少行政性配置资源。为此，要进一步明确界定政府投资的职能和范围，充分发挥市场配置资源的作用，不断优化资源配置。二是加快现代企业制度建设，加快建立现代企业制度，打造出合格的、理性的市场主体。继续做好企业改制、分离企业办社会职能，推进兼并破产等战略性重组以及深化企业产权制度改革。加快完善国有资本经营预算制度，使国有企业真正成为合格的市场主体，不断形成节能降耗、科技进步的内在动力和约束机制。三是加大促进科技体制创新力度，大力推动科技体制市场化改革，完善科技投入的运作机制，改革政府科研资金的运作机制与模式，统筹不同所有制单位的科研投入；同时要推动科技教育事业真正面向世界、面向市场、面向现代化；以市场机制为基础，建立有效的国家科技创新体系。四是加强市场监管，维护市场秩序，逐步打破垄断行业的不正当竞争，不断完善维护市场秩序的立法和执法力度，充分运用法律、行政和经济调节手段，引导市场的健康发育。

附录：经济增长理论和发展经济学要点

经济增长理论有新古典理论和20世纪80年代中后期兴起的新经济增长理论。新古典增长理论的要点是资本的边际收益递减的前提下，资本的边际产品增长率是趋于下降的。也就是说，随着一国资本存量的增加，其产品的增长率必然收敛于一个稳定值，从而出现零增长。但是经济学家麦迪逊对1700年以来几个经济领先国家人均GDP增长率的统计数据发现，人均产出的增长是递增而非递减的。按照新古典增长理论，从长期的发展来看，发展中国家的增长率是可以与发达国家趋同的。面对这一事实，新古典增长理论的解释显得苍白无力。

20 世纪 80 年代中期，以罗默和卢卡斯为首的一批经济学家摒弃了新古典增长理论的核心假设，提出了一套全新的经济增长与发展的思想，被称为新经济增长理论。罗默的经济增长理论（罗默模型）认为生产要素应包括四个方面：资本、非技术劳动、人力资本（按接受教育的年限来衡量）和新思想（按点子和专利权的数量来衡量）。四个要素中以特殊的知识即新思想最为重要，是经济增长的主要因素。罗默认为，一般知识可产生外在经济效应，使全社会都能获得规模经济效益；专业化知识产生内在效应，使个别厂商获得垄断利润，而垄断利润又能使个别厂商有能力研究开发新产品。产出中的内在和外在效应表明，作为经济增长中的一个独立的知识积累过程，从一种产品的生产过程来看，不仅它本身收益是递增的，而且可以带动劳动和资本投入的收益递增，给厂商和全社会带来递增收益，从而知识积累使总产出的规模收益产生递增，为长期稳定增长提供保证。由此，罗默得出知识积累是现代经济增长的新源泉。罗默将社会各部门划分为消费品生产部门和研究与开发部门即知识积累部门。由于知识积累对经济的增长作用越来越超过物质的积累而处于支配地位，研究和开发即 R&D 成为经济增长的主要源泉。罗默指出，由于各国间的贸易可以使知识在世界范围内加速积累，从而提高全世界的总产出水平，特别是相对于后进国家来说，可以产生赶超效应。新经济增长理论有 AK 模型、知识的外部效应与“知识溢出”（spillover effect）模型、R&D 模型、卢卡斯的人力资本模型、“边干边学”（learning by doing）模型等。新经济增长理论对现实经济具有一定的指导意义，引发了加大教育力度以重视人力资本投资、重新确立政策的决定性作用、明确了政府兼顾经济增长与经济周期所采取的正确政策等。但是，所有增长理论和模型的研究对象都是针对经济增长，主要是人均 GDP 的增长来进行的，也就是说，主要是研究数量变化，也就是哲学意义上的量变范畴。

发展经济学是研究发展中国家经济增长和经济发展问题的学科，是第二次世界大战后在西方经济学体系中逐渐形成的一门新兴学科。发展经济学理论经历了不同的发展阶段，其主流思想由结构主义演变为新古典主义，20 世纪 40 年代末至 60 年代中期是发展经济学的形成和兴盛时期，这一时期的发展经济学强调物质资本积累、工业化和计划化等少数几个问题在经济发展中的重要性，强调内向发展战略，重视发展中国家经济结构的僵硬、刚性特征，反对新古典主义静态的配置资源、边际调节和市场修补，不支持传统的国际贸易理论和自由贸易政策。

发展经济学对中国经济发展的贡献主要有：二元结构理论、重视农业发展的重要性、重视资源节约和环境保护等学术观点。经济发展方式理论的提出，是我们党对这门新兴经济学科的重大理论贡献。[①]

（课题负责人：宋群，课题组成员：贺克俭、孙国华）

---

① 刘伯雅：《论新经济增长理论及其对现实经济的启示》；王爱君：《发展经济学研究三十年回顾》。光明日报，2008 年 10 月 20 日。

分 报 告

关于滨海新区率先转变经济发展方式问题研究

天津市发展改革委学术委员会课题组

转变经济发展方式，是贯彻落实科学发展观的必然要求，是关系国民经济全局紧迫而重大的战略任务。滨海新区开发开放作为国家发展战略的重要组成部分，要更好发挥在改革开放和自主创新中的重要作用，要成为深入贯彻落实科学发展观的排头兵，必须率先转变经济发展方式。当前，滨海新区开发开放已经到了十分紧要的关头。面对国际竞争日益加剧的趋势，面对国内低成本优势逐渐减弱的现实，如何促进经济发展方式加快转变，是滨海新区成为“排头兵”必须回答好的问题。

一、滨海新区发展方式转变的历程

滨海新区，从概念提出、快速发展、基本建成再上升为国家发展战略，是天津市经济社会发展战略实施的缩影，体现着天津市谋求发展方式转变的全过程，也是天津市未来发展的机遇和希望所在。

滨海新区的发展大体经历了三个阶段，1993 年以前，分散发展阶段——以经济技术开发区为重点建设滨海地区；1994 年～2005 年，快速发展阶段——提前 1 年实现 10 年基本建成滨海新区的目标；2006 年至今，科学发展阶段——上升为国家战略和实施的过程。新区发展战略也经历了由发展外向型经济到外向型与工业东移并重，再到目前的“更好发挥滨海新区在改革开放和自主创新中的重要作用”的逐步转变。

（一）滨海地区分散发展——大力发展外向型经济（1984～1994 年）

1984 年，为进一步扩大改革开放，党中央、国务院提出开放 14 个沿海港口城市和海南岛，新辟经济技术开发区，主要搞技术先进的工业项目，天津经济技术开发区应运而生。1986 年 8 月，经国务院批复实施的《天津市城市总体规划（1986～2000 年）》（以下简称 86 版城市总体规划）中提出，“一个扁担挑两头”的城市布局结构，首次明确了天津城市空间结构由单核心向双核心发展，强调“全市工业布局向沿海地区转移，大力发展滨海地区，逐步形成以海河为轴线，市区为中心，市区和滨海地区为主体的发展格局”。

十年间，经济技术开发区、天津港保税区、海洋高新区相继成立。1984～1994 年，经济技术开发区、天津港保税区共设立外资企业 4249 户，占全市同期新设外资企业数量的 53%，其中绝大部分为工业企业。开发区外贸出口增长迅猛，占全市比重从不足 0.1% 大幅提高到 22.5%。工业总产值占全市比重 8.1%，其中外向型工业产值占比达到 98.5%。摩托罗拉、三星、康师傅等“三资企业”相继落户，并取得很大发展。区内配套设施的不断完善极大地改善了投资环境，按照“以工业为主、以利用外资外主、以出口创汇为主”的建区方针，利用外资数量大幅增加，很好地克服了国内资本和技术两个瓶颈对发展的制约，投资、出口快速增长，第二产业占生产总值比重提高。

这个时期，外向型工业经济成为滨海地区发展的特色，发展模式中总量扩张的特征非常明显。但由于总量仍不大，带动作用比较有限。十年间，天津市生产总值年均增长仅有 8.5%，明显低于全国 10.4% 的平均水平，发展急需“破题”。

（二）滨海新区快速发展——外向型经济与工业东移并重（1994～2005年）

1994年，天津市提出了“三五八十”四大奋斗目标，而其中最为亮眼就是“十”，即用十年左右的时间基本建成滨海新区，使其GDP达到全市的40%，外贸比重达到50%，滨海新区正式起步。这一年，滨海新区生产总值112.36亿元，固定资产投资108.03亿元，外贸出口只有5.9亿美元，远远落后于深圳和浦东；新区GDP仅仅是浦东新区的45%，深圳的19.8%。

滨海新区此阶段的发展思路是，以天津港、开发区、保税区为骨架，冶金、化工为基础，商贸、金融、旅游竞相发展，形成一个以新兴产业、外向型为主导，以自由港为发展方向，基础设施配套、服务功能齐全，面向21世纪的高度开放的现代化经济新区。2005年，新区生产总值1623.3亿元，比1994年增长13.4倍，年均递增20.6%。外贸出口184.7亿美元，增长35.9倍，年均递增35.1%。1994～2005年，累计批准三资企业6480家，实际利用外资157.8亿美元。1994～2005年，新区工业增加值由68亿元增加到1045亿元，增长14.4倍，年均增长23%；工业总产值由213亿元增加到3997亿元，年均增长27.7%。电子信息、石油和海洋化工、汽车及装备制造、石油钢管和优质钢材、生物技术和现代医药、新型能源和新型材料等优势产业迅速发展，占工业总产值的比重达到88%。创新体系进一步完善。截至2005年底，拥有各类科研机构42家，企业研发中心49家。2005年的滨海新区，生产总值占全市的43.9%，其中工业占55.5%；外贸出口占全市的67.4%，实际利用外资比重达到79.5%，滨海新区带动全市经济发展的局面形成。

2005年，滨海新区工业总产值、增加值超过浦东。特别是“十五”期间，工业战略东移步伐加快，共有236家企业迁入滨海新区，项目总产值762亿元。由此，滨海新区工业比重达到66%，高于全市平均水平14个百分点。滨海新区成为全市发展最快的区域，带动作用已经形成。

这个时期发展方式的特点是在量的基础上注重技术引进和改造。集中力量吸引外资投向制造业，同时将天津市原有的工业基础向滨海新区转移。工业成为滨海新区的优势。此时的滨海新区实际上是一个“大型工业开发区”，是工业东移的承接区，是发展外向型经济的试验区。

（三）滨海新区科学发展——推动国家战略实施（2005年至今）

2006年，滨海新区纳入国家发展战略布局，国务院关于推进滨海新区有关问题的意见和新区“十一五”规划中明确，滨海新区的功能定位是：依托京津冀、服务环渤海、辐射“三北”、面向东北亚，努力建设成为我国北方对外开放的门户、高水平的现代制造业和研发转化基地、北方国际航运中心和国际物流中心，逐步成为经济繁荣、社会和谐、环境优美的宜居生态型新城区。

按照这个功能定位，2007年滨海新区全方位、多功能开发建设启动。全年实现生产总值2364.1亿元，增长20.5%，占全市比重达到47%；服务业增加值660亿元，增长25%；工业总产值6282.8亿元，增长20.8%；外贸出口245.3亿美元，增长17.3%；天津港货物吞吐量3.1亿吨，增长20%，集装箱吞吐量710万标箱，增长19.3%。截至目前，滨海新区进入由点到面、由局部到整体全面开发开放的新阶段。一批提升产业能级的重大项目加快实施。百万吨乙烯炼化一体化、空客A320系列飞机总装线、新一代运载火箭、造修船基地加快建设和前期工作，中新生态城开始建设。产业功能区建设全面展开。东疆保税港首期封关运作，滨海高新区正式开工，中心商务商业区高层楼宇建设加快。开发区西区、空港物流加工区在功能开发、产业聚集、环境提升等方面有新进展。综合配套改革积极推进。国内首只产业投资基金投入运营，一批国内外金融机构、总部进驻，全国保险改革试验区确立。土地管理体制改革试点启动。创新海关监管机制取得进展。行政管理体制进一步完善。现代交通体系加快构建。天津港30万吨原油码头投入使用，滨海国际机场扩建完成，京津高速公路通车，京津城际铁路通达滨海新区。大力发展循环经济。循环经济试点、示范取得阶段性成果，“泰达模式”、“临港模式”、“北疆模式”基本形成，节能减排工作走在了全市乃至全国前列。

纳入国家总体发展战略布局后，滨海新区的开发建设明显加快，综合配套改革试点全面展开，进入了功能完善和改革创新的新阶段。党的十七大提出，要更好的发挥滨海新区在改革开放和自主创新中的重要作用，再次明确了滨海新区的发展方向。

这一时期，新区的发展思路转向追求内涵为主的技术进步。具体表现为由强调工业东移和利用外资，转变为招商选资和以改革创新促生产方式转变。但是过去过分强调发展速度和经济规模、过分强调工业重要性、过分强调区域内部各地区发展经济积极性发挥的惯性依然存在，片面地发展战略指导下形成的新区产业结构、所有制结构、区域内部结构存在的问题仍待解决。

二、滨海新区转变发展方式约束条件的分析

按照党的十七大的精神，转变发展方式、实现科学发展，就要促进经济增长由主要依靠投资、出口拉动向依靠消费、投资、出口协调拉动转变，由主要依靠第二产业带动向依靠第一、第二、第三产业协同带动转变，由主要依靠增加物质资源消耗向主要依靠科技进步、劳动者素质提高、管理创新转变。按照这个要求，从目前发展状况看，滨海新区要成为转变发展方式的排头兵，仍存在一些约束条件。

（一）产业结构偏重， 服务功能有待完善

滨海新区产业结构的突出特点是以工业为主导，第三产业的发展相对滞后。剖析新区发展思路的演变，我们可以清晰地看到，工业战略东移一再被强调，这与改革开放初期，全国加工制造业领域率先开放，以及滨海地区石油和天然气生产、石油化工、海洋化工

等国有大型企业的基础支撑密切相关，建设以现代工业为基础的经济新区成为必然选择，也造就了新区第二产业的主导地位。2007年，滨海新区三次产业比重为0.3∶71.7∶28。从工业内部结构看，轻工业比重偏低，2007年占工业增加值的13.9%，低于全市3.2个百分点；从另一方面反映新区就业人数，尤其是外来就业人数少、人气难以提升。另外，占用土地多、耗用水资源、能源多、环境污染重的重化工产业比重过大，达到37.5%（主要包括冶金、石油石化、电力热力制造等），水资源严重缺乏、环境压力大。与此同时，产业扩张方式也一定程度上拉大了企业与原材料市场和产品市场之间的距离。

第三产业的滞后发展制约第二产业发展质量的提高和地区经济活力的增强。2007年新区第三产业比重为28%，比2003年又下降2个百分点。主要原因，一是人气不足。长期以来，滨海新区三大城区坚持"先生产、后生活"的方针，铁路、公路、国道与工业区交织，居住区建设空间狭小。2007年，新区房地产业的比重仅为2.05%，低于全市1.7个百分点，使得区域内部常住人口增长缓慢。二是服务东移慢。由于过分强调工业东移，多年来"服务"功能"东移"明显偏慢，现有制造业核心企业的许多配套产品和服务是由区外供给的。以海关为例，2005年天津海关才全面入驻新区，与多年来形成的新区外贸总额占全市的比重、通关业务量比较明显滞后。三是重点产业层次较低。从滨海新区产业布局的重点看，物流业和金融业是滨海新区未来发展的优势所在。而目前新区物流业水平不高，低价值的散货在港口吞吐量中占了很大比重，散货码头几乎占据了海河南岸的全部岸线，10多平方公里的土地成为煤炭和铁矿石的堆场。即使是集装箱运输，也有相当一部分不是以海陆联运的方式完成的，从事集装箱拆装箱服务的仓储设施占据了津塘公路两侧的大片土地。金融业的发展一直被忽视，尽管滨海新区生产总值已经相当于浦东的85.9%以上，但却没有一个能够和其经济规模相匹配的金融贸易服务区，而规划的中心商务商业区目前拆迁尚未全部完成，各商务楼宇都刚刚动工，规模优势还难以形成。

（二）外资比重偏大，自主创新能力不足

2007年，外商投资企业工业增加值占新区规模以上工业总产值比重达到54%。必须肯定，外资经济在引进国外资金、先进技术和管理经验，扩大对外贸易等方面发挥过重要的积极作用。同时也要看到，过高的外贸依存度，使新区受国家经济政治因素的影响也大。如1998年、1999年，新区发展速度从20%多下降为13.8%和14.7%，依赖国际市场必然使区域经济发展的不确定因素增多，自主性减弱。摩托罗拉公司，曾是新区发展的重要力量，近几年由于企业战略发生变化，导致生产和出口受到影响，使开发区主要经济指标连年下降。同时，由于缺少统筹规划，产业上下游缺乏紧密的配套环境，产业间的关联度不高，特别是一些大型外资企业缺乏对新区其他企业的带动作用，使新区没有形成合理的产业群落和产业链。此外，外资过多的占用资源，“挤出”了民营企业的发展空间。尽管新区是天津市体制最活、优惠最多的区域，但优惠政策的普适性较差，民营企业的发展并不快。2007年，新区民营工业企业比重仅为3.8%，低于“三资”企业和国有企业50.2个和6.1个百分点。

自主创新能力提高缓慢。一是从高技术产业比重看，2007年新区高新技术产业产值比重达到47%，比2005年又提高5个百分点，但与深圳、浦东相比仍有不小差距。内部结构也不协调，电子信息产业一枝独秀，占70%以上。生物医药占10%左右。新能源、新材料更低，不足5%。二是从企业性质看。外商企业过多，但跨国公司高端技术研发部门并未转移到新区。新区很多高新技术外资企业都是以组装加工为主，造成生产成本高，经济效益低下。如通信设备、计算机及其他电子设备制造业，生产成本高达91.8%。三是从创新投入看。新区R&D占国内生产总值的比重为略高于全市2.3%的水平，发明专利少，专利申请的数量和质量与深圳、北京、上海等不可同日而语。四是从体制机制看，创新融资体系不畅，技术产权交易不活跃。尽管高校众多，但人才利用方面仍存在问题，每年进入新区的高端人才匮乏，亟待研究留住、引进人才的

特色政策。

另外，相关政策也不适应提高自主创新能力的需要。如知识产权保护方面，我国的专利审查周期长、信息化水平低；对自主驰名商标的国际申请和保护缺乏经费支持；在国家支持的科研院所与企业的结合中，国家知识产权的保护问题尚未破题。配套创新政策方面，对自主产权产品出口退税支持效果不明显、不突出，缺乏支持自主创新的政府采购政策等。这些问题，是否可以在滨海新区先行解决，还需进一步探索。

（三）投资增幅偏低，功能区建设仍需加快

1994～2004 年，滨海新区累计完成投资 2663.8 亿元，占全市投资比重 36.9%，年均增长 18%，增幅仅比全国同期高 2.7 个百分点，明显低于深圳、浦东建设前 10 年分别增长 55.8% 和 22.8% 的投资水平。特别是，1994 年以来的 10 余年间，新区投资增幅有 5 年甚至低于全市平均水平。新区能源交通等基础设施建设缓慢，远低于全市这方面的投资强度，使新区配套条件难以满足产业承接的需要。从功能区建设看，新区八大功能区成立已有 3 年时间，控制性详规仍未全部编制完成。且仍有 4 个功能区正在基础施工，大项目建设中需天津市配套的工程建设明显偏慢。

（四）改革力度偏弱，多领域改革亟待破题

主要是管理体制不顺和金融改革仍需深入。首先，滨海新区不是我国法定的一级行政区划。作为滨海新区的组成部分，塘沽区、汉沽区、大港区三个行政区都有自己独立的行政管理体制，都是隶属于天津市（省级）的县市级行政区划，有着自身独立的法律地位；东丽区无暇街、津南区葛沽镇又各归属于本区政府管辖；由北疆、南疆、海河三大港区组成的天津港甚至仅归属于天津港集团公司，而不具有任何法律意义上的行政区划级别；天津经济技术开发区、天津港保税区作为功能区，则由作为天津市政府派出机构的开发区管委会（现在的滨海新区管委会）的管辖，管委会本身并非是一级政府机构。各个行政区域利益主体地方意识较强，条块分割

严重，地区行政干预的力量较强，导致地区间经济协调成本高，市场化程度低，资金、人才、技术等要素流动也不够顺畅。

金融创新方面，尽管设立了国内首只渤海产业投资基金，但基金实际运营效果并不理想，近两年时间渤海产业基金仅投资了天津钢管公司一个企业，“基金投资促进产业发展”的“盛况”还未形成。一批资产管理公司和创业投资公司相继成立，目前在津注册中小股权基金累计达到 116 家，总额超过 282 亿元，但所投项目寥寥，有些甚至仅是注册在新区、投资主要在外地。可见，间接融资先行试点对经济的影响力有限。而设立全国非上市公众公司股权交易市场的仍在积极争取，特别是今年国际金融市场动荡加剧，国内资本市场也受到不小影响，近期推出 OTC 的可能性不大。金融对经济增长的促进作用需要进一步激发。

三、滨海新区转变发展方式的基本思路

2006 年，国务院下发了关于推进滨海新区开发开放有关问题的意见（国发〔2006〕20 号），明确了推进滨海新区开发开放的指导思想是，以邓小平理论和“三个代表”重要思想为指导，全面落实科学发展观，进一步解放思想，进一步改革开放，进一步发挥优势，坚持高起点、宽视野，注重科技创新和自主创新，突出发展特色，改善发展环境，用新思路、新体制、新机制推动新区不断提高综合实力、创新能力、服务能力和国际竞争力，在带动天津发展、推进京津冀和环渤海区域经济振兴、促进东中西互动和全国经济协调发展中发挥更大的作用。

要把握好的原则是：坚持以科学发展观统领经济社会发展全局，走科学发展之路；坚持突出发展特色，充分发挥比较优势；坚持推进改革开放，用改革开放促开发建设；坚持科技创新和自主创新，加强创新能力建设；坚持增强服务功能，带动和促进区域经济发展；坚持节约集约用地，切实发挥土地对经济建设的引导和调控作用；坚持可持续发展，建设资源节约型和环境友好型新区；坚持以人为本，推进和谐社会建设与全面发展。

主要任务是：以建立综合配套改革试验区为契机，探索新的区域发展模式，为全国发展改革提供经验和示范。走新型工业化道路，把增强自主创新能力作为中心环节，进一步完善研发转化体系，提升整体技术水平和综合竞争力。充分发挥区位、资源、产业等综合优势，加快基础设施建设，积极发展高新技术产业和现代服务业，努力提高综合竞争力和区域服务能力，提高对区域经济的带动作用。统一规划，综合协调，建设若干特色鲜明的功能区，构建合理的空间布局，采取有力措施，节约用水，集约用地，降低能耗，努力提高单位面积的投资强度和产出效率。搞好环境综合整治，维护生态平衡，大力发展循环经济，实现人与自然、经济社会与生态环境相和谐。推进管理创新，建立统一、协调、精简、高效、廉洁的管理体制。

按照这个指导思想、基本原则、功能定位和主要任务，天津市第九次党代会提出，滨海新区要注重发挥五个作用，即实现跨越发展，充分发挥引擎作用；搞好综合配套改革试验，充分发挥示范作用；增强综合功能，充分发挥服务作用；扩大对内对外开放，充分发挥门户作用；建设宜居生态新城区，充分发挥带头作用。

为此，应尽快转变滨海新区的发展思路，以自主创新为引领，抢占科技创新的制高点，更加强调依靠科技进步、劳动者素质提高和管理创新带动经济发展，进而达到三次产业提升、需求结构优化、发展方式转变的目标。一是确立企业在技术创新体系中的主体地位。有效整合产学研力量，加快技术成果的产业化。二是强化政府引导与组织协调职能。强化投入支持、政策引导、体制保障。三是实施重点突破的发展战略。结合新区发展目标、功能定位和环境承载能力，着重抓好国家确定的重点创新领域，如生物技术、装备制造、节能减排、民航科技产业、科技环保领域的重大科技创新，实现核心电子器件、极大规模集成电路、载人航天与探月工程、重大传染病防治、水体污染控制与治理等重大战略产品和工程的突破。四是充分利用全球科技资源提高创新能力。在技术引进的基础上学习和再创新，增强消化吸收再创新、集成创新和原始创新能力，增强科技转化能力。

四、滨海新区进一步转变发展方式的具体措施

（一）以滨海新区科技管理体制改革为突破口，加快创新体系建设

1. 深化新区科技体制改革

一是确定企业的创新主体地位。鼓励企业建立研发机构，建立由企业牵头实施重大科技项目的机制。鼓励外资企业设立研发中心。注重发挥中小企业和民营经济在技术创新中的作用，积极吸引外地民营企业入区发展，发挥其在市场开拓、整合资源、扩大就业方面的作用。明确除国家法律、法规明令禁止民营企业进入的行业和领域外，允许其自主选择经营项目和经营方式。二是深化科研机构改革。支持面向市场的应用技术研发类科研机构，进入企业或向企业化、市场化转制。加快大学重点学科和科技创新平台建设。三是推进科技管理体制改革。健全科技决策机制，加强部门间、地区间、部门与地方间的统筹协调，改革完善科技评审与评估制度、科技成果评价和奖励制度。

2. 完善有利于自主创新的政策体系

一是建立多元化、多渠道的投入体系。充分发挥政府的引导作用，增加财政直接投入。强化企业科技投入的主体地位，明确法律和制度保障。调整和优化投入结构，加强基础研究、前沿技术研究和社会公益研究，加强财政研究开发经费的监督管理。二是制定有利于创新的税收政策。加大企业研究开发投入的税前扣除等激励政策力度，探索对高技术创业企业统一按销售收入4%计征增值税，研究简化自主知识产权高技术产品出口纳税程序，试点提高自主创新产品出口退税比例。三是建立健全鼓励创新的政府采购制度。增加政府采购自主创新产品与技术的规定，明确规定政府对本国产品、工程和服务的采购中自主创新产品的比例不低于50%。

3. **促进创新成果的形成和转化**

一是优化高技术产业化环境。加强国家级滨海高新区等产业化基地建设。构建技术交流与技术交易信息平台，对大学科技园、企业孵化器、生产力促进中心等中介服务机构的技术开发和服务活动给予政策扶持。二是健全创新投融资渠道。加大引入创业投资基金的力度，鼓励企业并购、尽快设立非上市公众公司股权交易市场，建立退出机制。鼓励金融机构对重大产业化项目给予信贷支持，健全鼓励中小企业创新的知识产权信用担保制度。搭建各种形式的金融合作平台，政府引导各类金融机构和民间资金参与科技开发。三是鼓励高素质人才自主创业。在办公场地、税收、融资、户籍、市场开拓等方面提供更大便利。

4. **造就雄厚的创新人才队伍**

大力吸引国内外各类人才到新区就业和创业，重点引进学科带头人、高学历、高素质、高新技术人才，以及懂技术、会管理的复合型人才，在各方面创造优厚条件，吸引他们到新区发展。努力营造良好的人居和创业环境，落实人才政策，吸引人才、用好人才、留住人才。高度重视利用京津两地的各类人才。重视职业教育，大力培养与重点产业发展相适应的研发型、技能型和经营管理型人才。鼓励高技术人才以柔性流动方式为新区服务，构建新区发展所需的人才库和人才网络。区内企业和科研机构可以委托海外人才进行高新技术产品研发、市场开拓和营销推介。

5. **加强国际和地区合作**

一是以部市共建滨海高新区为突破口，鼓励更多的科研院所、研发机构落户新区。吸引更多的高新技术产业落户。二是建立环渤海科技合作机制，加强沟通和交流。

（二）整合现有资源，理顺管理体制，营造良好科技发展环境

科技创新能力的提高要以产业优化提升为载体和依托，而最终高层次产业结构的有序发展需要良好的外部体制环境作为保障。

1. 促进产业集聚与区域合理分工

从经济发展趋势看，在未来市场竞争中，产业集聚效应以及产业链的形成将在很大程度上决定着一个区域竞争力的强弱。新区的重点产业，要紧紧抓住优势产业，深入研究产业关联关系，延伸产业链，培育优势产业集群，形成良好的产业生态。一方面要完善新区产业布局规划。在完成新区控制性详规的基础上，制定优化布局的引导政策，包括制定区域产业发展指导目录，规定各区域鼓励发展、限制发展和禁止发展的产业。鼓励新增和搬迁改造工业项目按照产业类别和技术层次向适宜地区集中和转移。鼓励同类产业及相关配套产业集群发展。鼓励发展高新技术、节水型产业、低污染产业。划定生态保护区范围。鼓励发展各具特色的区域优势产业，如电子信息，要重点发展大型跨国公司的配套企业，吸引跨国公司的研发机构，提高产品本土增值能力。另一方面要整合重组工业园区，促进产业集群形成。在加快功能区基础设施建设的基础上，对已建和在建工业园区进行功能整合，如汉沽工业园和经济技术开发区的合作，建立天津经济技术开发区化学工业园区，使开发区不再发展化学工业，腾出土地和环境容量发展高附加值加工工业，而汉沽化工业园区则专注发展精细化工。因此，应依靠市场力量推动区内各工业园区和功能区之间自主合作，明确产业分工，规范和协调招商引资的优惠政策，一致对外。

2. 理顺新区管理体制

虽然新区现行管理体制曾经促进了经济发展，但这种管理体制与新区环境已不适应，区域内聚合效益已经受到影响，无序竞争和内耗时有发生。因此，必须探索建立合理的利益分享机制，加强各区之间的合作，在区域内形成互利互惠、优势互补、协调发展的新管理体制。一是适度集权，加快一体化。修改滨海新区条例，扩大新区管委会的权力，包括干部推荐权、财政预算管理权、土地规划管理权。解决多头管理和分散管理的问题，加强集中统一，使其所承担的职能、责任和权利相对应。待时机成熟，确立滨海新区为天津市的法定建制区，理顺新区管委、开发区管委会、保税区管委会和相关行政建制区的关系，实现滨海新区从功能区向新城区的转变。二是改革投融资体制。大胆创新基础设施投融资方式，进一步开辟多元化融资渠道，通过银团贷款、引入风险投资基金和产业基金，发行建设债券和企业债券，申请上市等直接和间接融资渠道，为开展基础设施建设提供资金保证。深入推进公共项目投融资体制改革，通过特许权转让、政府回购等方式，引入民间资本。推行资产证券化运营方式，向社会募集资金。形成“政府引导、社会参与、企业为主、市场运作”的投入机制。

（课题负责人：杨振江，课题组成员：尹宁、蔡京津、屠亚东）

发展新型工业化，推进内蒙古经济发展方式转变

内蒙古自治区发展改革委学术委员会课题组

如果将快速发展的内蒙古经济比作一列高速飞驰的火车，那么这列“火车”正大量消耗着煤、电、水等多种自然资源。而这种高能耗的发展方式必然带来对自然环境的污染与破坏，因而也就无法实现可持续的快速发展。面对严峻的现实，内蒙古已经意识到不能再走过量消耗自然资源、特别是不可再生矿产资源的路子，必须立足于本地实情，树立和落实科学发展观，切实转变经济增长方式，走新型工业化道路。这一改变对于内蒙古的经济发展模式有着划时代的意义。

一、新型工业化的基本概念及特征

（一）新型工业化的基本概念

所谓新型工业化，就是坚持以信息化带动工业化，以工业化促进信息化，就是科技含量高、经济效益好、资源消耗低、环境污染少、人力资源优势得到充分发挥的工业化。

党的“十六大”报告明确提出要“走新型工业化道路”，即：“坚持以信息化带动工业化，以工业化促进信息化，走出一条科技含量高、经济效益好、资源消耗低、环境污染少、人力资源优势得到充分发挥的新型工业化路子”。这是相对于发达国家以往走过的和我国过去的以浪费资源和破坏环境为代价的、粗放增长的传统工业化道路而言的。

（二）新型工业化的主要特征

1. 与信息化互动融合的工业化

信息化是当今世界经济和社会发展的大趋势。西方发达国家是先实现工业化，然后在工业化的基础上实现信息化。我国还处在工业化的过程中，不能走先工业化后信息化的老路，而是要发挥后发优势，迎头赶上，实现跨越式发展。要以信息化带动工业化，加快工业化的进程。同时也要以工业化促进信息化，在观念上使工业化不以工业经济和工业社会为终点，而是在此基础上继续向信息经济和信息社会前进。

2. 以科技进步为动力、以提高经济效益和竞争力为中心的工业化

工业革命以来，工业化之所以成为世界各国发展的大趋势，就是因为工业化可以大大提高劳动生产率，促进社会生产力加快发展。但是我国现在实现工业化，和英、美、德、日等国实现工业化的历史条件、国际环境有很大不同。当代经济全球化不断发展，全球制造业生产能力和产品大量过剩，国际竞争日趋激烈。我国实现工业化不可能像发达国家当年那样依靠同广大殖民地的不平等交换，而必须依靠科技进步和创新为动力，不断提高工业产品科技含量，以产品质量好、价格低的竞争力在国内和国际市场上打开销路，争得更大市场份额。因此，我国在新的历史条件下，在激烈的国际竞争中实现工业化，必须与实施科教兴国战略紧密结合，充分发挥科学技术作为第一生产力的作用，着重依靠科技进步和提高劳动者素质，不断提高经济效益和竞争力。也只有这样的工业化才是符合当今时代要求的工业化。

3. 与实施可持续发展战略相结合的工业化

缓解资源约束和保护生存环境已经成为当今世界的紧迫要求。传统的工业化道路是以消耗大量的资源和牺牲生态环境为代价的。虽然发达国家“先污染、后治理”在其本国范围内取得了一些成效，但从全球范围看，发达国家自工业化以来对资源的大量消耗和生态环境的严重破坏，已经造成无法挽回的损失。我国是世界上人口最多的发展中国家，人口规模和经济规模越来越大，如果不改变主要依靠增加资源投入的粗放型经济增长方式，新世纪头20年要力争国内生产总值翻两番，资源和环境都难以承受。不仅实现经济持续快速增长会遇到前所未有的困难，而且全面建设小康社会、不断提高人民生活水平和质量的目标也难以实现。因此，必须把资源消耗低、环境污染少，实现可持续发展作为走新型工业化道路的基本要求。

4. 充分发挥我国人力资源优势的工业化

工业化的进程是发展工业并用先进的工业技术改造和装备传统产业部门的过程。因此，工业化必然伴随大批农民转移到非农产业和城镇。同时，随着工业和国民经济各部门资本有机构成及劳动生产率的不断提高，同量资本将同更少的劳动力相结合。因此工业化和扩大就业在客观上存在一定的矛盾。特别是我国劳动人口极多，就业和再就业的压力比任何国家都大，而且在信息化时代，劳动生产率可能比以往提高得更快，从而会加剧这一矛盾，这是一方面。另一方面，人力资源丰富，成本较低也是我国的优势，促进就业，充分发挥我国人力资源优势，在紧跟时代发展高科技产业的同时发展一些我国具有比较优势的劳动密集型产业，以发挥我国人力资源优势，也是新型工业化的要求。

二、信息化、工业化与增长方式转变的关系

走新型工业化道路，坚持信息化带动工业化，需要进一步明确的问题就是什么是信息化、什么是工业化、什么是增长方式转变以及三者之间的内在关系。这将是把握信息化带动工业化内涵的前提。

（一）信息化的涵义

信息化一词最初是日本的一个科学、技术与经济研究小组在1967年初参照工业化一词提出来的。该小组认为，信息社会是信息产业高度发达且在产业结构中占据优势的社会，而信息化是由工

业社会向信息社会前进的动态过程，它反映了从有形的可触摸的物质产品起主导作用的社会到无形的难以触摸的信息产品起主导作用的社会演化或转型。随后这一概念在国际上广泛传播。

20 世纪 80 年代中期，我国学者开始关注信息化问题并探讨了信息化的涵义。对于信息化的认识，不同的学者、机构从不同的角度进行了不同的论述，归纳起来主要有以下几个方面：

从信息技术的推广应用方面，认为信息化是信息技术在基础设施、生产、业务、管理等各方面的推广与应用过程。这种认识强调信息化包含三个相互联系的主要方面：一是信息技术本身的发展及其产业化；二是基于信息技术的信息产业的发展壮大；三是信息技术手段在经济和社会领域中广泛应用。这种观点的用意在于把信息化按“技术—产业—应用”的逻辑表达出来。

从信息产业的成长和发展方面，认为信息化是信息技术产业化，信息产业在国民经济中逐渐占主导地位的过程。这种认识把信息化理解为产业结构和经济结构的高级化，即产品的信息含量、成本中信息费用的比重、投资中信息投资的比重、消费中信息消费的比重、产业中信息产业的比重、经济中信息经济的比重不断提高的过程。

从信息资源的开发利用方面，认为信息化就是利用现代电子信息技术开发信息资源，实现信息资源高度共享，发掘社会智能潜力，推动经济和社会优质发展的过程。这种认识强调信息技术的应用只是手段而不是目的，应用信息技术的目的是开发和利用信息资源，实现信息资源的共享，使信息的作用得到最大限度的发挥，继而引起经济结构、社会结构和社会文化结构的优化。

从国家信息化体系方面，我国的定义为国家信息化是在国家统一规划和组织下，在农业、工业、科学技术、国防及社会生活各个方面应用现代信息技术，深入开发、广泛利用信息资源，加速实现国家现代化的进程。1997 年 4 月，中国第一次信息化工作会议正式提出了包括信息资源、信息网络、信息技术应用、信息技术和产业、信息化人才、信息化政策法规和标准六个要素的国家信息化体系的概念。这个定义有四层含义：一是实现四个现代化离不开信息化，信息化要服务于四个现代化；二是国家要统一规划、统一组织信息化建设；三是各个领域要广泛应用现代信息技术，深入开发利用信息资源；四是信息化是一个不断发展的过程。

关于信息化，目前从不同的角度、不同的研究目的有多种解释，今后还会进一步发展。本课题中不求形成统一的解释，只需要把握两个方面以作为研究的理论基础。即信息化是信息产业化和产业（部门）信息化互相促进的动态过程。信息产业化是随着信息技术的发展和经济社会部门的需求而形成的信息技术产业化、信息服务产业化、信息内容产业化。产业（部门）信息化是指信息产业外的其他产业和社会部门的设计、生产和管理等环节广泛应用信息技术和接受信息服务的过程。这里的产业（部门）除了农业、工业和服务业这些经济部门外，还包括教育、医疗卫生、国防、财税、社会服务等社会各个部门。但本课题的研究主要指农业、工业和服务业。

（二）工业化的涵义

尽管工业化的实践已经历经250多年，但如何界定工业化的概念却长期存在争论，或者说至今尚无一个经典的标准定义。在发展经济学和产业经济学经典著作中已有的众多“工业化”定义中，按着外延的宽窄，大致可以分为两大类。

1. 狭义工业化

狭义工业化是指工业（制造业及机械生产）或第二产业的产值（或收入）在国民生产总值中所占比重持续上升的过程，以及工业或第二产业的就业人数在总就业人数中所占比重持续上升的过程。较有代表性的解释有：

从制造业发展的角度，吉尔伯特·罗兹曼认为工业化是指制造业（包括轻重两种制造业）的发展，包括非农生产，尤其是制造业和服务业的相对增长、出生率和死亡率由高向低的转变等。①

从工业化史的角度，德国经济史学家鲁道夫·吕贝尔特在其

① 吉尔伯特·罗兹曼：《中国的现代化》，江苏人民出版社1988年版。

《工业化史》一书中写道："只是在机器时代破晓以后，随着纺织的机械化，随着蒸汽机作为一项新的能源，随着从单件生产过渡到系列生产，过渡到大规模生产，人类社会才开始了巨大的变化，我们称之为工业化的这种变化"。[①]

从结构变化过程的角度，费尔指出，工业化过程就是农工两部门间劳动重新分配的过程。印度经济学家撒克（Thaker）将工业化定义为，脱离农业的结构转变，即农业在国民收入和就业中的份额下降，制造业和服务业在国民收入和就业中的份额上升。巴格奇（Baschl）为《新帕尔格雷夫经济学大辞典》撰写的"工业化"辞条是："工业化是一种过程。首先，国民收入（或地区收入）国家制造业活动和第二产业所占比例提高了，或许因经济周期造成的中断除外。其次，在制造业和第二产业就业的劳动人口的比例一般也有增加的趋势。在这两种比例增加的同时，除了暂时的中断外，整个人口的人均收入增加了"。近来国内不少学者也采用了类似观点，如简新华认为，工业化一般是指工业（或者制造业、第二产业）在国家收入和劳动人口中所占的比重持续上升的过程。[②]

从资源配置转换的角度，美国经济学家西蒙·库兹涅茨（Simon Kuznets）在1966年出版的《现代经济增长》一书中，确定工业化过程是"产品的来源和资源的去处从农业活动转向非农业生产活动"；1986年，美国经济学家钱纳里（H. Chenely）及其合作者在他们合著的《工业化和经济增长的比较研究》中，把工业化看作是"将资源由农业向工业转移"的一个过程。[③]

2. 广义工业化

广义工业化不仅包括工业本身的机械化和现代化，而且包括农业的机械化和现代化，还包括城市化等更加广泛的内容，甚至是指整个经济的现代化过程。

广义工业化的代表人物首推我国著名发展经济学家张培刚教

---

① 鲁道夫·吕贝尔特：《工业化史》，上海译文出版社1983年版。

② 王述英：《新型工业化与产业结构跨越式升级》中国财政经济出版社，2005年版。

③ H·钱纳里等：《工业和经济增长的比较研究》，上海人民出版社，1995年版。

授。早在20世纪40年代，张培刚（1949）在其哈佛大学博士论文《农业与工业化》中将工业化定义为："一系列基要的生产函数（战略的制造动作）连续发生变化的过程，这种变化可能最先发生于某一个生产单位的生产函数，然后再以一种支配的形态形成一种社会的生产函数而遍及于整个社会"，并说"这种基要生产函数的变化，最好是用交通运输，动力工业，机械工业，钢铁工业化部门来说明"。此后，张培刚（1994年、2002年）对其1949年的工业化定义作了新的修正，重新增改为"国民经济中一系列基要的生产函数（或生产要素组合方式）连续发生由低级到高级的突破性变化（或变革）的过程"。还将工业化的特征概括为四点：一是生产技术的突出变化，具体表现为以机器（包括之后的计算机等日益先进的工具形式）生产替代手工劳动；二是国民经济各个层次经济结构的变化，包括农业产值和就业比重的相对下降或工业产值和就业比重的上升；三是生产组织的变化；四是经济制度和文化的相应变化。

综上所述，狭义工业化概括了工业化过程的主要特征，但始终是从工业本身论述工业化；而广义工业化则从三次产业和现代化进程的角度阐明工业化，包含了狭义工业化的内容。两种定义虽然有所差异，但基本观点是一致的，即均认为工业化是一个长期的过程，都将引起经济结构（其核心是产业结构）的变化。本课题以广义工业化的定义为基准，研究分析信息化带动工业化战略。

（三）信息化与工业化的关系

信息化和工业化既有紧密联系，又有明显的区别。就工业化和信息化之间的联系而言，二者是前提和发展、基础和对基础之改造的关系。就区别而言，工业化与信息化是两个性质不同的社会发展过程。工业化的核心是发展大规模高效率的制造业，并以此带动农业和服务业的发展，向社会提供丰富的物质产品。信息化的主要目标不是信息设备制造业的发展，而是提高社会各领域信息技术利用和信息资源开发利用的水平，从而提高社会各领域生产、服务、管理的效率和质量。信息化也不是以信息设备制造业带动其他产业的进步，恰恰相反，是社会各领域的信息化发展要求推动信息设备制造业的发展。从工业化的角度看，信息化是工业化在新的历史阶段和新的技术条件下的一种新形态，而不是对工业化的替代。信息化作为一种策略或口号，是因为在今天的历史条件下，信息技术为信息资源的有效开发利用提供了强有力的手段，经济和社会的发展也已经离不开信息技术的支持，这种互动的状态是信息化的源泉。

1. 信息化主导着新时期工业化的方向

工业化总是利用当时的先进条件。从发达国家的工业化过程来看，蒸汽机、电力到自动化，无一例外都主导了当时工业发展方向。当前，信息技术已成为后发国家地区实现工业化的强大动力，信息化也主导着新时期工业化的方向。

2. 工业化是信息化的物质基础和发展空间

工业是信息化的物质基础。首先，信息化的推进需要信息基础设施建设（包括高速宽带信息网络、移动通信网络等建设），发展信息技术设备，实施重大的应用信息工程（如电子商务工程、基础国情信息工程等），生产集成电路、计算机、通信设备和电子产品等，这一切都不能没有钢铁、机械、汽车、仪器仪表、建筑、电力等传统工业的支撑作后盾，也不能没有农业、消费品工业以及商业、交通运输等其他传统产业为从事信息化事业的人员供应生活用品和消费服务。其次，进行信息化建设，需要投入大量资金。搞信息基础设施要投资，建信息工程项目要投资，办信息产业和企业也要投资。信息产业既是技术密集和知识密集型产业，又是资金密集型产业。工业化的发展为信息化积累了资金，传统产业给新兴的信息产业以资金支持，特别是通过工业化形成的资本市场及其金融创新，替信息化所需资金开拓了多种投融资渠道。工业化是信息化的发展空间。信息化是以信息技术广泛应用为主导、信息资源开发利用为核心、信息产业成长壮大为支撑的。尽管信息产业兼有制造业与服务业以及两者的融合，是个庞大的产业群体，可为信息技术、信息资源、信息产品和信息服务提供一个产业内部市场，形成信息经济的内循环。但它不能没有更大的外循环，必须向工业化所造就的强大传统产业，包括农业、采掘业、建筑业、其他非信息的制造业和服务业，去寻找产业外部市场，以扩大自己的应用领域、营销范围和市场容量。信息产业是为其他产业服务的产业。工业化为信息产业营造了服务对象。

3. 信息化是推动工业化的引擎

首先，信息技术改造传统产业，特别是制造业，使传统产业焕发新机。传统的食品加工业、煤炭采掘业、钢铁冶炼业、机器制造业等，在研究、开发、设计、生产、管理、营销的各个环节和全过程，采用信息技术、信息系统、信息网络，以改进技术、重组流程、整合资源，使传统产业焕发青春，“夕阳产业朝阳化”。工业化把制造业变成国民经济的主导产业，而信息化则进一步使制造业现代化、智能化。其次，发展信息产业，提升产业结构。包括信息技术产业和信息服务产业，这是一个新兴的战略产业，它的出现和发展，不但改变了工业化过程中形成的产业结构，使产业结构高级化，而且还通过对其他产业服务，提高他们的信息化程度，从速度型、粗放型的发展转向效益型、集约型的发展。再次，信息化帮助企业降低成本、提高效率、减少污染、增加商机。这对广大中小企业来说，尤为明显。信息化有利于企业降低生产成本、管理成本、交易成本、信息成本等，有利于企业提高工作效率、经济效益、社会效益等。

（四）新型工业化与经济发展方式转变的关系

1. 转变经济发展方式的内涵

一个国家的经济发展，既取决于经济体制，又取决于经济发展方式，前者与生产关系相联系，后者与生产力相联系，两者之间也相互依存、相互制约、相互促进，在不同的条件下有不同的组合形态。经济发展方式一般分为粗放型和集约型两种。粗放型的发展方式是指主要依靠生产要素的数量扩张而实现经济增长的方式，其表现是高投入、高消耗、低产出、低效率。集约型发展方式是指主要依靠生产要素的科学合理配置、科技进步和提高劳动者素质，通过提高劳动生产率而实现经济增长的方式。

转变经济发展方式是内蒙古自治区经济发展进入到新阶段提出

的必然要求。具体表现如下：第一，转变经济发展方式是内蒙古自治区的客观要求。经济增长需要资源的支持，而资源是有限的。靠大量消耗资源来维持粗放型的经济增长是不切实际的。只有实现经济增长方式的转变，才能使内蒙古自治区经济发展具有强大的后劲。第二，转变经济发展方式是内蒙古自治区经济成长新阶段的必然要求。内蒙古自治区已进入了工业化发展的新阶段，建立了比较完整的工业体系，这在客观上要求经济发展必须以提高效益和质量为中心，以提高内蒙古自治区经济的整体素质。第三，转变经济发展方式是内蒙古自治区更好地参与国内外市场竞争，在激烈的市场竞争中取得优势的客观要求。内蒙古自治区经济要想长远发展，只有切实地转变经济发展方式，才能在激烈竞争的市场上有自己的位置。

2. 转变经济发展方式必须走新型工业化道路

新型工业化是转变经济发展方式的实现形式，走新型工业化道路，要坚持以信息化带动工业化，以工业化促进信息化，走出一条科技含量高、经济效益好、资源消耗低、环境污染少、人力资源优势得到充分发挥的新型工业化路子。科技含量高，就是要加快科技进步以及先进科技成果的推广应用，把经济发展建立在科技进步的基础上，提高科学技术在经济增长中的贡献率，特别要大力推进国民经济和社会信息化，并通过信息技术的广泛应用，带动工业化在高起点上迅速发展。经济效益好，就是要注重产品质量和适应市场变化，提高资金投入产出率，优化资源配置，降低生产成本。资源消耗低，就是要大力提高能源、原材料利用率，减少资源占用和消耗。环境污染少，就是要广泛推行清洁生产、文明生产方式，发展绿色产业、环保产业，加强环境和生态保护，使经济建设与生态环境建设相协调。人力资源优势得到充分发挥，就是要提高劳动者素质和利用劳动力成本低廉的条件，提高经济竞争力，并妥善处理好工业化过程中提高生产率与扩大就业的关系，不断增加就业。

走新型工业化道路必须大力推进产业结构优化升级。从根本上说，工业化过程就是伴随科技进步，经济不断发展，产业结构逐步优化升级的过程。我国产业结构优化和升级的目标是形成以高新技术产业为先导、基础产业和制造业为支撑、服务业全面发展的产业格局。为实现这一目标，一是优先发展信息产业，积极发展高新技术产业；二是坚持用高新技术和先进适用技术改造提升传统产业，大力振兴装备制造业；三是加快发展服务业特别是现代服务业。

三、世界发达国家可借鉴的经验和启示

世界各国工业化其实并无统一的模式，成功国家的工业化都会根据国际形势和特点进行，特别是后起的工业化国家，都要借鉴先行工业化国家的成功经验和失败的教训，充分享受后发性利益。

（一）世界发达国家和地区工业化的共同规律和经验

1. 工业化起步于农业和农村

虽然工业化是工商业比重不断上升的过程，而且越来越多地体现在城市，但先行工业化国家和地区的工业化都是从农业和农村起步的，英国最为典型。首先，工业革命离不开农业革命。英国的农业革命为工业革命提供了粮食、原料、资金、劳动力和市场等。其次，农村工业化是工业化的重要组成部分。城市化是由工业化推动的，在城市大规模兴起以前，工业化主要表现为农村工业化。英国产业革命前的工业化就主要表现为农村工商业的发展，产业革命时期城市机器大工业的发展是在农村工业化的基础上发展起来的。再次，城市化首先表现为农村城镇化。大城市不是突然产生的，而是由小城镇和小城市发展而来的，英国城市化在早期就主要表现为农村小城镇或“工业村庄”的不断兴起。

2. 工业化是产业结构逐步升级的过程

工业化一般都要经过农业发展、轻工业发展、重工业发展、高科技产业发展等若干阶段，产业结构逐步升级，任何一个阶段都是不可轻易逾越的。因为人们的消费结构是逐步升级的，轻工业首先满足人们的基本需要，重工业是在轻工业发展的基础上发展的。英国以纺织业为代表的轻工业大发展率先引发了产业革命，在工业化进入中期阶段以后，重工业逐步发展起来。“重工业化”是工业化

进入中后期阶段工业内部结构演变的一般规律，英国、美国、日本等先发达国家在实现工业化的过程中都先后经历过“重工业化”。英国在19世纪后半期进入“重工业化”阶段；美国自1880年至20世纪上半叶进入“重工业化”阶段；日本在20世纪初和二战后分两次进入“重工业化”阶段（二战期间被中断）。包括新加坡和中国香港这种城市和国家地区在内的亚洲“四小龙”都经历了轻工业、重工业和高科技产业这种产业升级的一般过程。

3. 工业化依赖于市场化和制度变迁

工业化是专业化分工不断加深的过程，而专业化分工离不开市场的发育和完善。因此，工业化要由市场化来保证，市场化一方面为工业化提供了交易制度环境，另一方面为产品提供了销路。英国的产业革命是在商业革命的基础上推进的，国内商业发展和海外市场扩张，都为英国工业化提供了重要保障。美国的工业化是由市场化来保障的，其工业化过程也是市场不断发育、市场范围不断扩大的过程。资本和劳动力等要素市场的发育和发展，国内产品市场的扩大、国际贸易的发展，都为美国的工业化提供了重要支撑。

4. 政府可在工业化中发挥积极作用，但不能取代市场的作用

美国工业化的成功与美国政府发挥了较积极的调控作用是分不开的。在工业化过程中，美国政府并没有完全采取放任自流的政策，而是适时采取一些必要的调控政策，促进工业化发展。美国的贸易保护政策对美国成功实现赶超发挥了不可替代的重要作用。即使在其成为世界第一的工业化强国后，仍然维持了相当长时期的高关税。但政府的作用不能损害市场的作用，尤其是产业发展和产业结构调整应主要靠市场来推动。英国对产业发展采取了自由放任政策，这是其取得工业化成功的重要经验之一。

（二）发达国家可借鉴的经验教训

第一，发达国家都是在工业化之后推进信息化的。我国是个发展中国家，近年来信息化发展很快。我们完全可以在推进新型工业化进程中推进信息化，以信息化带动工业化，以工业化促进信息化，从而发挥后发优势，实现生产力的跨越式发展。

第二，发达国家实现工业化特别是在快速发展时期，大多数是以消耗能源、牺牲环境为代价，走了一条“先污染后治理”的弯路。因此，我们在发展新型工业化过程中，要特别强调生态建设和环境保护，强调处理好经济发展与人口、资源、环境之间的关系。

第三，在发达国家实现工业化过程中，机械化和自动化是主要着力点，从而导致失业问题的出现。我国的国情是人口多，劳动力成本比较低。这就要求我们在实现新型工业化进程中，处理好资本技术密集型产业与劳动密集型产业的关系，高新技术产业与传统产业的关系，实体经济与虚拟经济的关系，有意识地在推进新型工业化的同时扩大就业。

四、实施新型工业化发展战略的背景

党的十六大报告提出我国要“坚持以信息化带动工业化、以工业化促进信息化，走出一条科技含量高、经济效益好、资源消耗低、环境污染少、人力资源优势得到充分发挥的新型工业化路子”，这就是我国的新型工业化道路。我国提出走新型工业化道路是有基于深刻的战略思考和广泛的背景支持的。

（一）科学技术的突破性进步

虽然自英国工业革命以来，世界知识增长和技术进步的速度就开始较以往大大加快，但20世纪下半叶以来“知识爆炸”和技术进步又达到了新的高度，在核技术、航天技术、电子计算机技术、激光技术和基因重组技术五大尖端技术方面取得了突破性进展。

20世纪80年代以来，发达国家的工业经济迅速向知识经济转化，同时信息技术和信息产业飞速发展，掀起了一场“信息革命”。据经合组织（OECD）报告，该组织成员国教育、通信和信息等知识和技术密集型产业迅速发展，知识和技术创新对经济增长的贡献率，已从20世纪初的5%～20%，提高到现在的70%～80%，预计全球信息高速公路建成后将高达90%。这种新的知识和技术环境是先行工业化国家在推进工业化过程中没有遇到过的，它对后发国家推进工业化带来了新的机遇和挑战。计算机技术、生物技术和新材料技术的重大突破所引起的世界性技术革命和产业革命，将会比历史上任何一次技术革命对社会经济、政治、国防等领域所产生的冲击更为巨大。

每一次的科技革命都为工业化提供了新的要素来源，提供新的工业化手段，在科学技术飞速发展的国际背景下，中国提出了信息化带动工业化，这是从信息化角度提出了新型工业化模式道路问题。

（二）经济全球化进程加快

所谓经济全球化是指商品、服务、生产要素与信息的跨国界流动不断增加，国际分工协作不断深化的趋势。20 世纪 80 年代以来，在技术进步的推动下，区域经济和全球经济一体化的步伐加快，如欧元统一，北约东扩，越来越多的国家和地区加入 WTO，跨国公司飞速扩张，经济全球化成为不可逆转的潮流。

生产的全球化要求跨国公司打破传统的以自然资源、产品为基础的分工格局，开始向以现代工艺技术和生产要素为基础的分工发展。世界正成为一个大生产网络，生产的国界越来越模糊，各国都是商品生产链条中的一部分环节，缺一不可。

经济全球化使工业化中的分工不断加深，使工业化的市场范围不断扩大，使工业化的竞争加剧。经济全球化的进程使各国的发展和工业化战略面临着新的选择，对比较优势和国际分工要重新审改，同时经济多极化因素也被纳入考虑范围。

（三）市场经济体制的普遍确立

在全世界分为实行市场经济体制的资本主义和实行计划经济体制的社会主义两大阵营的情况下，由于意识形态和制度的显著差异甚至根本对立，两大阵营之间很难进行正常的分工协作和贸易往来，很难进行经济和政治合作，国际环境对哪一方推进工业化都不利。市场经济体制的普遍确立，一是国际分工协作和经济合作甚至政治合作能在全世界范围内进行，这种国际环境非常有利于我们推进工业化。二是为我国建立有利于工业化健康推进的市场经济体制创造了很好的条件，因为理论和实践都已证明市场经济体制是有利于工业化的，在市场经济体制得到普遍确立后，我国推进工业化就有了非常有利的国际经济制度环境。

（四）可持续发展战略的提出

传统工业化道路是以大量消耗资源和牺牲生态环境为代价的，发达国家甚至用向发展中国家转移污染型企业的方式来转嫁自身的环境污染。我国选择的新型工业化道路不可能再走这样一条老路。一是因为资源供给不足。我国虽然地大物博，但人均资源占有量并不富裕，像淡水、森林、耕地、矿产等重要资源的人均占有量都远远低于世界人均水平，不可能依赖资源的大规模投入完成工业化，必须走集约式发展道路。二是因为本来就有限的资源在业已进行的工业化过程中，被大量浪费和严重破坏。自 20 世纪 90 年代以来，空气污染、水源匮乏、水质污染、森林植被遭破坏、水土流失、天然湿地减少且被污染等等环境问题就尖锐地摆在我们面前，如不及早遏制，环境退化超过一定的生态阈值就可能不再逆转，其影响将是灾难性的，况且及早防治和治理某些环境问题也比将来再治理更节省费用。三是因为中国是一个负责任的大国，一直在“履行我们维护世界和平与促进各国共同发展的国际责任”，不会也不可能向境外转嫁自己的环境问题。

中国关于国情和世界发展趋势选择了可持续发展的战略，其本来是指经济、科技、环境、人口、社会的协调发展，进而发展为“以人为本”的发展，这样的发展战略对工业化提出了要求。

五、内蒙古自治区工业化进程分析

（一）工业化发展阶段的判断理论

衡量一个国家或地区的工业化所处阶段有多种理论和指标体系，较有代表性的主要是国外一些经济学家的实证分析以及国际组织的判断方法。这些阶段划分方法大多数是在分析特定国家的数据的基础上建立的，不可能完全符合所有国家的现实情况，但这些理论和方法总体上揭示了工业化进程的客观规律。

1. 钱纳里的阶段划分法

美国经济学家H·钱纳里根据人均GNP的增长情况，将经济发展划分为六个时期三个阶段，其中第二阶段是工业化阶段，工业化阶段又被分为三个时期，如表1所示。

表1 钱纳里的工业化发展阶段

<table>
<tr><th colspan="2">人均GNP（美元）</th><th colspan="2">经济发展阶段</th></tr>
<tr><td>100～200</td><td>140～280</td><td colspan="2">初级产品生产阶段</td></tr>
<tr><td>200～400</td><td>280～560</td><td>初 期</td><td rowspan="3">工业化阶段</td></tr>
<tr><td>400～800</td><td>560～1120</td><td>中 期</td></tr>
<tr><td>800～1500</td><td>1120～2100</td><td>后 期</td></tr>
<tr><td>1500～2400</td><td>2100～3360</td><td>初级阶段</td><td rowspan="2">发达经济阶段</td></tr>
<tr><td>2400～3600</td><td>3360～5040</td><td>高级阶段</td></tr>
</table>

资料来源：H·钱纳里等，《工业化和经济增长的比较研究》，上海三联书店1989年版。

2. 库兹涅茨的阶段划分法

库兹涅茨分别采用横截面和时间序列两种方法，对1958年57国各生产部门在国内生产总值中的份额（表2）及1960年59个国家劳动力的生产部门份额进行了实证分析，划分出工业化的不同阶段。

表2 1958年57国各国生产部门在国内生产总值中的份额

类别	国家分组							
	1组	2组	3组	4组	5组	6组	7组	8组
人均GDP（美元）	51.8	82.6	138	221	360	540	864	1382
第一产业	53.6	44.6	37.9	32.3	22.5	17.4	11.8	9.2
第二产业	18.5	22.4	24.6	29.4	35.2	39.5	52.9	50.2
第三产业	27.9	33.0	37.5	38.3	42.3	43.1	35.3	40.6

资料来源：西蒙·库兹涅茨各国的经济增长中译本．北京：商务印书馆，1985.11

3. 霍夫曼的阶段划分法

德国经济学家霍夫曼根据消费品工业净产值与资本品工业净产值之间的比值（即霍夫曼系数），将工业化过程分为四个阶段，如表3 所示。霍夫曼系数不断下降的变化规律，实际上反映的就是工业结构由以轻工业为中心转向重工业为中心的演化过程，即重工业化过程。

表3　霍夫曼对工业化阶段的划分

工业化阶段	霍夫曼系数	特征
第一阶段	5（±1）	消费品工业占统治地位
第二阶段	2.5（±1）	消费品工业规模仍大于资本品工业
第三阶段	1（±1）	消费品工业与资本品工业大体相当
第四阶段	1 以下	资本品工业规模大于消费品工业

资料来源：王述英：《新型工业化与产业结构跨越式升级》中国财政经济出版社。

4. 联合国的阶段划分法

联合国工业发展组织根据工业净产值在国民收入中的比重指标，将工业化阶段划分为农业经济阶段、工业初兴阶段、工业加速阶段，如表 4 所示。

表4　联合国的工业化发展阶段的划分

工业阶段	阶段特征值 R：工业净产值/国民收入
农业经济阶段	$R<20\%$
工业初兴阶段	$20\%<R<40\%$
工业加速阶段	$R>40\%$

资料来源：姜爱林：《国内外工业化发展阶段不同划分方法》，《首都经济杂志》，2002 年第五期。

5. 其他标准

除上述阶段划分法以外，还有些标准经常被采用。比如世界银行的《世界发展报告》中使用的根据产业结构、就业结构以及城市化水平的划分（表 5～表 7）。

表5 不同发展水平产业结构的国际比较（%）

国家或地区	第一产业		第二产业		第三产业	
	1980年	1998年	1980年	1998年	1980年	1998年
世界平均	7	5	38	34	55	61
低收入国家平均	35	21	26	41	39	38
中等收入国家平均	15	9	45	36	40	55
中低收入国家平均	18	12	45	36	37	52
中高收入国家平均	9	7	46	35	45	58
高收入国家平均	3	2	36	33	61	65

资料来源：The World Bank Entering the 21st Century，World Development Report1999/2000.

表6 不同发展水平国家劳动力结构比较（%）

年份	低收入国家			中等收入国家			高收入国家		
	第一产业	第二产业	第三产业	第一产业	第二产业	第三产业	第一产业	第二产业	第三产业
1960	77	9	14	59	17	24	17	38	45
1980	73	13	15	38	28	34	9	35	56
1995	69	15	16	32	27	41	5	31	64

资料来源：世界银行《世界发展报告》，1979～1998年。

表7 1996年世界经济发展水平与城市化水平关系

国家类型	平均人均收入（美元）	城市化水平（%）
低等收入国家	490	29
中等收入国家	2590	61
中下等收入国家	1740	56
中上等收入国家	4600	73
低和中等收入国家平均	1190	40
高收入国家平均	25870	78
世界平均水平	5130	46

资料来源：（1）《World Development Indicators 1998》。

（2）王梦奎，《中国经济发展的回顾与前瞻》。

综合上述理论与标准，一个国家或地区工业化所处阶段的判断指标主要是人均总量指标和结构指标，包括人均收入水平、产业结构、就业结构、工业内部结构、城乡结构等。依据这些指标标准，在数据处理方面采用符合国情、区情的处理方法，基本上可以正确判断内蒙古自治区工业化水平。

（二）内蒙古工业化发展阶段的判断

1. 人均 GDP

人均 GNP 或人均 GDP 构成了测度工业化水平的一项综合性基础指标。[①] 钱纳里的人均经济总量指标运用人均 GNP，但现行统计体系中主要使用 GDP，而且两者反映的内容也基本一致，所以，在这里运用人均 GDP 来代替。同时，参照钱纳里标准时，考虑美元自身贬值的影响外，还必须选择合理的价格标准进行换算。折算方法一般有汇率法和购买力平价法两种。对发展中国家或地区来说，汇率法的折算值普遍低估，而购买力平价法的折算值一般又高估。按当前汇率折算，2005 年，内蒙古人均 GDP 达到 1986 美元。利用 1970～2004 年的美国 GDP 缩减指数折算（1∶3.6）[②]，大约 551 美元。参照钱纳里工业化发展阶段划分标准，内蒙古自治区仍处于工业化级阶段的初期。根据世界银行《世界发展报告》（2002 年版）的购买力平价估算，人民币与美元的汇率是 1 美元 = 1.74 元。2005 年，内蒙古自治区人均 GDP 为 16026 元，约 9210 美元。再利用 1970～2004 年的美国 GDP 缩减指数折算，大约 2558 美元。内蒙古自治区处于发达经济初级阶段，显然这已高估内蒙古自治区工业化实际水平。

2. 产业结构

工业化过程是产业不断重组和升级的过程，反映着一个地区经济实力、技术进步和竞争力的提高。2000 年，全区三次产业构成为 22.8∶37.9∶39.3，2005 年，全区三次产业构成为 15.7∶44.1∶40.2，

---

① 王述英：《新型工业化与产业结构跨越式升级》中国财政经济出版社 2005 年版。

② 《新形势下江西加速工业化进程的思考》。

可以看出，“十五”时期第一产业比重下降了7.1个百分点，第二产业比重上升了6.2个百分点，第三产业比重上升了0.9个百分点。第一产业比重逐步下降，第二产业比重迅速上升，第三产业比重缓慢上升，表现出工业化初期阶段的产业结构演进的特点。根据库兹涅茨的阶段划分法，内蒙古自治区人均收入水平和产业结构介于6组和7组之间，处于工业化初期末或中期初的水平。与世界不同发展水平国家产业结构（表5）相比较，产业结构趋近于低收入国家平均水平，其中第一产业比重低于该水平，二、三产业比重略高于该水平，可以说略强于低收入国家平均水平，但与世界平均水平的差距还是很大的，第一产业高出10.7个百分点，第三产业低20.8个百分点。2005年，内蒙古自治区工业增加值占GDP的比重为29.7%，处于工业化初兴阶段。

3. **就业结构**

工业化过程中劳动力由生产率低的部门向生产率高的部门转移，充分反映经济增长方式的转变过程。配第—克拉克定理提出：即随着经济的发展和人均国民收入水平的提高，劳动力首先由第一产业向第二产业转移，当人均国民收入水平进一步提高时，劳动力便向第三产业移动。劳动力在产业间的分布状况是：第一产业会减少，第二产业、第三产业将增加。2000年，自治区就业结构比重为52.2∶17.1∶30.7，2004为51.91∶17.95∶30.14，就业结构变动趋势符合配第—克拉克定理，但变动程度相对较小。农村牧区劳动力为532.6万人，占全区从业人员比重仍高达52%。参照表6，自治区劳动力结构仅相当于中等收入国家60年代的水平。

4. **城乡结构**

工业化和城市化是紧密联系在一起的，城市化程度也是工业化所处阶段的评判标准之一。2004年，全区城镇人口达到1093.5万人，占总人口比重（城市化率）为45.9%，到2005年底，城市化水平已达到47.2%，较2000年的42.2%提高了5个百分点，年均提高1个百分点。与表7对比，内蒙古自治区城市化水平仅相当于世界上低收入与中等收入国家的平均水平。通常衡量一国或地区工业化是否完成的城市化水平指标是城镇人口上升到60%以上[①]。根据这个标准，再按自治区“十五”时期的城市化年均增长速度推算，完成工业化的城市化指标，至少还需要13年的时间。

5. 工业内部结构

工业内部结构分析有助于进一步细化工业化所处阶段的判断。从衡量指标来看，较权威的是霍夫曼系数，即消费品工业净产值与资本品工业净产值之间的比值。鉴于我国统计指标分类的特点，上述两项指标用轻工业增加值和重工业增加值代替计算。2005年，内蒙古自治区轻工业增加值为306.67亿元，重工业增加值为828.86亿元，轻工业增加值与重工业增加值比值为0.37。根据霍夫曼系数的判断（表3），内蒙古自治区处于工业化第四阶段，即资本品工业规模大于消费品工业阶段。

根据上述指标分析，一些指标表明内蒙古自治区仍处在工业化初期水平或是初兴阶段，一些指标已经达到了工业化中期水平甚至更高，可以说初期和中期并存的阶段、从工业化初期过渡到中期的阶段、从轻工业为主转变为重化工业的阶段。工业化的每个阶段都有不同的特点和发展规律，科学判断我区工业化所处阶段，全面分析工业和信息化发展观对提出切实有效的信息化带动工业化战略是至关重要的，也是快速推进全区工业化进程的根本保障。

（三）内蒙古自治区工业化进程中存在的主要问题

1. 工业经济增速迅猛，但发展模式依然粗放

“十五”时期，全区GDP年均增速达到了16.6%，工业对经济增长的贡献率已经超过了40%以上，标志着内蒙古工业发展已进入一个快速增长期。2005年全区全部工业增加值同比增长30.3%，与2000年相比，增长了205.5%，年均递增21.5%，增速比“九五”时期快9个百分点。其中，规模以上工业企业增加值比2000年增加859.98亿元，年均递增26.2%。

工业经济增长速度不断加快，为国民经济快速增长起到突出作

① 国家经贸委综合司:《专家谈走新型工业化道路》经济科学出版社2003年版。

用，但从增长模式看依然是粗放增长。长期以来，自治区工业依托资源优势，以粗放经营为特征的传统模式发展，追求增长的数量，忽视了增长的质量。近年，工业发展与资源、草原生态保护相协调的可持续发展战略逐步受到重视，但长期形成的增长模式没有明显的改观，高速的工业增长依靠消耗大量资源来支撑。2005 年，内蒙古自治区能源生产弹性系数达到 2.28，与 2000 年的 0.30 相比，提高了 7.6 倍，弹性系数最高时（2002 年）曾达到 3.46，表明近 3.5 倍的能源消耗推动国民经济的增长。同时，原材料和能源需求较大工业的高速增长会拉动能源、原材料工业进一步扩张，将增加能源、资源和环境的压力，可能引发进一步粗放式经营现象的发生。

2. 优势产业初步形成，但产业层次较低

“十五”以来，全区能源、冶金、化工、装备制造、农畜产品加工等优势特色产业不断发展壮大，主导工业经济体系基本形成。2005 年全区实现工业增加值 1390.9 亿元，占 GDP 的比重由 2000 年的 32.5% 提高到 2005 年的 36.4%。实现工业增加值位于前六位的行业依次为：黑色金属冶炼及压延加工业 204.9 亿元，煤炭开采和洗选业 165.1 亿元，电力热力的生产和供应业 160.7 亿元，食品制造业 83.8 亿元，农副食品加工业 76.7 亿元，化工原料及化工制品制造业 64.8 亿元，六大行业增加值占全区规模以上增加值的 67%，成为拉动工业快速增长的主要动力。

全区的原材料加工、能源和农畜产品加工业不仅在西部，在全国也占有一席之地，但是这些产业都集中在上游产业和初级加工业，产业层次低、产业链短，对其他产业增长的拉动作用较弱。同时，主导产业中以重化工业为主的产业结构与居民生活的相关性低，从而缺少了为适应居民消费需求和消费结构而变化的产业增长原动力，其发展是以大量资本和劳动投入为前提，推动产业增长因素单一，经济自主增长后劲不足。高新技术产业发展还缺乏骨干企业和龙头产品，尚未形成气候。

3. 投资规模不断扩大，但技术更新投资不足

“十五”时期，全区工业投资总量继续保持较快增长，用于工业固定资产投资累计达3218.64亿元，比“九五”时期增长近3倍。重点行业投资规模进一步扩大，2004年，用于农畜产品加工业投资30.3亿元，年均增长90.5%；用于能源工业投资365.2亿元，年均增长75.6%；用于冶金工业投资85亿元，年均增长61.2%；用于化学工业投资42.8亿元，年均增长75.6%；用于装备制造业投资6.4亿元，年均增长100%。

随着投资规模的不断扩大，主要工业企业虽然已具相当规模，但与发达地区先进生产力相比，技术更新投资不足，企业技术装备水平较低，工艺水平不高，自主创新能力不强，产品档次低。研究与实验发展经费投入强度这一指标代表企业自主创新能力。据第一次经济普查资料显示，2004年内蒙古自治区六大支柱行业投入强度全部低于全国平均水平，在规模以上企业中：黑色金属冶炼及压延加工业规模以上企业研究与实验发展经费投入强度为0.15%，全国平均水平为0.41%；电力、热力的生产和供应业投入强度为0.03%，全国平均水平为0.08%；食品制造业投入强度为0.16%，全国平均水平为0.28%；农副食品加工业投入强度为0.07%，全国平均水平为0.12%；化工原料及化工制品业投入强度为0.13%，全国平均水平为0.66%。主要行业技术更新投资不足，造成工业技术水平落后、企业自主创新能力差，产业可持续发展后劲不足。

六、推进内蒙古自治区新型工业化，实现经济发展方式转变的战略设想

胡锦涛总书记在我区考察工作时指出：“要放眼全局推进经济结构调整。坚持把本地产业放到世界经济大背景中去把握、放到全国产业分布大格局中谋划，紧紧抓住国际产业分工调整重组和我国东部地区产业转移的机会，积极主动调整经济结构和投资结构，积极培育市场前景好、发展后劲足的产业，避免产业结构趋同和低水平重复建设，坚决抑制高耗能、高污染和产能过剩行业盲目扩张”。“要立足优势推进经济结构调整。从自身资源禀赋出发，做

大做强特色优势产业，积极发展高新技术产业，用先进适用技术改造传统产业，加快发展服务业，提高产业集中度，真正把资源优势转化为经济优势。”

根据总书记的指导精神，内蒙古实施内蒙古新型工业化的战略设想为：在推进全区经济发展方式转变，发展新型工业化的进程中，要明确全区的战略设想：即依托资源而不依赖资源，提高资源的综合开发利用水平，使资源优势变为经济优势。内蒙古新型工业化的路子，主要思路是做到三个“一定要”：一是一定要按照中央的要求结合内蒙古的实际，按客观规律办事，做大做强优势特色产业。二是一定要坚持以市场为导向，企业为主体，将政府职能转变到搞好社会管理和公共服务上来。三是一定要增强自主创新能力，推进技术跨越，将经济增长方式转变到主要依靠科技进步和提高劳动者的素质上来，不能简单依赖资源。在具体工作中，着力推进产业多元、产业升级和产业延伸。“推进产业多元”，是既要依托资源，又不依赖资源，在发挥资源优势的过程中，防止陷入“资源陷阱”。在继续发展和提升资源型产业的同时，加快发展非资源型产业。要充分发挥全区综合比较优势，重点发展战略型主导产业、进一步强化战略型支柱产业，大力扶持战略型先导产业。“推进产业升级”就是发挥后发优势，增强科技创新能力，构建以企业为主体、市场为导向、产学研相结合的创新体系，着力打造技术密集的高端产业。“推进产业延伸”是在不断提高资源综合开发利用水平，延长产业链条，大力发展加工，逐步由主要生产原材料和中间产品转变到生产直接面向市场和消费者的终端产品。

七、对策与措施

（一）把推进技术创新作为提升产业层次的关键

技术创新是提高产品科技含量的必由之路，也是提升产业结构层次的关键。推进技术创新体系建设要从企业、政府以及中介机构三个层面协同运作，形成合力，也必须坚持以市场为导向，把市场需求作为技术创新的出发点和落脚点，走科研、开发、资金、生产、市场紧密结合的技术创新路子。

1. 充分发挥企业作为技术创新的主体作用

一是以企业为主体，设立技术创新机构，增强自我创新能力。在深化企业改革，建立现代企业制度的过程中，形成科学的法人治理结构，为企业奠定技术创新的组织结构基础，彻底改变企业既缺乏技术创新的内在动力又缺乏技术创新的外在压力的状况，使企业建立起技术创新的投资机制和运行机制，成为技术创新的主体。建立健全企业技术中心，形成有利于技术创新和科技成果迅速转化的有效运行机制。二是加强与高等院校、科研机构的联合协作，建立技术创新服务体系。根据优势互补、利益共享的原则，鼓励企业以多种形式与高等院校、科研机构进行多层次、多形式的联合协作，共建全新机制的以企业为主体、以科技力量为依托、以资产为纽带、以现代企业制度为规范的“三位一体”战略联盟或以重点项目合作为切入口的产学研联合，力求在“十一五”期末，全区有一批技术领先、层次较高、市场潜力较大的科研成果转化为现实生产力，成为全区经济增长的新亮点。三是主动增加科技投入。建议自治区政府和相关经济综合部门，有针对性地制定全区的相关政策措施，采取政策引导，促使全区企业加快建立从销售收入中提取一定比例的技术开发资金制度。在投入上要体现科技优先原则，鼓励全社会多渠道、多层次地增加科技投入，积极创造条件设立镇江市科技开发基金，以尽快扭转全区科技投入严重不足的局面。四是建立健全科技人才激励机制。高素质的人力资源是知识经济时代最为稀缺的资源，是决定竞争力水平的关键因素，必须为各类科技人员提供相应的高报酬。内蒙古自治区应在已经进行的科技奖励试点的基础上，进一步加大奖励力度，充分承认并体现“智力资本”的价值，对企业技术创新、科技成果转化作出突出贡献的科技人员，实行分配股权或技术成果入股，真正做到“技术资本化、资本人格化”。进一步改变用人观念，但求所用，不求所有，充分利用外部人力资源，保护知识产权，承认其合法获得收益的权利。

2. 切实发挥政府在技术创新体系中的引导作用

一是实行财政扶持政策。加大对火炬计划和高新技术产业化项目的贷款贴息力度，落实发展高新技术产业的优惠政策，科技三项费用占财政实际支出的比例要逐年有所提高，还要筹措必要的发展基金作为高新技术项目的启动引导资金。对高新技术产业化贷款项目，各级财政可考虑安排一定资金给予贴息，并借鉴周边城市的做法，由财政预算内专项补贴。二是实施金融扶持政策。技术创新活动的关键环节是科技成果的转化，而影响内蒙古自治区科技成果转化的一个重要方面是资金投入不足。为此，要加大科技信贷投入，对市场前景好、科技含量高的项目，金融部门应加大信贷扶持。同时，必须引入风险投资机制，建立风险投资基金。三是制定人才方面的政策，为企业技术创新打造人才高地。要以盘活人才资源存量、优化人才结构、提高人才使用效益为重点，实行"四个并举"，即人才开发与提高使用效益并举，培养高层次人才与培养一般性人才并举，扩大人才总量与结构优化并举，引进人才与自主培养并举，为内蒙古自治区技术创新和高新技术产业发展提供强有力的智力支撑和人才保障。营造良好的科研开发、人事劳动环境，下大力气吸引那些正在从事企业所需的研制开发的高层次科技人员。强化现有人才的培训，重视将科技人员培养成科技企业家，促进高科技成果转化。加大对突出贡献人才奖励力度，高度重视知识资本在企业中的核心作用，鼓励科技人员以科技成果、专利入股，保证其享有资产收益，提高其科技创新的积极性。

3. 有效发挥社会中介服务机构的纽带作用

科技中介服务机构对于加强技术交流与合作和促进科技成果的商品化、产业化起着不可或缺的作用。要加快高新技术创业服务中心、技术市场、技术咨询部门、生产力促进中心等中介机构的建设，更加有效地推进技术创新和产业化进程，促进科技型企业的发展壮大。具体可通过加强中小企业技术创新服务体系的建设，建立健全自治区生产力促进中心、市中小企业技术创新服务体系，进一步扩大面向企业的技术、信息、人才、法律等多方位服务。成立有相关专家组成的技术创新咨询机构，为企业技术创新提供高层次的咨询和服务。

（二）把改造传统产业作为提升产业层次的重点

传统产业在内蒙古自治区经济中占有绝对份额，用高新技术和先进适用技术特别是微电子技术改造传统产业，对优化和提升全区工业结构至关重要。实践证明，传统产业嫁接高新技术，同样可以焕发出旺盛的生命力。着重在信息化、新工艺、新装备三个方面狠下功夫，努力提高经济的整体素质和效益，促进内蒙古自治区机械、食品、电力、轻工等传统产业优化升级。

1. 推进信息化

加强企业信息化建设，以信息技术改造提升传统产业，是传统产业提高劳动生产率的重要途径，也是传统产业优化升级的根本所在。镇江香醋是典型的传统产业，恒顺集团通过加大技术改造力度，利用微机集散控制系统生产香醋酒醅，使传统手工生产向电子化科学生产转变，大大提高了劳动生产率，要高度重视信息化的带动作用，不断加大信息化带动工业化的推进力度，加快信息技术在工业领域的广泛渗透，推广企业电子商务和 ERP（企业资源计划）、PDM（工程数据管理）等信息化软件的应用，推动有一定信息化基础的企业实施 CIMS（计算机集成制造系统）工程。

2. 创新工艺

工艺创新是传统产业升级的重要途径，是企业增加科技含量、提高效率的软件投入。各类企业，尤其是大中型骨干企业和龙头产品的工艺更新至关重要，必须根据市场产品结构与层次的变化，组织科技人员对现有产品进行技术攻关，通过创新工艺，促进产品升级换代，提高传统产业的市场竞争能力。

3. 更新装备

目前，内蒙古自治区大量传统产业市场竞争力不强，产品档次低，关键是装备水平差。改造提升传统产业，一个重要的任务，就是要通过大规模地更新装备，提高产品的质量和档次，从而增强企业素质和市场竞争力，使传统产业得以生存发展。装备更新要坚持瞄准国际国内先进水平，通过引进和采用世界或国内先进设备，力争在“十一五”期末，全区先进设备的比例提高到70%以上，为内蒙古自治区传统产业提升改造提供坚强的物质装备支撑。

（三）把发展高新技术产业作为提升产业层次的龙头

高新技术产业代表着产业发展的方向，是引领产业结构优化升级的重要力量。发展高新技术产业，抢占产业发展制高点，是缩小与先进地区差距的重要举措，也是增强内蒙古自治区经济持续发展能力的关键。

1. 力争在重点领域取得突破

内蒙古自治区在电子信息、精细化工、新材料、机电一体化等领域已有一定的基础，首先在上述四大领域取得突破既是必要的，也是可行的。

2. 培育发展一批高新技术产品

要以开发具有自主知识产权为核心，加速培育壮大高性能复合材料、精细化工、激光影音及计算机应用软件、智能化电力电器及仪器仪表、新型电子元器件、生物工程及新医药八大产品群，进一步提高高新技术产品销售收入在全区工业销售中的比重。

3. 积极组织实施高新技术产业化项目

实施高新技术产业化项目是发展高新技术产业的有力载体，通过大力实施高新技术产业化项目，培育全区具有比较优势的高新技术产业。内蒙古自治区应认真研究选择具有比较优势的高新技术产业发展领域，突出重点，在政策、体制、投入等方面加大扶持力度，促进和带动全区高新技术产业的发展。尤其要积极选排项目，挤进国家高技术产业化示范工程和省高技术产业化推进项目，争取国家和省高新技术产业发展的基金支持。

4. 加大高新技术园区建设

高新技术园区是高新技术产业发展的重要基地，也是产业发展水平的标志。发挥高新技术园区的集聚效应和综合优势，是国际国内成功的经验。要着力提高园区的创新能力，加快包头稀土高新技术、呼和浩特经济技术开发区等建设步伐，强化园区项目孵化体系建设和园区社会综合服务体系建设，使园区真正成为内蒙古自治区发展高新技术产业的技术创新源和经济增长极。

5. 切实采取一些扶持政策

一是税收优惠政策。高新技术产品地方留成12.5%部分所得税全部返还给企业的政策必须落实到位。同时，还应借鉴其他一些地区的做法，加大对高新技术企业的扶持。如凡被认定为高新技术企业，就享受税率优惠的政策，对高新技术企业出口产品产值达到70%以上的，进一步给予所得税的优惠；新办高新技术企业，从投产年度起，两年内免征所得税等一系列扶持政策。二是信贷优惠政策。银行应给予高新技术企业积极支持，尽力安排其开发生产建设资金。可以给高新技术企业安排发行一定额度的长期债券，以此向社会筹集资金，支持高新技术产业的发展。三是其他方面的优惠政策。如用于高新技术开发和产品生产的仪器、设备，可实行加速折旧，其生产的出口产品，除国家限制出口或者另有规定的以外，都免征出口关税等。总之，要通过实实在在的扶持政策，尽快使内蒙古自治区高新技术产业获得快速发展的宽松环境。

（四）加强规划，创造具有比较优势的产业集群

一是要依托现有优势，引导布局分散的中小企业逐步集中到统一规划的产业区内，改善产业空间布局，促进企业共享基础设施和公共服务，加快生产要素和资源的优化配置，推动中小企业的专业化集聚。

二是打造品牌，提高产业集群市场竞争力。产业集群的发展必须依赖于特色产业的形成。必须围绕特色发展产业集群，加快形成区域产业品牌。要坚持市场导向，结合实际，选择具有比较优势和一定产业基础和知名度的产业加以培育，集中力量，聚合各种生产要素，完善产业体系，把优势产业做大做强，尽快形成竞争优势。

三是优化环境，促进产业集群有序发展。创造产业集群发展的体制环境。按照现代市场经济的要求，建立和完善产业集群市场竞争的规则和制度，推进产业集群的市场化进程。借鉴发达国家发展专业化产业区的做法，积极研究制定促进产业集群的地方法规，鼓

励企业的区域集聚。改善产业经营环境。采取措施宣传产业集群形象，帮助集群企业扩大市场规模，开展各类特色商品展览活动，形成商品的产业区声誉；同时，整顿市场秩序，加强技术监督等执法检查，打击各种影响产业集群声誉的行为。优化产业集群发展的硬环境。重点加快专业化产业园区建设，加快建设一批专业化产业园区，加强园区的交通、通信等基础设施建设，改善企业发展的外部环境。加强特色产业的产业链招商。目前，外资进入的方式已从单个项目投入转向组团式投入，从分散的加工组装转向迁移产业基地，即采取连锁组合式、上下游整合式、区域集聚式等新的投资形式，形成产业链和大规模的产业基地。内蒙古自治区要积极适应这种转变，借助外力，加快培育有竞争优势的产业集群。

（五）把做强规模企业作为提升产业层次的载体

重点骨干企业是内蒙古自治区工业经济发展的支柱，是实现内蒙古自治区工业结构优化和产业升级的重要依托，是参与国际竞争的现实力量。要通过调整企业组织结构，提高专业化、规模化生产的集中度。一方面，通过政府推动、企业决策、市场运作，鼓励重点骨干企业收购兼并、合资合作，形成多元投资主体，混合产权结构，在重组中整合有效资产，实现规模扩张；另一方面，采取全面规划、阶段实施、分类推进的办法，加快将公有资本从一般竞争性行业中全面退出，将优质资产不断聚集到支柱产业和骨干企业，以此促进专业化、规模化和集约化程度的提高。

要认真落实内蒙古自治区政府关于培育大企业、大集团的意见，采取一些切实可行的措施，促进内蒙古自治区大企业、大集团的迅速发展壮大。一是组织开展全区新一轮规模经济培育活动，选择一批近年来快速成长的优势企业，充实到全区重点骨干企业行列，进一步扩大规模经济份额。二是对列入重点培育的骨干企业逐个拿出搞大搞强的具体培育方案，从实行国有资产授权经营、支持企业加快股份制改造上市、支持企业加快技术改造和技术创新、支持企业盘活土地资产、支持企业发展跨国经营等方面加大扶持力度，落实帮扶措施，促进骨干企业加快发展。三是鼓励骨干企业以资本为纽带，以名牌产品为依托，加快形成一批跨行业、跨地区、跨所有制的富有竞争力的大型企业集团，形成内蒙古自治区工业的“航空母舰”。

（六）把深化企业改革作为提升产业层次的动力

深化国有企业改革，抓实企业的转机建制，激活企业的发展潜能是提升全区产业层次，增强工业竞争力的重要动力。要按照党的十六大提出的总体改革方向，结合内蒙古自治区实际情况，加快企业改革步伐。一是加快中小企业产权出让进程。积极拓展改革思路，从过去主要以存量资产的出让盘活为主，转向以吸引增量，多元混合为主，广泛吸纳各种社会资本参与全区企业改组改造。二是加快劣势企业的有序退出淘汰进度。要组织精兵强将深入相关企业，指导和帮助企业完善破产方案，提出可供操作的资产处置、人员分流的可行预案，依照必要程序，确保企业依法破产工作平稳有序地得到实施和推进。三是加快规模骨干企业功能建设。规模骨干企业要率先建立现代企业制度，理顺内部产权关系，加快实现企业产权的股份化、企业资金的融通化、资源配置的国际化、企业行为的规范化、企业发展的集团化和科研生产一体化。加强技术开发功能建设。建立技术开发中心，加大新技术、新设备的投入力度，逐步形成具有自主知识产权的核心技术、优质品牌和技术创新机制；增强市场开拓功能。建立企业市场部，着眼于企业长远发展，研究产品的市场定位、营销策略以及现代营销方式。增强资产营运功能。积极创造条件，以发行股票、债券及可转换债券等形式，扩大企业直接融资能力。允许有条件的企业成立财务公司，增强企业筹资功能。

（课题负责人：杭栓柱，课题组成员：胡德、祖刚、解秀珍、董淑彦、王彩虹、白晓兰、王蕾、毛宣闵）

以自主创新促进辽宁省经济发展方式的转变研究

辽宁省发展改革委学术委员会课题组

一、自主创新是辽宁省经济发展新阶段的必然选择

（一）自主创新是转变经济发展方式的核心支撑

经济增长是经济发展的中心内容，是影响社会进步的最重要因素。经济发展方式转变的成功与否，重要的标志就是看能否以市场为导向，实现自主技术创新。自主创新是调整企业产品结构、实现经济发展方式转变的重要因素，创新能力的培育与发展是实现发展方式根本性转变的核心支撑。历史和现实都已证明，国际竞争优势已不再主要取决于资源禀赋和劳动力成本，科技创新已成为决定性因素，而自主创新能力成为竞争制胜的核心。一个国家或地区只有大幅提高自主创新能力，拥有大批自主知识产权，才能实现经济发展从要素驱动型增长转向创新驱动型增长，才能在国际产业分工和全球经济格局中占领战略制高点、主动权。

目前，从辽宁省经济发展方式和增长质量看，高投入、高消耗、高污染、低产出、低效益的粗放型增长特征还较明显。2007年，全省万元生产总值能耗为1.70吨标准煤，居全国第22位，是工业发达国家平均水平的2.2倍。2007年，辽宁省生产总值约占全国的1/22，但年耗能总量却接近全国的1/15。这就是说，按照传统的发展模式，辽宁省现有的资源、能源、环境已无法支撑老工业基地振兴迫切需要的经济高速增长。因此，无论是从国际科技竞争加剧的趋势看，还是辽宁经济发展新阶段（人均GDP超过3000美元）或资源环境压力看，辽宁都已经到了必须依靠科技进步、

劳动者素质提高和管理创新等带动经济发展的创新驱动发展阶段，特别是在当前全球面临金融危机的形势下，以提高自主创新能力、建设创新型辽宁作为区域发展战略的核心，逐步形成以科技进步和创新为基础的竞争优势，以此为产业结构优化升级提供有力和持久的技术支撑，突破资源环境的瓶颈制约，实现节约发展、清洁发展、安全发展，促进人与自然和谐共处，走出一条科学发展的新路子。

（二）自主创新是实现又好又快发展的持续动力

自主创新是企业竞争力与经济效益的源泉。自主创新就是把一种从来没有过的关于生产要素和生产条件的新组合引入生产体系。它是一种以市场为导向，以提高国际竞争力为目标，从新产品或新工艺设想中产生，经过技术获取（研究、开发或引进技术）、工程化、商业化生产到市场应用整个过程的一系列技术经济活动。当这种创新达到相当规模时，便会突破经济资源的瓶颈约束、成为增长的主要驱动力，从而促进经济持续快速发展。当前，辽宁省正处于全面建设小康社会、加速老工业基地振兴新的发展阶段，国际产业结构正朝着技术、知识、服务密集的方向发展。经济发展方式的转变是经济与社会发展的必然和必须，是一个科学发展的系统工程，也是我国经济与社会又好又快发展的根本保证。而能否不断提高自主创新能力，则是决定经济发展方式能否加快根本转变的中心环节。

（三）自主创新是实现经济可持续发展的根本保证

自然资源是人类赖以生存和发展的物质基础。随着人类文明的进步和社会的发展，人类对资源的消耗越来越多，有的甚至超过自然界的再生循环能力，造成资源枯竭、环境恶化等严重后果。当前辽宁省可持续发展面临着极为严峻的挑战。一方面表现在人均资源占有量相当少，如辽宁省水资源人均占有量仅为860m^3，为全国人均占有量的1/3、世界人均占有量的1/12，低于联合国提出的人均占有量1000m^3 的贫水线；另一方面表现为投入—产出效率很低。

辽宁省能源利用效率仅为30%，比工业发达国家低了近20个百分点，仅相当于工业发达国家80年代的效率水平；主要工业产品能耗比工业发达国家高30%，主要耗能设备效率低20%，资源消耗量大，资源短缺、环境破坏的压力大，加快建设资源节约型社会已是当务之急。

建设资源节约型社会就是要统筹人与自然和谐发展，处理好经济建设、人口增长与资源利用、生态环境保护的关系，推动整个社会走上生产发展、生活富裕、资源高效利用、生态环境良好的文明发展道路。建设资源节约型社会唯一正确选择是发展循环经济和走新型工业化道路。经济的增长应该是主要依靠人力资本的投入、劳动力素质的提高和技术进步的支撑等，依靠自主创新。如果不用先进的技术设备更替陈旧落后的设备，不断地实施包括产品创新和工艺创新在内的技术创新工程，提高企业的生产效率和资源利用效率，最大限度地减少废弃物排放，保护生态环境，实现可持续发展的战略目标将难以实现。

二、辽宁省自主创新能力的发展态势

（一）自主创新能力不断提高

近几年，辽宁省在重大关键技术攻关方面取得新突破，重点领域和重点行业水平显著提升。集中力量组织实施了一批具有行业带动力的重大项目，在高档数控机床等重大装备和产品上实现突破；引进消化吸收了一批核心技术，实施50个重大科技成果转化项目，提升了产业技术水平、优化了产品结构。2007年，全省有235项关键技术攻关取得突破性进展，获专利受权9614项，比上年增长30.5%；共开发新产品9200项，增长12%；实现新产品产值1500亿元，增长23%。2007年，全省依托骨干龙头企业，不断加强企业技术研发机构建设，企业技术创新主体地位更加突出，竞争力显著增强。全省省级以上各类企业技术（研发）中心已增加到310个，产学研技术联盟发展到410家，工业企业开发的新产品中，

60%以上来自省级以上企业技术中心，企业自主创新能力显著增强。

（二）自主创新模式多种多样

近年来，辽宁省各类企业根据企业所处地域的科技和经济发展环境和企业内部经济技术基础，选择适合自身发展的有效技术创新模式，呈现百花齐放的大好局面。既有以沈阳机床、沈阳鼓风机、大连造船等骨干企业为主体，资金雄厚、研发力量强采取自主创新发展模式的国有大中型企业；也有像华晨这样通过技术引进（购买专利），实施创新的引进创新模式；还有像锦州光伏产业这样通过企业之间或者与其他科研院所的合作的创新模式；更有像沈阳机床成功并购国外机床企业，实现并购的创新模式等，所有这些都为辽宁省自主创新的发展展示了美好的发展前景。

（三）以创新平台为支撑，研发体系不断完善

加强公共研发平台建设，2007年全省新组建了19个省重点实验室，省重点实验室数量达115个；先进机器人技术与系统等3个重点实验室被列为国家重点实验室；沈阳机床集团获批国家重点实验室；新批建省级工程技术中心44个，省级以上工程技术中心总数达到159个；高校新增国家重点学科28个，认定高校重点实验室67个。

（四）培育特色产业基地，增强园区创新能力

2007年，全省高新区通过营造更加完善的创新创业环境，实施以增强自主创新能力为核心的“二次创业”发展战略，重点培育有自主创新能力的特色产业基地，着力打造产业集群和创新集群。全省8个省级高新园区实现营业总收入3336亿元，比上年增长30.1%，实现高新技术产品产值1170亿元，比上年增长33.6%。沈阳先进装备制造、大连软件出口、抚顺精细化工、本溪中药现代化、锦州光伏、营口镁质材、辽阳芳烃等特色产业基地发展快速，锦州和抚顺分别获批国家级特色产业基地，基地和园区自主创新能力显著提高，成为区域经济发展的重要增长极。

（五）营造良好的创新环境，形成创新氛围

加快自主创新体系建设。多年来，辽宁省始终将为企业营造良好的政策氛围放在首位。省政府出台了《关于提高科技创新能力加速老工业基地振兴的若干规定》，从科技投入、财税支持、科技成果转化、人才激励等方面制定了58条鼓励政策。又出台了《以企业为主体的技术创新体系建设工作实施方案》，全面启动创新型企业创建活动及评估认定工作。并从税收、资金投入等方面鼓励企业自主创新。为促进辽宁省产学研合作进入到一个更高层次、更宽领域的战略性发展新阶段。近年来，辽宁省每年都拿出2000万元作为产学研专项资金，鼓励高等院校、科研院所的科研力量走进企业、走向生产一线，使产学研合作视野由省内向省外乃至国外延伸，产学研合作的规模和范围不断扩大。全省90%以上的大中型企业与省内外400多家重点科研机构和高等院校建立了密切的技术合作关系；为加速科技成果产业化，将技术优势转化为产业优势和经济优势，从2006年起，省政府每年拿出1.25亿元作为科技成果转化资金，用于支持成果转化和成果转化体系建设。围绕辽宁省发展现代装备制造业、高加工度原材料工业，加快社会主义新农村建设和资源节约型、环境友好型社会建设几大领域，辽宁省安排了近4000万元成果转化奖励资金，对近年来在辽宁省成功转化，并取得显著经济和社会效益的115个科技成果转化项目予以表彰，其奖金规模、奖励项目数量、单项奖金额度三个方面均创国内之最。

三、自主创新存在的主要问题

尽管辽宁省自主创新活动取得了很大进展，但企业创新活动仍存在许多问题，亟待我们关注和解决。

（一）自主创新和技术转移机制尚未形成

目前，一些企业对自主创新活动认识不足，认为企业自主创新投资风险大、项目实施周期长。一旦自主创新失败，企业除遭受巨

大经济损失外，企业领导也要承受决策失误等巨大压力。这使企业决策者不愿增加技术创新投资，承担技术创新和技术改造的风险。而目前技术创新的主体很多是科研院所和高等学校，其研究成果远离企业，远离市场，导致技术创新供求错位，而即使是好成果，也由于与企业良性互动的技术转移机制不完善，不能迅速转化为生产力。正是由于大多数企业还没有真正成为技术创新的主体，没有形成完善的技术创新机制，使得企业技术创新滞后。如代表研发活动核心或关键技术的原始创新，辽宁省仅达到 20.2%，有近八成的企业没有自己的核心技术。

（二）产学研等横向合作程度不高

调查显示，目前辽宁省企业的技术创新活动并没有充分利用高校、科研院所等外部资源，对这些资源利用程度不高。辽宁企业与科研院所、高等院校合作研发的产品创新活动仅占 10%，大量的优质研发资源没有得到开发利用。

（三）企业自主创新水平不高

自主创新是企业增强竞争力的根本，只有加强自主创新，才能促进企业不断发展。调查显示，全省只有 10% 的企业，其创新的产品达到国际先进水平，绝大部分企业的产品创新只是停留在企业新的水平。

（四）自主创新投入不足

近年是省科技投入增长最快的时期，但与社会经济飞速发展对自主创新需求增长相比，差距较大。尤其是没能形成稳定有效的政府和社会投入机制，保障创新资金的需要。辽宁省大中型企业研发经费支出占其销售收入的比例，长期在 1% 徘徊，而发达国家已达到 2.5% ~4%，一些国际知名大企业基本在 10% 左右。由于创新创业成果转化的区域资本市场缺失，社会投融资机制没有建立，企业缺乏有效的技术创新融资平台，而企业自我发展资金积累能力有限，研发经费长期投入不足，研发能力弱，竞争能力差。

（五）创新环境和条件尚待改善

政府对全社会自主创新与发展的导向能力较弱。鼓励创新的政策导向不明显，科技政策与经济政策不相协调，财政、金融、知识产权、政府采购等尚存在一定的制度性缺陷，不能有效地鼓励和推进企业技术创新。

四、自主创新，促进辽宁省经济发展方式转变的思路

（一）总体思路

以党的十七大精神和科学发展观为指导，紧紧围绕辽宁老工业基地振兴和“五点一线”沿海经济带开发，以改革为动力，以提高自主创新能力为目标，加快创新体系建设，开展关键技术攻关，推动成果转化，培养创新人才，全面提升企业和区域核心竞争力，为实现辽宁省经济又好又快发展和全面建设小康社会提供动力和强大的支撑。

（二）战略目标

2010 年，初步形成优势突出、特点鲜明、布局合理的科技发展新格局，科技综合实力进入全国前五位，并在装备制造、新材料、电子与信息、生物与医药、新能源与可再生能源、航空航天六大高新技术领域实行重点突破。全社会研究开发经费占国内生产总值的比重达到 2% 以上；全省科技基础条件、创新体制和创新机制等方面的建设取得明显成效，技术创新支撑经济社会发展能力显著增强，科技进步贡献率达到 50%，形成一批拥有自主知识产权和国际竞争力的产品。

2015 年，自主创新能力显著增强，创新型辽宁建设实现新突破，全社会研究开发经费占国内生产总值的比重达到 2.5% 以上，高新技术产业增加值占生产总值的比重达到 25% 以上，以企业为主体，市场为导向，产学研结合的技术创新体系基本建立，初步建

成结构合理、机制灵活、整体功能完备、特色鲜明的现代化、具有持续创新能力的技术创新体系，将辽宁建设成国家重要的技术研发与创新基地。

到2015年，建成一批国家级地区重点实验室；围绕区域产业发展目标，建好一批区域工程技术中心，省级以上重点实验室达到200家，各类企业技术（研发）中心达到750家，推动150家科技型中小企业达到3亿元的科技型中小企业，培育发展30个年销售收入达到100亿元的科技型中小企业产业群，使全省整体科技创新能力显著提高。

五、自主创新，促进经济发展方式转变的路径选择

（一）以提高创新能力为目标，促进企业创新主体的形成

1. 围绕优势领域和核心产业，实现自主创新的跨越

自主创新能力是产业发展的核心竞争力，是产业可持续发展的动力。自主创新能力的提高是一个需要坚固基础的累积过程，短时间内实现全面跨越的可能性很小。当前，辽宁省在一些优势领域是有优势的，与发达国家站在同一条起跑线上，要抓住全球产业重组和转移的良好机遇，按照“自主创新，重点跨越，支撑发展，引领未来”的原则，坚持有所为、有所不为，选择具有一定基础和优势的领域，集中力量，超前部署，超前设计，重点突破，跨越发展，在核心技术和关键技术的自主创新方面实现从重点跟踪到突出跨越的战略转变，形成区域创新优势。

要以产业发展的重大需求为导向，结合相关产业发展规划的制定和实施，围绕提高辽宁省优势领域和核心产业的竞争力，以增强产业自主创新能力为出发点，针对产业技术创新能力基础设施的薄弱环节，在整合现有资源的基础上，建设支撑战略性产业，发展核心技术，提高系统技术集成和成套技术装备研制能力，建设一批技术创新基地，突破一批制约辽宁核心产业发展的关键技术。当前，辽宁省在财力和科技实力有限的情况下，应在优势领域进行原始创

新，在追赶领域进行集成创新和引进消化吸收再创新，不断提高自主创新的实力和能力。要选择一批对经济社会发展有重大牵动作用的科技项目，集中力量进行攻关，努力在高性能数控机床、IC装备、重型燃气轮机、大型船用曲轴、工业机器人和大功率风电设备等关键技术领域实现跨越和赶超，为辽宁省打造具有国际竞争力的世界级装备制造业基地提供强有力的科技支撑。

优势领域和核心产业自主创新能力的形成，首先要拥有一批具有自主知识产权、自主品牌和持续创新能力的创新型企业；其次要建立以企业为主体、市场为导向、产学研相结合的技术创新体系；最后是战略产业的原始创新能力和重点领域的集成创新能力。当然，坚持自主创新，并不是排斥技术引进。自主创新在内涵上既包括原始性创新和集成创新，也包括引进消化吸收再创新。从辽宁实际出发，在自主创新中应特别注重引进消化吸收再创新，这是建设创新型辽宁最便捷最现实的途径。尽管辽宁省每年投入大量资金搞技术和设备引进，但重引进、轻消化，甚至只引进、不消化。这个问题不解决，产业技术将长期受制于人，产品市场将逐渐萎缩。我们必须清醒地看到：有些引进消化吸收再创新不是单个企业能完成的，是要通过协作集成创新。所以，必须把引进消化吸收再创新和集成创新有机地结合起来，实现产业技术自主创新的新跨越。

2. 以对外开放促进创新能力提升

当前，我国已成为世界上对国际直接投资最具吸引力的国家之一。在对外开放过程中，要特别注重引进具有技术层次高、知识含量高、高新技术产业程序化、能够产生投资乘数效应、产业联动效应的合资方与投资方。要逐步改善和提高辽宁省的引资结构和质量，通过对外开放，提升自主创新能力，实现产业结构跳跃升级。

要通过实施对外开放战略，鼓励有条件的大企业和企业集团通过与国外知名企业联合设计、合作制造等方式，培养、提高集成创新能力，并在引进消化吸收再创新上有所突破。辽宁原始和集成创新能力相对不足，要把自主创新的重点放在二次创新上，要避免重复引进，走引进—吸收—提高—创新的自主创新之路，这是缩短与先进国家技术差距，加快提高自主创新能力的捷径。目前，辽宁省加工组装业大部分处于价值链低端，要通过合资、合作，增强技术创新能力，加快从低端的“加工组装”向上一层次的“大规模现代化制造”的攀升速度，形成良性循环，使其成为大规模的现代制造基地之一，以期在全球分工体系中获取更多的附加值。

（二）以体制创新为动力，构建产学研合作创新体系

企业是市场竞争的主体，也是技术创新的主体。实践证明，提高自主创新能力，核心是增强企业的自主创新能力，加快建立以企业为主体，市场为导向，军民之间、产学研之间、部门、地区之间科技要素高效流动，原始创新、集成创新和引进吸收再创新并举的多层次的产业技术创新体系，形成自主创新的基本体制架构。产学研合作是促进社会技术资源合理配置的有效途径。当前，科研院所成果很多，但转化能力有限；企业市场空间很大，但科研力量有限。为此，要引导和支持企业与高校、科研院所、中介服务、金融机构形成以产权和利益为纽带的产学研结合的、多种形式的研发机构和“科技战略联盟”，实现各方优势互补、利益共享、风险共担。

要加强企业研发中心建设，加快“技术企业化、企业技术化”步伐，培育更多的具有自主知识产权和较强竞争力的创新型企业，使企业真正成为研究开发投入的主体、技术创新活动的主体和科技成果应用的主体，全面提升企业的自主创新能力。

要建设科学研究与高等教育有机结合的知识创新体系，以建立开放、流动、竞争、协作的运行机制为中心，高效利用科研机构和高等院校的科技资源，从经济社会发展的战略需求出发，以解决优势资源开发和优势产业发展关键技术为重点，集中优势力量，实行重点突破，大力加强原始性创新、集成创新和引进消化吸收再创新。

（三）以优化创新环境为着力点，完善创新服务体系

增强自主创新能力，既要充分发挥市场在科技资源配置中的基础性作用，也要强化政府的政策引导作用，要以优化创新环境为着力点，完善创新服务体系。

1. 建立有利于自主创新的政策环境

加强技术创新，增强自主创新能力，关键是要制定和实施一系列有利于技术创新的强有力的政策措施。目前，在我国现行政策体系中，加强自主创新尚未成为有关政策的重点，激励企业成为技术创新主体的政策还较薄弱。要以增强自主创新能力为主线，以促进企业成为技术创新主体为重点，制定有力的财税政策、投资政策、技术引进等政策，激励企业加大研究开发投入，加速科技成果转化和产业化，使科技发展与经济发展、社会发展结合。

树立科技优先原则。认真落实国家推进自主创新的各项政策，逐步形成包括科技资源共享、促进企业研发、人才激励、公共平台建设、知识产权保护、科技成果转化、产学研结合等较为完善的政策支持体系。完善科技创新激励机制，在科研立项、经费支持以及评价体系方面向自主创新和科技成果转化倾斜。积极实施扶持自主创新技术和产品的政府采购制度，促进辽宁自主创新能力的提升。

设立重点产业发展科技创新基金。重点开展高档数控机床、重型燃气轮机、大型船用柴油机曲轴、大型风力发电设备、机器人、医疗设备等重大关键技术攻关以及大型电力和输变电设备、石油化工成套设备、冶金与矿山用重型工程机械设备、民用航空器等涉及的技术攻关，抢占技术制高点，赶超国际先进水平。

实施积极促进自主创新的区域政策。投资者是否对技术创新进行投资，投资者的预期收益和风险大小，在一定程度上取决于政府对技术创新的一系列优惠政策以及建立规范、系统的激励机制和保障机制。这些政策和机制作为政府激励企业自主创新的一种手段，影响着技术人才引进和培养、研究与开发、科技成果转化、技术的投资成本和投资风险，增加投资者的预期收益，进而实现对技术创新活动的鼓励和推动作用。

2. 打造多层次区域性创新公共服务平台

按照政府主导、市场运作的原则，逐步完善科技资源共享机制和支撑服务体系，构筑产业技术共性平台。产业共性技术具有基础性、关联性、系统性、开放性等特点，其开发和扩散对加快产业技术进步步伐、提高整体技术水平有着重大意义，是改变产业发展对国外技术严重依赖局面、增强产业国际竞争力和发展后劲的关键。当前，要以调整、联合、优化等多种形式，集中力量构建符合新形势下产业发展要求的产业技术支撑体系。要按照技术创新链的技术流向，构筑多层次辽宁产业研发创新体系和产学研新机制。依托沈阳材料科学、工业装备结构分析、轧制技术及连轧自动化等国家重点实验室，高档数控、传感器、高性能均质合金、机器人技术、计算机软件、数字医学影像等国家工程中心，以及稀土永磁电机工程技术研究中心、等离子焊接研究室、先进在线检测技术实验室等国家、省级研发机构，形成与重点产业发展配套的研发支撑体系；要以东北大学、大连理工大学等高等学校和中科院研究所重点学科为基础，形成知识创新体系和人才支撑体系；依托大型骨干企业的国家级企业技术中心，加强与中科院及省内外高校院所的合作，增强企业自主研发能力，形成应用技术支撑体系。力争在装备制造业、交通运输设备制造业、原材料工业、能源工业、高新技术产业5大重点领域，突破一批事关国计民生和国防安全的核心关键技术。政府要加强对共性技术的扩散和转化的引导，对合作开发各方主体的利益进行协调与补偿，通过合理的扩散形式使行业内的企业能够以较低的价格快速获得共性技术，并在此基础上结合市场需求进行竞争性技术、产品的研发，增强自身的竞争优势和核心竞争力，从而带动自主创新能力的提升。

3. 构筑多元化技术创新服务体系

完善创新服务体系是保障创新能力建设健康、迅速发展的重要支撑系统。为此，要大力发展科技企业孵化器、科技评估中心、风险投资、技术创新融资担保，技术经济，以及高新技术中小型企业财务、法律、管理服务等活动的创新服务机构，逐步形成组织网络化、管理企业化、服务专业化的多元化的创新中介服务体系，为各种创新活动提供社会化、市场化服务，促进科技资源的合理配置。当前要着重抓好人力资源服务、融资服务、技术与咨询服务、信息服务、交流服务系统的建设，促进创新服务体系的尽快形成。

4. 培养和引进关键领域创新型团队

现代技术发展的综合化、复杂化，以及技术生命周期日益缩短，使得企业自主创新风险持续加大，一些重要领域的技术创新越来越依靠团队力量，而非传统的“个人主义”。为此，实施以高层次人才引进为重点的“聚才工程”。要根据产业规模化发展的实际需要，按照突出重点、注重实效、政策激励的原则，全方位加大人才引进力度。特别是对我省紧缺的高新技术产业、支柱产业和新兴产业中的电子信息、生物与制药、新材料、光机电一体化等领域，重点引进各类优秀人才和带资金、带项目、带技术的特殊人才。要创新人才引进方式。完善人才、智力、项目相结合的引进机制，按照“不求所有、但求所用”的原则，鼓励企事业单位采取咨询、讲学、兼职、短期聘用、技术承包、技术入股、技贸结合、人才租赁、在外设立研发机构等方式引进国内外智力，借“脑”发展。鼓励企业通过兼并收购国外技术团队和研发平台，提高自主创新能力，引导企业加快原始创新、集成创新和引进技术的消化吸收再创新。对于那些急需的、由国内外领先的、首席专家牵头的创新型团队，政府可以给予巨额资金支持，同时畅通一切综合服务渠道，将全国甚至全世界最优秀的、最适用的高级人才吸引到辽宁来，促进辽宁产业升级。

建立具有辽宁特色的与国际惯例接轨的有利于调动创新人才积极性创造性的人才收入奖励和社会保障制度，努力做到一流人才一流贡献一流待遇、特殊人才特殊贡献特殊待遇。以支柱产业、重大基地、重点科研和工程项目为依托，以股权配给、职称评定、成果奖励、知识产权保护、政府津贴等政策措施为手段，重点培养一批科技领军人物、技术骨干和创新团队，加快造就一支结构合理、规模宏大、素质较高的自主创新人才队伍。通过采用与国际接轨的股票期权制度和员工持股计划，建立和完善多种类、多层次的奖励制度和收入分配制度，将对企业自主创新能力提升中做出贡献的人才的实绩与收益联系起来，形成一套以工资、奖金、股票期权为主要内容的薪酬制度。通过扎实的人才支撑体系，加强优势领域和核心产业自主研发能力，提高企业自身的科技素质，通过自身核心技术的投入和采用，加速技术创新成果向提高生产力上的转化，使辽宁省优势领域和核心产业生产水平能够在世界处于领先水平。

加强企业员工培训，造就一批与先进装备制造业、精品原材料工业发展紧密关联，与产业结构优化升级要求相适应的高技能人才，逐步形成以初级为基础、中级为主体、高级和技师为骨干的高素质劳动大军。

设立创新人才引进专项资金。省财政应拨出专门资金，重点用于引进一批能承担重大科技攻关任务的国内外知名的高层次创新人才。

（四）以建立创新投入机制为基础，提升创新能力建设

增加科技投入，是加强技术创新，发展高科技的物质保证。技术创新具有高投入、高产出、高风险、高回报的特点，因此，进一步建立完善政府科技创新投入机制，调整和优化投入结构，提升创新能力建设，是提高产业技术创新能力的关键。要加快建立以政府投入为引导、企业投入为主体、金融贷款为支撑、社会投资和民间引资为补充的多元化、多渠道、高效率的投融资体系。建立财政性科技投入稳定增长机制，在省财政预算体系中设立研究与发展政府预算收支一级科目，逐步提高科技投入占财政支出的比例，使省级财政的科技投入增幅明显高于财政经常性收入增幅。重点加强对产业共性关键技术和社会公益性技术研究、基础研究、前沿高技术研究、社会公益性研究、公共平台和人才队伍建设的投入。鼓励金融机构扩大企业科技贷款规模，并建立风险投资机制。加强对企业和社会投入的引导，积极探索建立多种形式的风险投资基金和担保机构，完善相关政策保障，拓宽科技投融资渠道，形成对科技创新的持续支持和社会资源的有效动员。

积极鼓励企业大幅度增加技术研发的投入。一般企业用于研发的经费占当年的销售收入不得少于1%，大中型企业要达到2%，高新技术产业要达到5%。为鼓励企业增加科技投入，可按企业实际研发支出的增幅确定减免税的额度。设立省级科技成果转化专项基金，对企业应用科技成果给予一定的资助。

（课题负责人：银温泉，课题组成员：姚远、朱勇、康铁光）

转变经济增长方式，加快东部煤电化基地建设

黑龙江省发展改革委学术委员会课题组

黑龙江省东部煤电化基地是指煤炭等矿产资源丰富、城市相对密集、煤电化产业基础良好、农业较为发达、对俄开发合作前景广阔的黑龙江省东部经济区域，包括牡丹江、佳木斯、鸡西、七台河、双鸭山、鹤岗等六市。2007 年，区域总面积 13.9 万平方公里，占全省的 30.6%；总人口 1055.6 万人，占全省的 27.5%；地区生产总值 1538.8 亿元，占全省的 21.7%，是黑龙江省重要的经济增长区域。

东部煤电化基地是黑龙江省四大经济板块之一。东部煤电化基地建设是省委、省政府全面贯彻落实科学发展观、坚持走新型工业化道路、加快老工业基地振兴、推进全面小康社会建设的战略决策；是顺应经济全球化和区域经济一体化发展的趋势，统筹区域经济协调发展的一项重大举措；是发挥比较优势、创造竞争优势，做大做强东部地区能源和煤化工及其相关产业，促进区域经济合理布局的客观需要；对我省培育新的经济增长极，提升区域经济竞争力，增强可持续发展能力，逐步形成廊带辐射互补、板块耦合联动的区域经济新格局，具有十分重大而深远的意义。

一、东部煤电化基地建设对转变经济发展方式的作用

经济发展方式除了涵盖经济增长方式的含义外，还对经济发展的理念、战略和途径等提出了更高要求，强调的不仅是提高经济增长效益，还包括促进经济结构优化，经济增长与资源环境相协调等。转变经济发展方式，就是要求我们采取综合措施，加快

形成与贯彻落实科学发展观、实现经济社会全面协调可持续发展相一致的发展方式。黑龙江目前的产业结构基本上是资源开采加工和机械加工型的，产业结构比较单一，发展速度缓慢，制约因素较多，按照又好又快发展的要求，必须要进行调整。但产业结构调整绝非易事，不是简单地说调整就能调整过来的，必须要有一个过程，而且进行调整，也必须要依靠现有的产业作基础，作支撑。从黑龙江的实际出发，转变经济发展方式，就是要促进经济增长由主要依靠投资拉动向依靠投资、消费和出口协调拉动转变，由主要依靠第一、第二产业带动向依靠第一、第二、第三产业协同带动转变，大力发展对外贸易，搞活流通，大力发展第三产业，包括旅游业、现代服务业；由主要依靠资源开发向依靠资源开发、资源加工转变，大力推进信息化与工业化融合，大力发展数字装备制造业，加快发展油、煤、气深度加工业，大力发展生物、信息等高新技术产业，实现传统农业、传统工业向现代农业、现代工业过渡，努力形成结构合理、效益显著、前景广阔的百业兴旺格局。

建设东部煤电化基地是黑龙江省转变发展方式、加快资源型城市经济转型提出的重大战略举措。推进煤电化基地建设，就是要改变过去单纯依赖资源开发、片面追求资源产品产量的发展方式，实现由以煤炭采掘为主向煤炭深加工为主的转变，实现由以煤炭资源短期规模开发向后备资源控制性长期开发转变，实现由以煤炭产业为主向发展非煤替代产业转变，实现由传统产业向高新技术产业转变。我们不仅要依托煤炭资源发展煤转电、煤转焦、煤转气及向下游延伸的各类产业，还要大力发展非煤产业，积极筹划新的产业项目，特别是科技含量高的现代化企业项目，积极开辟新的发展道路，下大力气解决好产业结构单一问题。既要把煤炭的文章做足，又要跳出资源制约，坚持“两条腿”走路的方针，做到既有利于资源节约，又有利于综合开发和循环利用，加快资源型城市经济转型。大力发展煤炭精深加工，拉长产业链条，努力实现由生产原料和初级产品向生产成品和精深加工转变，促进资源立体开发、循环利用，走循环经济和节约型经济发展道路。只有这样，才能实现黑龙江省东部区域振兴和老工业基地振兴，也才能真正实现经济发展方式的转变。

二、东部煤电化基地的基础条件

（一）东部煤电化基地具有独特的资源和区位优势

该地区自然资源富集。一是煤炭资源极为丰富。全省累计探明煤炭保有储量219.8亿吨，92%分布在鸡西、鹤岗、双鸭山和七台河等地；二是煤炭品种齐全，品质优良。多属低硫低磷煤，具有发展电力、煤化工、冶金、建材原料和生物工程等产业的优势；三是产量高。2007年，东部地区煤炭产量9078万吨，占全省煤炭总产量的90.2%；四是其他矿产资源也很丰富。有石墨、硅线石、石灰石等20多种矿产资源，石墨矿储量和品位均居亚洲首位。

该地区地理位置优越。与俄罗斯毗邻，口岸众多，对俄合作空间广阔，潜力巨大。交通较为便利，形成了包括铁路、公路、水运和航空在内比较完整的交通运输体系。产业基础较好，拥有一批骨干企业和专业技术人员队伍，形成了以甲醇、化肥、焦炭深加工等为主导的产品系列，煤化工产业年销售收入近百亿元。

国家煤化工产业中长期发展规划已将黑龙江省东部煤化工产业区列为全国七大煤化工产业区之一，以能源、煤化工产业为主导的产业集群正在逐步形成。

（二）东部煤电化基地的区域水资源相对丰富

东部地区多年平均年降水量在500~800毫米之间，多年平均年径流深为50~400毫米之间，高于全省平均水平。区域水资源总量约为248.3亿立方米，其中地表水资源量约为201.8亿立方米，地下水资源量约为108.8亿立方米（重复计算量约为62.3亿立方米）。人均水资源占有量2352立方米，高于全国和全省人均占有水资源量。东部地区过境水资源量丰富，约为1930亿立方米。区域分布有黑龙江、乌苏里江、松花江、牡丹江、穆棱河、梧桐河、挠力河、倭肯河等大江大河和兴凯湖、镜泊湖等众多湖泊。建有龙头桥、蛤蟆通、桃山等一批大中型水库。总体上看，东部地区的水资源条件相对较好，水源保障程度相对较高。

（三）面临难得政策机遇

国家颁布的《东北地区振兴规划》把黑龙江省东部地区列为重点支持的能源工业基地、基础原材料产业基地和优质水稻基地；在实施老工业基地振兴战略过程中，国家对区域内国有大中型企业在完善社会保障体系、解决历史遗留问题、企业改造、资源型城市发展接续产业等方面出台了一系列扶持政策。在我国石油需求缺口不断扩大的情况下，国家积极支持煤炭、电力等能源开发，尤其是煤化工产业的发展，这些都为黑龙江省东部煤电化基地建设提供了难得的历史性机遇。

三、存在的主要问题

（一）煤电化基地建设规划在各层面上的论证还不够充分

目前，虽然省里已出台了《黑龙江省东部煤电化基地发展规划》和《黑龙江省东部煤电化基地建设支持政策》，但所列项目较为概念化，对东部煤电化基地建设的总体布局、统筹协调方面论述不多，未能系统地针对各地不同资源特点、产业特点来统筹安排重点项目，并且有关要求和规定也过于宏观、原则。随着煤电化基地建设工作的推进，规划中所列的各地重点项目已经发生很大变化，规划的指导意义正在减弱。同时，由于地方政府对省里总体要求与安排理解不深，对自身定位不清，招商目标不清，存在约束条件不清，在制定发展规划和确定项目时较为盲目，随意性强，至今还不能提出一个全面、系统、科学、可持续的发展建设规划与发展目标。因此，加大煤电化基地前期战略性研究，明确各地重点，合理布局工程，统筹安排项目，是当前最急迫的任务。

（二）地方项目引进门槛低且缺少统筹协调

东部地区各城市，特别是四座煤城，总体来看经济社会较不发达，表现在：一是经济整体素质不高，缺少具有核心竞争力的大型龙头企业；二是高技术产业和现代服务业比重低，以煤为主的产业结构尚未得到根本改变；三是非公有制经济发展不充分，市场化程度低，发展活力不足；四是交通等基础设施建设“瓶颈”制约严重，不能满足区域发展要求。这种落后状况，导致一旦出现发展机遇，就迫不及待地希望能多引进投资，希望能早日开工建设，希望能加快地方经济的发展速度。因此，各地都在四处找投资，多方找项目，地方政府更是明确要求各政府部门不但要创造宽松的投资环境，更要主动为招商企业服务，甚至直接代企业跑各方面的手续。这种状况下，使引进项目的门槛设得很低，甚至有的根本不设门槛。同时，在工程布点上，由于对近期能引进什么项目不明确，以及对远期发展的不确定性，造成引进项目不断变化，建设地点不断变化，用水水源也跟着不断调整；还有些地方未经充分论证，仅考虑交通方便、建设方便，就把项目安排在市区内或市区附近，对这些煤电化企业长远发展可能带来的土地问题、环境问题、供水成本问题等等考虑的不够深入。因此，在项目的布点方面，还需要进一步深入研究、综合规划、统筹安排。

（三）煤电化基地建设未能全面考虑水资源承载能力和水环境承载能力

一是在水资源承载能力方面。根据全省水资源综合规划及三江平原水利综合规划，东部地区水资源总量约为248.3亿立方米，水资源可利用量，也就是水资源承载能力约为131.8亿立方米（国际公认的水资源开发利用良好范围为小于40%，警戒线为60%）。而东部煤电化基地现状用水量已达113.5亿立方米，其所处的安邦河流域、挠力河流域、倭肯河流域、穆棱河流域，现状水资源开发利用率已经超过50%，个别流域已经超过60%。按照全省规划，在考虑尽可能地利用区外调水和过境水资源的情况下，2020年规划水平年东部六市总配置水量为191.1亿立方米（其中，当地水资源113.9亿立方米，客水77.2亿立方米），这样，东部地区的水资源开发利用率约为46%。在2020年总水量中，分配给工业的为19.91亿立方米，其中高耗水行业为4.42亿立方米，较现状增加0.97亿立方米。然而，专家们根据各地市规划情况进行初步估算，仅东部煤电化基地建设项目（主要为高耗水项目），到2020年规划水平年总需水量将达到约12亿立方米（比2020年分配给高耗水行业的4.42亿立方米水量增加了7亿多立方米），年用水增长率达到5%以上。根据现有的规划和资料分析，届时水资源根本无法满足煤电化基地建设的需要，其结果要不就是超过水资源承载能力进行开发，从而对水资源造成一定程度的破坏；要不就是挤占其他用水，引起新的用水矛盾。二是在水环境承载能力方面。从目前的监测结果看，东部地区的松花江、穆棱河、挠力河、倭肯河以及各支流的水质污染比较严重，基本上为Ⅳ类～Ⅴ类；几大煤城的一些支流水质甚至为劣Ⅴ类。地表水的水功能区达标率不足50%，水域的纳污能力有限。短期内上马建设大批高耗水和高污染的煤电化项目，其所排放的污染物，水环境承载能力是否可行，值得认真研究对待。同时，我们知道这一地区密布着七星河、挠力河、安邦河等国家级、省级、县级湿地生态保护区和自然保护区，同时还是国境界河乌苏里江、黑龙江的支流，一旦产生污染事件可能造成重大影响，甚至引起国际争端。

四、东部煤电化基地发展建议

（一）明确发展思路

总体思路是：“稳定煤炭产量，巩固煤电生产，调控焦炭产业，大力发展煤化工产业，增加资源储备，拓展替代产业”。稳定煤炭产量就是要求合理开发和有效保护煤炭资源，对焦煤等稀缺和特殊煤种实行保护性开放，适度加大褐煤开发力度。不过于追求开采量的增加，重点是淘汰落后技术装备与工艺，关停不符合安全、环保要求和浪费资源的小煤矿，加快高产高效矿井建设，提高采收率，从整体上优化产业水平。巩固煤电产业就是优化资源配置，按照煤电一体化的模式，加快大型坑口电站和中心城市大型热电联产等电源与调峰电站项目建设。优先建设高参数、大容量、高效率、节水环保、调峰性能好的超临界或超超临界机组，提升煤电产业整体素质。调控焦炭产业就是要从保护优质煤炭资源以及减少排放出发，控制焦炭产业过快增长，关闭规模小、污染重、技术水平低的焦炭生产企业。引导和推动焦化生产企业开展多种形式的兼并、重组和联合，向生产和利用一体化、经营规模化、资源合理利用化方向发展。大力发展煤化工产业就是要积极利用先进成熟技术，密切跟踪新开发的先进技术，不断提高煤炭资源的利用率，重点发展煤炭气化产业，焦炭深加工，紧密跟踪煤炭液化技术的发展。煤化工产业到2020年力争实现年均20%以上的增长速度。增加资源储备就是要增加煤炭地质勘察投入，重点搞好煤炭资源的详查、精查和生产矿井扩大勘查，为保证煤炭开采的稳定发展奠定基础。拓展替代产业就是要以实现资源型城市转型为目标，积极发展建材、冶金、农副产品加工、林产品加工、机械制造、医药以及现代服务业等非煤产业，逐步降低经济对煤炭资源的依赖程度，实现资源型城市可持续发展。

（二）明确发展的基本原则

（1）坚持高起点规划，建成科学发展的示范区。坚持走新型工业化道路，按照结构优化和产业升级的要求，运用系统工程理论，高起点规划、高标准建设，尽快形成煤电化产业为主导，冶金、新材料、装备制造、生物工程、农产品加工、现代物流和对外贸易等协调发展的产业体系，为黑龙江省加快新型工业化进程提供示范。

（2）坚持高科技引领，确保产业技术的先进性。抢占产业前沿，用先进的科技成果和装备武装煤电化及相关产业，积极推进技术创新，提高自主创新能力，通过信息化手段推动产业新型化。

（3）坚持高强度投入，充分利用土地资源。走集约节约利用土地的路子，提高单位面积土地的投资强度，提高土地资源的利用率。

（4）坚持资源高效率利用，实现资源梯次开发、循环利用。提高市场配置资源程度，延长产业链，延伸产品链，不断提高资源综合利用程度，实现资源高效率利用。

（5）坚持环境保护，提高可持续发展能力。加强生态文明建设，推进节能减排工作，大力发展循环经济，全面推广节能、环保、清洁生产工艺和技术，努力实现清洁发展、安全发展、节约发展和可持续发展。

（6）坚持合作开放，充分利用国际资源和资本。抓住国家支持开展国际合作的良好机遇，合作开发境内外资源和能源。大力改善投资环境，吸引国内外大型企业集团特别是跨国企业参与煤电化基地建设。

（7）坚持推进经济结构调整，实现经济协调增长。大力发展非公有制经济，积极拓展接续产业和替代产业，培育和发展与大项目、大企业配套的中小企业集群，健全经济协调增长机制。

（8）坚持经济发展与城市发展水平同步提高，建设适宜人居的生活环境。加强区域分工协作，搞好产业布局，避免重复建设，提高城市发展档次，增强东部煤电化基地的整体竞争能力。

（三）明确发展目标

煤电化基地的总体建设目标是：以延长煤炭产业链为主攻方向，合理布局，有序发展，高效利用煤炭资源，把东部煤化基地建设成为具有一定影响力和较强竞争力的重要煤电化基地和全省重要经济增长板块，推动全省区域经济实现跨越式发展。

到2010年，东部煤电化基地地区生产总值达到2200亿元，年均增长13%。

煤炭产量稳定在9000万吨，煤炭资源回收率提高到40%，原煤洗选率提高到50%，煤矸石、煤泥等固体废弃物综合利用率达到40%以上。煤矿采掘机械化程度不断提高，大型煤矿采掘机械化程度达到90%，中型煤矿达到80%，小型煤矿达到30%。

电站装机容量达到1223万千瓦，比2007年新增装机容量420万千瓦。

煤化工产业销售收入达到240亿元，年均增长20%。新增主要生产能力：甲醇172万吨，尿素165万吨，煤焦油加工30万吨。

（四）明确产业发展重点

1. 煤炭

（1）资源勘察。增加煤炭地质勘察投入，培育精干高效的煤炭地质勘察队伍，提高勘探装备和技术水平，努力提高煤炭资源拥有程度。依照经批准的煤炭矿业权设置方案，重点搞好煤炭资源的详查、精查和生产矿井扩大（延深）勘查。继续加强东部国家矿区的勘查工作，根据矿区井田划分方案进行勘查区划分，提出勘查规划，提高储量级别。坚持国有重点与地方煤矿勘查并重的方针，在继续加强国有重点煤矿勘查的同时，加大地方煤矿的勘查力度。探索多方投入的商业性地质勘察新机制，实现找矿新突破。加强油页岩资源勘探。重点开展鸡西矿区的邱家、永丰、永庆一区勘探（精查）区、合作详查区，七台河矿区的铁南详查、马场西普查、七峰预查、岚峰区普查，双鸭山矿区的东荣四矿、集贤县升平深部详查、宝清七星河南详查、宝清大和镇预查、东辉详查、方盛普查，以及鹤岗矿区的鹤岗矿区深部预查、萝北延兴普查、绥滨县永祥详查。

（2）煤炭生产。合理开发和有效保护煤炭资源，对焦煤等稀缺和特殊煤种实行保护性开发，加大褐煤开发力度。增加煤炭生产规模和接续产能，淘汰落后技术装备与工艺，加快高产高效矿井建设。通过关键技术引进、技贸结合、合作制造等多种方式，提高煤炭重大技术装备研发和制造能力，促进重大装备制造国产化，大力提高煤矿采掘机械化水平。强化企业、科研机构和各类院校的联合，推动煤炭工业科技进步和技术创新体系建设。加强煤矿安全技术改造，完善煤矿安全系统，改善煤矿安全基础条件，提高煤矿安全生产水平。加大煤矿联合改造力度，提高资源采收率。充分发挥市场机制作用，加快中小型煤矿的整顿、改造和提高，整合煤炭资源，实行集约化开发经营。积极推进中小型煤矿采煤工艺改革和技术改造，规模以上煤矿必须做到壁式正规化开采。继续淘汰布局不合理、不符合安全生产标准、不符合环保要求和浪费资源的小煤矿。坚决取缔违法经营的小煤矿。在全面推行矿产资源有偿使用的基础上，进一步做好煤炭资源有偿使用制度改革试点工作。重点推进鸡西矿区的杏花、东海、合作、永庆一区等项目，鹤岗矿区的新华矿井等项目，双鸭山矿区的东荣二矿、三矿、集贤矿、朝阳露天矿、东荣四矿、顺发矿和七星河南等项目，以及七台河矿区的向阳立井等项目建设。

（3）煤炭加工和综合利用。煤炭洗选。用先进技术和设备改造现有选煤生产工艺，提高煤炭产品的附加值。在主要产煤地建设一批先进选煤厂的同时，在中小型煤矿较集中的地区，建设中央选煤厂，提高原煤入选比重及商品煤质量。动力配煤。在煤炭集散地建设配煤厂，支持现有选煤厂扩建和技术改造，在有条件的选煤厂配套建设配煤厂。水煤浆代油。有条件的地区建设水煤浆代油项目，建设水煤浆厂配套输送设施，开发水煤浆生产和应用大型化过程中的关键技术和设备。煤炭副产品综合利用。按照清洁、高效、充分利用的原则，开展煤矸石、煤泥以及与煤共伴生资源的综合开发与利用。积极支持煤矸石、中煤、煤泥等低热值燃料综合利用项目建设，发展高科技含量、高附加值的煤矸石、粉煤灰综合利用技术和产品。重点建设龙煤集团鹤岗分公司2×5万千瓦煤矸石电厂、龙煤集团鸡西分公司1×13.5万千瓦煤矸石电厂、龙煤集团七台河分公司1×30万千瓦煤矸石电厂、龙煤集团鹤岗分公司热电厂扩建1×20万千瓦煤矸石机组、龙煤集团双鸭山分公司1×30万千瓦煤矸石电厂等项目，支持鹤岗、鸡西、七台河煤矸石空心砖等建材项目建设。

（4）煤层气（瓦斯）开发。坚持井下抽采抽放与地面勘探并举，煤层气开发利用与瓦斯灾害治理并重，加速煤层气资源勘查、开发利用和瓦斯综合治理。在鹤岗、鸡西、七台河等矿区进行煤层气参数井及生产试验井施工，积极推进煤层气商业性开发。完善井下瓦斯抽采抽放系统，提高瓦斯抽采率。加快建设龙煤集团鹤岗分公司瓦斯抽采及民用燃气改扩建、发电的国家级示范项目，龙煤集团鸡西分公司、七台河分公司煤层气发电等项目。

2. **电力**

（1）电源建设。优化资源配置，按照煤电一体化的模式，加快大型坑口电站和中心城市大型热电联产等电源与调峰电站项目建设。在大型坑口电站项目中优先建设褐煤煤电化一体化工程，建设高参数、大容量、高效率、节水环保、调峰性能好的超临界或超超临界机组。根据中心城市发展需要，建设大型城市热电机组，解决城市供热问题。加快可再生能源利用，积极发展风电、水电、生物质发电等项目，优化电源结构。重点推进七台河电厂二期扩建2×60万千瓦、佳木斯热电扩建2×30万千瓦、密山电厂新建2×60万千瓦、鲁能宝清朝阳坑口电厂新建2×60万千瓦、牡丹江二电厂扩建2×30万千瓦、大唐鸡西B厂新建2×30万千瓦热电联产工程、国电双鸭山煤电一体化新建4×100万千瓦、鹤岗电厂三期扩建2×60万千瓦、荒沟抽水蓄能电站新建120万千瓦等一批工程项目建设和前期工作。

（2）电网建设。适应电力体制改革要求，打破市场壁垒，优化资源配置，完善电网体系建设，建立电力统一市场，实施“北电南送”。进一步完善主干网架结构，增加国网覆盖面积。继续抓好农网完善工程，不断提高二次系统技术水平。完善和建设500千伏骨干网架，提高中部与东部电网交换能力，使其他电压等级电网与之协调发展。继续完善电力市场技术支持系统，探索运用市场手段促进资源优化的途径。加强东部500千伏佳绥哈输变电工程建设，在黑龙江省中部建成500千伏四角形受端环网。新建500千伏集贤、鸡西和庆云（七台河）变电站，在黑龙江省东部形成由群林、集贤、方正、庆云、林海、鸡西构成的500千伏“日”字形环网结构，开辟由群林至兴福变输电线路、方正变至永源变输电线路和林海变至平安变（吉林省）输电线路组成的三条外送通道，提高东部煤电化基地的外送能力。研究并启动黑龙江省1000千伏特高压输电工程，建设宝清－桦南－哈尔滨－吉林1000千伏输电工程。220千伏电网以500千伏电网为依托，形成双（或不完全）

环网供电的网络结构。重点推进220千伏前锋、饶河和宝清等一批输变电工程建设，尽早实现220千伏电网向边远地区延伸。

3. **煤化工**

充分发挥黑龙江省东部煤炭资源丰富和产业基础较好的比较优势，大力发展煤化工产业，优化资源配置和煤化工产品结构，积极利用先进成熟技术，密切跟踪新开发的先进技术，不断提高煤炭资源的利用率。培育一批大型煤化工企业，开发一批煤化工产品，打造龙江煤化工品牌，初步形成在国内外具有一定竞争力的煤化工产业集群。

大力发展煤炭气化，采用洁净煤加压气化技术生产合成气，向下游延伸发展形成产业链条。延长煤气化—甲醇—烯烃、煤气化—甲醇—二甲醚、煤气化—合成氨—尿素等产业链，重点建设中煤黑龙江煤炭化工公司的甲醇制烯烃、鹤岗新华煤化工有限公司104万吨尿素和北大荒农垦集团总公司52万吨尿素、鹤岗华鹤煤化股份公司120万吨甲醇和鲁能宝清煤化工等项目。

整合焦油、焦炉气资源，发展焦化深加工。延长煤焦化—焦油及焦炉气、煤焦化—电石及下游产品。适当控制焦炭产业过快增长，关闭规模小、污染重、技术水平低的焦炭生产企业，引导和推动焦化生产企业开展多种形式的重组兼并和联合，向生产和利用一体化、经营规模化、资源合理利用化方向发展，提高产业集中度和竞争力。大力推行焦化行业清洁生产，鼓励符合国家产业政策要求的焦化企业进行干法熄焦、煤气脱硫脱氰、焦炉煤气综合利用等重大节能环保项目建设。发挥焦炭、电力优势，发展电石及深加工产业。

紧密跟踪煤炭液化技术的发展，继续做好煤炭液化项目前期工作。加强油页岩开发利用，推进油页岩生产粗柴油项目建设。

4. 积极发展新材料工业、冶金工业、农产品加工业、林木产品加工业、装备制造业、生物产业和现代服务业等替代产业

新材料工业。坚持高起点发展与加快高技术改造传统产业并重，建设新型材料基地，重点发展新型化工材料、非金属工程材料等技术和产品。改造提升水泥、制砖等传统产业，淘汰落后工艺设备，推进节能降耗，推广新型干法水泥生产工艺技术，发展以煤矸石、粉煤灰及钢铁的高炉水渣、转炉钢渣为主要原料的新型墙体材料生产技术。发展非金属矿优势矿种精深加工，搞好石墨、硅线石及石材深加工制品的开发和应用。推进佳木斯3万吨海绵钛及钛合金产业园区建设，加快建设佳木斯鸿基水泥、鸡西100万吨特种水泥等项目。

冶金工业。以市场为导向，调整产品结构，增加技术含量，促进产品升级换代。积极利用俄罗斯铁矿石资源，建设高附加值钢铁项目。支持建龙集团做大做强，形成100万吨铁精粉、200万吨钢的综合生产能力，加快推进100万吨无缝钢管和10万吨铸造加工项目建设。建设鸡西北方制钢公司300万吨钢升级配套工程。推进100万吨电解铝、七台河市200万吨中宽带钢等项目前期工作。

农产品加工业。发挥区域生态优势和资源优势，采用先进适用技术和高新技术，加快食品工业产业升级步伐，提高农副产品转化程度和精深加工比重及农副产品综合利用水平，实现规模化生产经营，健全以绿色特色食品为主导的新型食品工业集群。重点建设益海米业100万吨水稻深加工二期工程、萝北兴泽集团年处理100万吨玉米等项目。

林木产品加工业。积极吸引国内外资金，培育一批拥有先进生产工艺和先进技术装备、专业配套协作的龙头企业，加快技术改造和新产品，推进林板、林纸一体化进程，扩大人造纸和造纸生产能力，延伸发展家具等木材精深加工，形成以人造板、造纸、家具为主的林木加工产业集群。重点推进佳木斯100万吨纸浆、汤原纸业15万吨高档纸和世茂集团纸浆、原纸及林权转让等项目建设。

装备制造业。增强自主开发和创新能力，围绕煤、电、化、冶金、材料、农产品加工等项目，打造具有核心技术的新型专用装备制造业产业集群。依托佳木斯煤机公司和鸡西煤机公司，开发生产全断面、大功率隧道掘进机、圆形巷道掘进机、大功率电牵引高产高效采煤机、刨煤机，重点开发500万吨/年级和1000万吨/年级大功率采煤机和重型掘进机等大型高产煤矿井下综合采掘设备，实现大型采煤、掘进机械本地化生产，提高市场占有规模。发展高压超高压电缆，加快推进黑龙江沃尔德电缆超高压电缆项目建设。

生物产业。加快以生物制药为主的生物产业发展，开发基因工程药物和新生物制剂，加快动植物转基因技术、生物环保技术、新型天然药物的研究及产业化开发，形成一批市场前景好的产品。加快复合型生物絮凝剂项目等项目建设。

现代服务业。适应提升煤电化基地产业竞争力的需要，强化现代服务业的支撑作用，以现代服务业发展促进煤电化基地建设，以煤电化基地建设带动现代服务业发展，形成协同发展的良好格局。重点培育现代物流、科技研发、金融保险、信息服务、商务服务和为农服务等六大生产性服务业。构筑以中心城市为平台的研发设计中心和技术交易中心；建设机械加工、煤化工等行业信息技术服务平台，建设对俄贸易中心和物流枢纽。大力发展旅游业。

五、东部煤电化基地发展的对策建议

（一）加强统筹协调

建立由省直属有关部门、牡丹江市、佳木斯市、鸡西市、七台河市、双鸭山市、鹤岗市和龙煤集团参加的东部煤电化基地建设联席会议制度，逐步形成协调和促进煤电化基地建设的合作机制，发挥政府规划引导和政策导向作用，重点强化制度创新，推进各类资源更大范围、更高层次的整合，研究解决开发建设中的有关问题。

（二）强化节能减排工作

严格执行国家产业政策，以提高煤炭资源利用效率为核心，研究煤电化基地节能减排指标体系和煤电、煤化工项目节能方案。鼓励和支持有利于节约资源、保护环境、促进产业结构优化升级的关键技术、装备及产品开发，坚决取缔污染环境、浪费资源、质量低劣、安全无保证的小煤炭、小焦炭、小水泥、小冶金等企业。

（三）加强项目培育、储备，积极开展招商引资

加大煤电化基地重点建设项目前期工作力度，加大项目前期资金支持力度，落实项目主体，完善法人结构，协调做好土地、环保等前期工作。加强重点建设项目库建设，做到“建设一批、储备一批、谋划一批”。积极面向国际国内招商引资，打造出东部煤电化基地品牌，培育和引进一批技术含量高、市场潜力大、带动力强的煤化工项目。积极引进配套加工和配套服务项目。

（四）拓展融资渠道，多方筹措建设资金

培育资本市场，拓展直接融资渠道。研究设立产业投资基金。发挥政府征信优势和协调功能，加强与国家开发银行等政策性银行、国有及国有控股银行和股份制银行的沟通与合作，为东部煤电化基地建设提供金融支持。建立完善中小企业担保和风险投资机制，广泛吸收各种资金和民间资本参与东部煤电化基地建设。

（五）建立完善人才支撑体系

东部煤电化基地建设需要大量的中高层管理和专业技术、技能等人才。进一步加强与省内外高校和科研院所的合作，发挥好高校科技创新源、人才库作用，为基地发展提供科技和人才支撑。积极鼓励和支持煤电化基地企业与相关高校及科研机构合作共建研发平台、研发基地，直接为企业提供和孵化科技成果，培养研发和经营管理人才。广泛吸引海内外科技人才、企业经营管理人才和各类专业技术人才来东部煤电化基地创业。挖掘区域内产业技术工人潜力，健全区域性职业技术培训网络，加快建设高素质技术工人队伍。

（课题负责人：韩立华，课题组成员：丁宇航、邵正光、廉广德、高伟、原世振）

建设创新体系，加快江苏省经济发展方式转变

江苏省发展改革委学术委员会课题组

从党的十四届五中全会提出转变经济增长方式，到十七大提出转变经济发展方式，这是我国根据经济发展实际提出的重大战略决策。对于如何实现经济发展方式的加快转变，十七大报告从提高自主创新能力、推动产业结构优化升级、统筹城乡发展、加强能源资源节约和生态环境保护、推动区域协调发展、提高开放型经济水平等方面作了具体部署，这也是江苏省经济发展新阶段面临的新任务。

多年来，江苏省委、省政府在转变经济发展方式，推动经济社会又好又快发展方面做出了不少创新，全省经济形势总体上呈现出“增长平稳较快、结构不断优化、效益持续提升、民生继续改善”的特征。作为东部发达地区，江苏省的发展速度长期以来一直高于全国平均水平，2007 年 GDP 增长速度为 14.9%，高于全国 3 个百分点。江苏省以占全国 1.1% 的土地（10.26 万平方公里），养活了占全国 5.8% 的人口（7624.5 万），实现了占全国 10.3% 的经济总量（25741.15 亿元）。但同时也要清醒地看到，江苏省经济发展仍主要依靠大量消耗资源来实现，而本省后备资源不足，88% 的煤炭和 90% 的原油需从省外调入或国外进口。江苏省环境容量也已十分有限，尤其是苏南地区环境容量已经达到饱和。江苏省智力资源流失严重，江苏毕业的研究生，75% 左右流向外省，而国内人才流向上海占 32% ~37%，北京占 29% ~33%，广东占 20% ~23%，浙江占 6% ~7%，流向江苏只有 5% ~6%，列全国第五位，且与前三位差距较大。资源环境紧张以及创新能力不足等已成为江苏保持在全国领先地位，实现可持续发展的现实约束。面对当前国内外经济环境趋紧的新形势，江苏迫切需要推动经济发展由“投资驱

动”向“创新驱动”转变，通过转变发展方式来提高发展的质量和效益。江苏省应把建设创新体系，提高创新能力作为推进结构调整、实现经济发展方式转变的中心环节，激发和重组新的发展动力，这既是江苏构建率先发展新优势的紧迫需要，也是江苏经济扬长避短、破解约束的现实途径，更是江苏面向未来的战略抉择。

一、江苏经济发展面临的新形势

（一）资源环境成为江苏经济社会发展的双重约束

在投资驱动型经济发展方式下，江苏经济保持了多年的高速增长。目前，传统增长方式的负面效应已逐步显现。江苏是工业大省，又是资源小省，人口密度全国最高，人均资源全国最少，单位面积的污染负荷全国最高。根据《中国碳平衡交易框架研究[①]》，碳排放空间已经成为一种稀缺资源。江苏省二氧化碳排放量位居全国第五，而对二氧化碳的吸收和处理能力却在全国位列第二十五位，这必将挤占本土战略产业未来的发展空间。由于重化工业依然保持着较快的增长速度，造纸、冶金、火力发电等高能耗、重污染行业仍占很大比重，结构性污染问题没有得到根本解决，实现资源消耗进一步下降和污染物排放减少难度较大。江苏省环境容量已十分有限，尤其是苏南地区环境容量已经达到饱和，以现有的环境承载力支持传统的发展方式已难以为继，经济发展方式和产业结构面临着痛苦的硬转换。

（二）创新要素在经济发展中的推动力不断增强

根据钱纳里对经济总量与经济发展阶段的研究，人均GDP5000美元是工业化从中级阶段向高级阶段跃升的分界区，产

① 中国碳平衡交易框架研究实际上是将碳排放空间作为一种稀缺资源，碳吸收能力作为一种收益手段，利用中国区域间碳排放和碳吸收量的差异，通过交换形式，形成合理的交易价格，使生态服务从无偿走向有偿。

业结构呈现出明显的高级化趋势，消费结构加速向发展型、享受型升级。2007年，江苏人均GDP突破4000美元，达到4430美元，随着工业化、城市化和经济国际化的推进，经济总量快速积聚增长，已经逼近向工业化高级阶段迈进的拐点。苏南地区2007年的人均GDP达到了54938元，远远超出5000美元的临界点，已经率先进入工业化的高级阶段。江苏经济发展正处于投资驱动向创新驱动的跨越时期，资本要素和创新要素共同推动，创新要素在经济发展中的推动力在不断增强。

（三）国内外经济环境趋紧对创新发展提出了新要求

受美国金融危机影响，江苏经济发展也面临严峻的挑战和考验。2008年，尤其是下半年以来，江苏经济运行出现了许多值得注意的新情况新问题，主要是工业和出口增幅明显回落，部分企业生产经营更加困难，生产要素供需矛盾更为突出等。江苏是制造业大省，经济危机对全省经济运行的影响正按“消费工业—材料工业—装备工业—新兴工业”路径传导扩散。最先受影响的是消费工业，比如纺织业，江苏省前三季度增速递减，全行业利税减少8.3%。最近，材料工业又被波及，铜材价格从每吨6万元降到4万元，本来每吨6500元的钢铁降至3000多元，化工产品平均降幅超过30%。装备工业中，汽车、船舶产能萎缩明显，预定到2010年的船舶订单，不少无法履行，出现订货商“撤单”现象。经济形势的变化将迫使企业转变模式，而直面风险，化解困难，江苏的企业家们一致认为“要靠创新”。提高创新能力是转变经济发展方式最关键的举措，也是应对各种经济风险和挑战最有效的办法。今年以来的情况充分表明，企业在国内外经济环境趋紧的形势下，优者更强、劣者更弱，两极分化、优胜劣汰的现象尤为明显。凡是拥有自主知识产权和自有品牌的不仅没有受到影响，而且赢得了发展的新机遇；反之，则步履维艰甚至难以为继。

二、江苏经济发展方式的基本特征

近年来，江苏省委、省政府坚持以科学发展观统领全局，围绕“全面达小康，建设新江苏”的奋斗目标，坚持率先发展、科学发展、和谐发展，全省经济形势总体上保持了又好又快的发展势头。2007年，全省GDP突破2.5万亿元，达到25741.15亿元，位列全国各省区第三位；城镇居民人均可支配收入16378元，在全国排位由第六位上升到第五位；农民人均纯收入6561元，在全国排位第五位。从江苏经济发展的总体态势看，全省经济发展正处于工业化转型、城市化加速、国际化提升、市场化完善和社会主义新农村全面建设的关键阶段。但在深入推进改革开放，落实科学发展观的过程中，面对全球经济一体化加速和当前金融危机的影响，江苏长期以来“两头在外”的生产模式承受了很大的压力，江苏必须通过转变经济发展方式来适应新形势的变化。

（一）消费对经济增长的拉动作用不明显

作为市场经济条件下拉动经济发展的消费、投资、出口，在江苏对经济的拉动作用力占比为44.23:41.44:14.34。发达国家和发达地区目前消费拉动一般要达到70%左右，而江苏消费力对经济发展的作用只有44.23%，消费对经济的拉动作用不明显。因为消费力不强，为消费服务的第三产业发展也受到一定的影响。近年来，虽然江苏服务业增加值总量一直位列全国第二，但2007年全省第三产业占地区生产总值的比重仅为37.4%，分别比上海、广东、浙江和福建低14.9、4.9、3.0和2.1个百分点，与发达国家70%左右的水平相比差距更大，甚至低于一些中低收入国家50%左右的水平。

（二）经济发展仍主要依靠大量消耗资源来实现

江苏是一个面积小、人口多、自然资源贫乏的省份，经过近

30年的大发展，目前处于工业化转型、城市化加速、国际化提升、市场化完善和新农村全面建设的关键阶段，必然大大增加对资源、能源的需求，增加对土地、煤炭、石油等不可再生资源的消耗。目前，江苏省88%的煤炭和90%的石油需要从省外或其他地区调入，经济发展仍主要依靠大量消耗物质资源、土地资源和劳动力资源来实现。江苏已到了从过度依赖资金、自然资源和环境投入，以量的扩张实现增长，逐步转向更多依靠提高劳动者素质和技术进步，以提高效率获取经济增长的发展时期。

（三）经济外向度高

江苏经济外向度较高，外贸依存度达104%，其中出口依存度达60.6%。2007年，全省进出口总额3497亿美元，其中出口2037亿美元，分别增长23.1%和27%。实际外商直接投资219亿美元，增长25.6%，占全国的1/4强，连续五年保持全国第一。截至2007年底，全省累计实际外商直接投资1423亿美元，占全国总量的近1/5。外商投资是江苏经济发展的特点和优势，但是外贸依存度高也会带来经济发展不确定性的增加，而且江苏外资过去很长时间主要投向制造业，助长了江苏制造业比重的提升，加剧了江苏经济结构的相对低度化。

（四）自主创新能力仍然不足

江苏制造业发达众人皆知，但自主创新能力仍然不足。一是科技投入总量不足，2007年研究与试验发展经费活动支出（R&D）430亿元，占GDP的比重为1.7%，绝对值不少，但远低于2003年美国、韩国、日本2.6%、2.6%、3.2%的水平；二是关键技术自主研发比例不高，对外技术依存度较高，达60%至70%之间，高出全国平均水平10多个百分点；三是企业技术创新内生动力不足，研发能力不强，全省20000多家规模以上企业中只有1/4左右企业设立科技研发机构，1/3左右企业开展研发活动。

三、江苏转变经济发展方式的思路

在提高发展质量、效益的内在要求和经济形势趋紧的外在压力下，江苏经济发展方式要实现由“投资驱动型”向“创新驱动型”转变，就要十分重视创新体系的建设，提高创新能力。

创新体系包括体制机制创新、科技创新以及载体创新等一系列创新要素。创新体系由于自身的全面性和系统性，能够对提升区域综合创新能力产生很好的效果。而在相当长的一段时间内，创新体系的组成要素处于各自为政、被动和封锁状态，没有真正的联系互动起来，形成一个网络体系。

创新体系建设要在重点突出的基础上，加强各系统之间的联系。要以增强企业技术创新能力为核心，以体制机制创新与环境建设为保障，以加强各类创新主体建设为重点，开放性集成配置创新资源，统筹体制机制创新、技术创新和载体创新的协调发展，全面推进区域创新体系建设。

四、建设创新体系，加快江苏经济发展方式转变

（一）深化体制机制创新

体制机制创新可以对一个国家和区域的发展产生持久的、深远的推动，并能使资源和技术进行更有效的配置，产生尽可能大的效益。现阶段，体制机制创新最重要的仍是政府职能转变，处理好政府和市场的关系。通过转变政府职能，将政府主导的经济增长模式转换为政府调控、市场主导、企业创造的经济发展模式，这是实现发展方式转变的必然要求。

1. 加快完善社会主义市场经济体制

加快完善社会主义市场经济体制，充分发挥市场配置资源的基础性作用，这是科学发展的内在要求，是转型发展的客观趋势，是

加快政府职能转变的重要途径，也是强化区域发展动力的必然选择。

加快完善社会主义市场经济体制，就要充分发挥市场配置资源的基础性作用，这就要求政府进一步转变职能，加大机构整合力度，探索实行职能有机统一的大部门体制，健全部门间协调配合机制，着力解决机构重叠、职责交叉、政出多门等问题。进一步推动政企分开、政资分开、政事分开、政府与市场中介组织分开，最大限度地减少政府对微观经济运行的干预，充分发挥市场对资本和资源的配置功能，提高劳动生产率和经济效益，从管制型政府转变为服务型政府。

在充分发挥市场机制作用的同时，还要加强和改善宏观调控，二者是建立社会主义市场经济体制的基本要求和重要内容。二者是统一的，不能把它们割裂开来，对立起来。既要充分发挥市场的积极作用，使经济活动遵循价格规律，适应供求变化，体现竞争原则，又要努力加强和完善宏观调控，克服市场自身存在的某些缺陷，促进经济总量平稳和结构优化，保持国民经济持续快速健康发展。实践证明，微观经济越是放开，市场化的进程越是加快，就越是要求宏观调控更加有力和灵活有效，越要求必要的集中和相应的手段。我国的市场经济是同社会主义基本制度结合在一起的，既可以发挥市场的优势，又可以发挥社会主义制度的优越性，在处理市场机制和宏观调控关系方面，可以也应该做得更有效。

2. 构建权责一致、城乡一体的经济社会管理体制

以加快城市化为抓手，加快建立城乡区域统筹发展体制。城乡统筹发展是区域现代化的题中之意，实现城乡统筹，重点在农村，根本出路在于深化农村综合体制改革。以深化改革为抓手，充分调动蕴含在农村内部的巨大活力，增强城乡一体化的内在动力；以优化区域布局为重点，加大镇村合并、撤村建居力度，做强做大新型卫星城市和新市镇，扩大乡镇资源优化配置的规模范围，优化生产力布局，加速区域城市化进程；加快土地承包权、宅基地使用权流转，鼓励引导农民以土地承包经营权互换城镇社会保障、以农村住宅互换城镇住房，推动土地承包经营权成片流转和农户向城镇集中；以城市管理重心下移为重点，深化城市管理体制改革，按照责权对等、分级负责的原则，创新城市管理理念，调整下放城市管理的事权、财权和人权，进一步完善城市管理体系。

以深化管办分离为方向，着力构建城乡社会事业联动发展体制。管办分离的宗旨就是政府管理好公共服务，资产管理单位按企业化理念经营好受托资产经营。按照整体深化改革、城乡统筹发展要求，一方面要继续深化单位的运作机制改革，推进单位岗位管理改革，建立健全以理事会制度为架构的法人治理结构，更多地运用市场机制，增强资产经营力和行业发展力；另一方面要扩大政府公共服务功能，拓展服务领域。重点推进农村社会事业的改革与发展，建设与江苏省经济社会发展水平相适应的城乡衔接、管理规范的社会保障体系。

以市场化改革为方向，大力创新城乡资源经营体制。资源变资本、资本变资产，关键在于经营市场化、主体企业化、资源商品化。充分发挥资源优势，必须引入市场化机制，创新资源经营管理新机制。要着力深化国有企业经营管理体制改革，完善法人治理结构，减少管理层级，突出核心主业，调整投资领域。着力推进环境资源体制改革，建立和完善区域环境资源补偿制度，推行排污许可证有偿使用和交易制度。积极探索资源使用权、排污权交易等市场化补偿模式，引导社会各方参与环境保护和生态建设。要探索创新农村资源的合理配置机制，以重建农村社区成员集体所有制为重点，加快农村集体资产管理，明晰资产归属，量化具体所有，大力鼓励农民以物权、土地承包经营权等入股投资新型乡镇企业和社区合作经济组织，进一步拓展农村经济的实现形式和农民的财产组织方式，提高农村资源的市场化程度。

3. 继续推行“强县扩权”，深化行政体制与机制改革

长期以来，在原有的行政管理体制下，地市级政府掌握了大量经济社会管理的权力，县级政府自主权过小，不利于县级政府因地制宜履行职能，阻碍了县域经济社会的发展。一些经济实力较弱的地级市，存在着“小马拉大车”的现象，其辐射、带动作用弱，在经济社会发展和体制创新等方面，与所属经济实力较强县之间存在许多矛盾，束缚了县域经济的发展。管理层次过多造成行政成本高昂，行政效率低下，有些地级市为了加快城市化发展，依靠行政权力，将财权上收，事权下移，这成为造成县乡财政困难、城乡差距不断扩大的原因之一。

江苏是推行“强县扩权”改革的试点省份之一。“强县扩权”是在现行政府架构下对行政管理体制和财政体制进行的调整，其实质是缩小地市级政府对所属县的管理权，扩大县级政府的自主权，减少管理层次，提高行政效率，促进县域经济发展。

推行“强县扩权”改革，要切实转变政府职能，减少行政审批和政府干预，构建公共服务型政府；要调整机构设置，努力解决“条条”与“块块”的矛盾。在条件允许的地方，调整机构设置，协调税收、工商、土地等部门与县级政府的关系，缓解行政权力条块分割对县域经济社会发展的负面影响；要逐步确立以财产税为主体的县级地方税体系，改革转移支付制度，切实增加县乡财政收入。

（二）加快科技创新步伐

江苏所处的发展阶段和特殊的省情特点，决定了必须把解放和发展科技生产力作为推进经济发展方式转变的基本路径，把建设创新型省份作为决定江苏未来命运的战略决策。“十一五”期间，初步建立科技自主创新体系，实现全社会研发投入占地区生产总值的比例提高到2%以上，企业研发投入占全社会研发投入的比重提高到75%左右。专利授权量达到3万件以上，专利总量居全国前列。高新技术产业产值占规模以上工业产值的比例达到30%左右，实现“江苏加工”经“江苏制造”向“江苏创造”的跨越。

1. 走以应用开发为特点的自主创新之路

江苏的自主科技创新，要在整个国家创新体系中找准定位，明确分工，以应用技术的自主研发和先进技术的自主应用为重点，以引进消化吸收再创新为主要渠道之一，带动原始创新和集成创新，走一条以应用开发为特色的科技发展道路。

集中力量在应用领域实现重点突破。把握科技发展的战略前沿，紧贴经济社会发展的紧迫需求，按照有所为、有所不为的原则，在江苏省产业有基础、技术有优势和事关长远发展的若干重点应用领域，如电子信息、现代装备制造、新材料、生物医药、新能源、节能环保领域等，加强力量集成，开展联合攻关，突破关键技术和共性技术，力争拥有更多的自主知识产权和自有品牌，提高产业的核心竞争力，破解经济社会发展的技术瓶颈。

加快构建以企业为主体、产学研紧密结合的区域科技创新体系。江苏科技创新的重点在应用领域，而投入和应用的主体在企业。通过政府科技投入重点向企业倾斜，从竞争机制和利益纽带上，促进高校、科研院所向应用研发转型，同企业结盟，让企业介入研发和应用全过程并主导整个创新活动，逐步引导和促进企业真正成为研发投入的主体、自主创新的主体和成果应用的主体。

充分发挥江苏引进消化吸收再创新的特殊优势。过去江苏的发展尤其是与发达国家技术差距的缩小，首先归功于对外开放，得益于技术引进。今后江苏要走新型工业化道路，仍然必须借力于国际化。把引进的重心真正转移到消化吸收再创新上来，抓住发达国家产业资本和技术溢出带来的新机遇，引进技术进行改造型再创新，引进产品进行工艺型再创新，引进人才进行发明型再创新，把江苏的开放优势转化成创新优势。更加注重引进跨国公司的研发机构，开展国际研发合作，提高我方在中外合资合作中的技术参与度，提高消化吸收再创新的组织化程度，提高再创新投资在技术投资中的比重。

2. 解放和发展科技创新创业的人才队伍

解放科技人才。通过政策调整和激励措施，让有能力的高校师生向往创业，带着科技成果独立创业，与企业家合作创业。给予出来创业的人才在实际收益上高于在校做学问的待遇，以技术入股和管理入股拴心留人，用高薪和重奖使有创业能力的人走出学术研究的象牙塔，投身创新创业的主战场。

制定人才培养计划。制定优惠条件面向全国、面向海外，延揽国际化优秀人才，重点引进善于组织研发和成果转化的科技企业家，站在国际国内科技发展前沿的学科或技术带头人，拥有科研成果、研发能力较强的海归派。按照创新创业的需要确立教育理念，创新教育模式，调整高等教育、职业教育的学科和课程设置，多种渠道培育应用型人才。争取到2010年，全省各类人才数量增长将实现翻番，其中，全省工程技术人才总量达到65万人，高技能人才总量达到60万人，农村基层人才总量达到32万人。先进制造业、现代服务业、现代高效农业的中高层次、高技能人才实现“倍增”目标。非公有制经济组织人才数量将占人才总量64%左右。各类人才占经济活动人口的比例提高到15%左右，从事研究和开发的工程技术人才总量占经济活动人口的比例提高到12%左右，具有研究生学历或高级专业技术职务的高层次人才占经济活动人口的比例提高到8%左右，高技能人才占技能人才总数的比例提高到30%左右，其中技师、高级技师不低于5%。

为科技创新创业提供更加灵活、更加宽松的政策环境。围绕推进自主创新和科技创业，出台相关政策，加大扶持力度。公共投资的重点要支持应用研发，激励政策要向科技人才聚焦，成果转化资金要集中用于项目的产业化，信贷、税收、进出口、政府采购等方面的扶持政策，促进企业主体地位的形成和巩固，促进产学研的结合和共赢。加强自主知识产权和自主品牌的保护，抓紧建立相应的法规条例，加大执法检查的力度。优化创新创业的政策环境，实施严格的问责机制。加强对科技创新创业工作的考核，以创新成果的多少、企业发展的成效、人才聚集的程度论政绩、排位次、定奖惩。加大科技项目的推进力度，对政府委托、支持的重大创新活动实行项目化推进。

3. 将创新体系和生态体系建设相结合

江苏省生态环境和生态容量决定了全省在建设创新体系过程中必须要与生态体系建设相结合，融为一体，通过创新要素在经济、社会、环境、体制四维空间中的体现来推动生态导向性的绿色创新体系，最终以生态省建设目标来检验全面达小康、建设新江苏的发展方式转变（见图1、图2）。

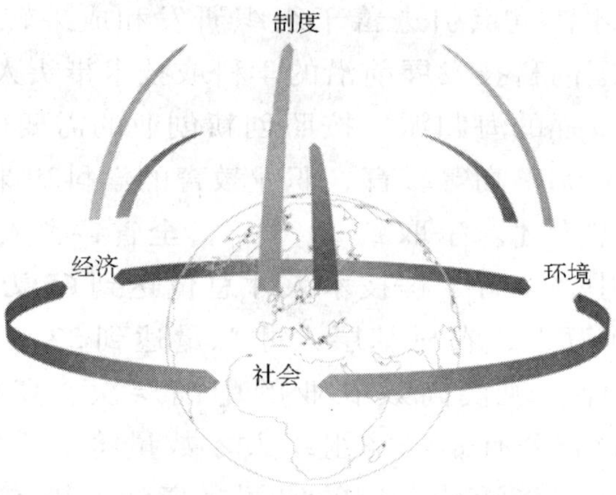

图 1 四维生态建设模型图

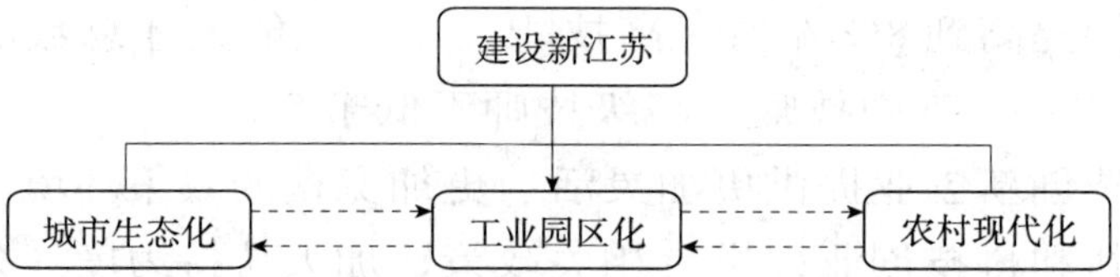

图 2 建设新江苏实施途径示意图

注：城市生态化包括生态经济、生态环境和生态社会。工业园区化包括：四个集约（土地集约、资本集约、技术集约、三废处理），三个集聚（产业集聚、人才集聚、服务业集聚）。

数量经济学认为，创新的最终表现是全要素生产力的提高。而在江苏省经济发展过程中，创新体系和生态体系却没有得到有机结合，导致经济发展与生态建设没有得到协调发展。在谈到经济发展创新时就是如何提高劳动生产率、GDP 与提高科技水平，很少提到生态，而常常是孤立地谈环境治理、减排、水污染等保护。如江苏省经过 3 年努力编制的《江苏生态省规划》，以及江苏省宏观经济研究院和联合国教科文组织、荷兰北布拉邦省、欧洲生态协会合作编制的《江苏生态省建设实施途径》①，都是从全球的视野来审

① 该课题荣获 2006 年度国家发改委优秀研究成果奖二等奖。

视和编制的，其中大量的创新要素未能在江苏生态省建设过程中发挥应有的作用，未能真正成为江苏省科学与可持续发展的动力。

将社会发展创新体系和生态体系建设相结合，还要以生态导向引导全社会的行为方式创新。国家推行的消费市场“限塑”活动，就体现了创新生活方式的生态建设理念。目前，要大力推进废弃物回收制度，在发展生态城市进程中建立“静脉产业”，进而建立全社会的生态效益认证体系和自愿协议式环境管理，实现全生命周期、自下而上地推动环境保护与生态化进程。

4. 建设多元化科技投入渠道

建设多元化科技投入渠道不仅要增加科技创新投入，更要注意投入结构的合理性，应从三方面入手形成多元化投入局面。一是推动企业投入。企业为逐利而创新、而投入，是自主创新的主体，也理应是投入的主体。政府推动起到的是“杠杆效应”，体现为实施税收激励、政府采购等政策。二是增加政府投入。政府直接拨付的资金要发挥“四两拨千斤”的作用，真正“把钱用到刀刃上”，重点增加产业技术研发和转化环节的资金投入。三是鼓励社会投入。加快建立比较完善的创业投资风险机制，形成国家资金为引导、社会资本参与的多元化风险投资体系。政府可成立科技风险补偿基金，国有资产公司也可牵头成立融资担保基金、创新基金管理公司等，使之成为促进科技创新的“润滑油”。作为在创业投资方面走在江苏省前列的苏州市，已经基本形成了以政府扶持的创业投资公司为主，以政府培育的科技孵化器为辅的创业投资环境，有效地促进了苏州市创业企业，特别是民营高科技企业的发展。南通市采取政府资金以优先股方式参与引导的模式，既发挥了政府资金的引导作用，又保证了资金的安全，均取得了很好的效果。

（三）推进创新载体建设

创新载体，是具有比较完备的组织形式，能够研制、开发科技成果，或有一定获取、传播和应用科技成果的能力和条件，促进科技转化为现实生产力的各类组织或实体。根据这些组织或实体在推进创新过程中所承担的不同任务和发挥的不同作用，我们将创新载体分为研究开发载体、成果转化载体和创新创业服务载体三种形式，以研究开发载体为基础，以成果转化载体为纽带，以创新创业服务载体为目标，三者相互衔接、紧密结合、协同发展。

1. **建设研究开发载体**

建设研究开发载体，重点是加强科技创业服务中心、大学科技园、软件园、留学生创业园等孵化器建设，进一步完善创业流程服务、创业辅导培训、技术转移与产权交易、创业投资等科技创业服务功能，推进孵化器向专业化、多元化、网络化和国际化方向发展，降低创业者的创业风险和创业成本，提高创业成功率，力争使科技人员只要带着有市场需求的成果来，就能圆创业梦，使孵化器成为催生科技企业的“温室”和培育科技企业家的摇篮。

2. **建设创新创业服务载体**

建设创新创业服务载体，重点要创新开发园区发展模式，进一步推动开发园区整合资源、强化特色、聚集产业、突出创新、集约发展。有条件的开发园区特别是苏南的开发园区要更加注重引进创新创业人才、引进科技创新成果，建设创新型园区，努力在更高起点上推进开发区发展，并在开发区建立科技创新示范基地。江苏目前在南京、苏州、无锡、常州设立4个国家级高新技术产业开发区，区内创业中心、创新平台、孵化器、风险投资公司等的发展有一定基础，自主创新的环境良好，优势明显，潜力巨大。今后，应该在4个开发区大力发展各种创新机构，率先建立自主创新示范基地，努力把这些基地建设成为集约开发的示范、自主创新的示范、集聚人才的示范和机制创新的示范，增强各类开发园区的创新功能。

3. **建设成果转化载体**

建设成果转化载体，重点是要建立活跃的科技成果交易市场。产学研不能很好地结合，科技成果不能及时地转化，直接阻碍了江苏科教优势向竞争力优势的转化。要解决这个问题，核心是推进科技成果与市场的结合以及科技成果产业化，从市场和服务两个方面推动成果转化。一是加快科技成果市场化步伐。由各级政府科技部门牵头，建立有形的科技成果交易市场。所有省内科技成果，在正常评审验收的基础上，鼓励进入交易市场挂牌交易，同时欢迎省外科技成果进入市场。建立成果入市标准、企业咨询、洽谈、合作机制，推动科研成果与产业部门对接。二是设立科技成果转化专项资金。为了推进具有自主知识产权的重大科技成果向规模产业转化，江苏省政府于2004年设立了科技成果转化专项资金，并专门成立了专项资金管理协调小组，研究制定相关政策措施。2004年至2008年，累计支持项目407个，其中省级财政部门拨款46.4亿元，带动社会投资近500亿元。三是健全科技创新中介服务。发展专业化的科技中介服务，如技术评估、专利代理、法律咨询等，推动科技成果的交易和转化。

（课题负责人：顾为东，课题组成员：方敏、周莉雅、周志莹）

浙江中小企业发展方式转变问题研究

浙江省发展改革委学术委员会课题组

中小企业作为浙江省经济的主体，是浙江省经济内生增长的基石。经过改革30年的发展，全省中小企业数量迅速增加，素质不断提高，活力明显增强，发展水平上了一个新的台阶。但今年以来随着国际金融危机的深化和世界经济危机的不断加剧，浙江省的中小企业发展面临前所未有的压力，暴露出其发展方式上存在的问题，但国内外新形势也为推动中小企业转型提升，转变发展方式提供了新的历史机遇。

一、面临的形势：浙江省中小企业进入提升素质的发展阶段，在前所未有的压力和困难下，新一轮行业洗牌已经开始

（一）综合实力不断增强，进入提升素质的发展阶段

1. 中小企业是浙江省经济又好又快发展的重要因素，在繁荣经济、增加就业、推动创新、催生产业方面发挥了巨大作用，是浙江省争创发展新优势的重要源泉

改革开放以来，浙江中小企业迅速成长，成为浙江经济内生性增长的基石，在市场机制和政府支持的共同作用下，中小企业数量迅速增加，素质不断提高，活力明显增强，发展上了一个新的台阶（见表1）。

表1 浙江省规模以上中小企业主要经济指标

年份	总产值				税收		出口交货值		就业	
	产值（万亿）	比重*（%）	工业增加值（亿元）	比重（%）	总额（亿元）	比重（%）	总额（亿元）	比重（%）	总数（万人）	就业贡献率（%）
2005	1.91	86.8	4083.4	88.5	705.6	73.6	5819.5	90.7	608.2	47
2006	2.45	84.4	5132	85.6	871.7	72.8	6483	85	660.4	46.4
2007	2.95	81.1	6307.1	83.3	1020.19	82.91	7490.6	81.6	712.9	–

注：* 比重指标是指规模以上中小企业工业总产值占全部规模以上工业企业总产值的比重。

2. 浙江省中小企业综合竞争力正在不断提高，产业规模、技术装备、空间布局正在发生深刻变革

一是经过市场竞争、资本积累、兼并扩张，浙江省逐步形成大中小规模企业良性竞争，小企业数量众多、中型企业活力四射、大型企业资本雄厚的组织结构。二是良好的市场机制衍生了一批“专、精、特、新”的中小企业，成为行业的领军者，提升了浙江省中小企业的整体活力和竞争力，在全国500家最具成长性中小企业中，浙江占据105席，总量居全国之最。三是通过专业分工，实施三大产业带，形成一批具有浙江特色中小企业集聚发展的区域块状经济①（表2）。四是一批创新型中小企业迅速发展起来，成为我省创业创新的主力军，实现从加工、建筑、商贸等传统产业领域向高新技术、现代服务业、机电制造业等现代产业领域拓展②。

---

① 据省委政研室调查，全省目前约有年产值亿元以上的工业区块600多个，企业总数达到31万家，全省1/3以上的工业产值集聚在117个园区。

② 2007年我省软件、医药制造业、仪器仪表制造业、电子计算机及办公设备制造业、电子及通信设备制造业产值居全国前6位。

表2 三大产业带的主要产业集群和主导产业

类别	环杭州湾	温台沿海	金衢丽沿线
主要集群	电子信息产业集群 生物医药产业集群 纺织产业集群 石化产业集群	轻工业产业集群 汽摩配及机械设备产业集群	轻工、纺织和生活杂品的产业集群 交通运输设备制造产业集群
主导产业	通信电子设备制造业 生物医药产业 纺织及其关联产业 石化产业	电工电器产业 纺织服装及皮革产业 印刷塑料制品产业 机械产业	日用小商品产业 五金机电产业 食品加工产业 建材产业 日用化工产业 现代物流业

3. 浙江省中小企业已经进入以提高素质为主的发展阶段，面临着从数量型向质量型转变，面临着从企业集聚向产业集群转变，面临着价格竞争为主向创新竞争为主的转变

专栏1 在多重压力下，在市场夹缝中，浙江省中小企业以其顽强的生命力，积极探索适合浙江发展的转型提升模式：如浙江青年汽车走的一条“与巨人合作，与巨人一起成长”的青年发展模式，开辟了民企造车的新途径；如一批区域块状经济中的标志性企业如杉杉、浪莎、正泰、德力西、巴贝的崛起，支撑了整个产业和区域内中小企业的生存和发展；如以阿里巴巴为代表的电子商务的壮大，以中国义乌小商品城为代表的传统市场的提升，为大量的中小企业提供了商机；如以浙江吉利为代表的汽车业，浙大中控为代表的专业自动化行业，始终坚持走自主发展的道路，充分体现浙江省中小企业依靠市场机制内生性增长的特点。

（二）遇到的困难前所未有，面临着新一轮行业洗牌的严峻考验

1. 中小企业面临的问题比较严峻，挑战前所未有，既有创业难、守业难、发展难的问题，又有产业层次较低、发展方式粗放、竞争力不强的问题

今明两年，是浙江省一些中小企业最困难的时期①，难在中小企业对宏观政策频繁调整和市场环境剧烈变动不易应对；难在中小企业对人民币升值、原材料涨价、劳动成本上升、融资成本加大等不易消化；难在产业升级、优化企业管理、转变发展方式不易实现。

（1）就外部因素而言，主要是四重压力，一是贸易摩擦加剧以及“次贷危机”连锁效应收缩中小企业市场空间。二是能源和原材料价格持续上涨、资金成本上升、出口退税政策调整以及人民币汇率升值等多重因素挤压中小企业利润空间。三是环境保护和社会保障等社会责任要求的提高倒逼中小企业经营方式转变。四是紧缩货币政策和土地要素制约中小企业拓展空间。

（2）就内部因素而言，素质性、结构性矛盾依然突出，特别是“创新活力减弱”已经成为浙江中小企业发展面临的首要问题。尽管2007年浙江省全社会科技投入500亿元，R&D经费275亿元，占GDP比重为1.52%，但科技投入的增加并没有根本改变浙江省广大中小企业的竞争力，据2006年瑞士洛桑国际管理学院（IMD）向全球发布的“2006年世界竞争力黄皮书”，2005年浙江列第二十位，但到2006年，已大幅下滑到第三十三位。创新竞争力不足导致的是中小企业的“短寿”，据省工商部门前两年的统计，浙江省中小企业存活率不到五成，民营企业平均寿命仅为7年。

2. 在持续的宏观调控下，新一轮行业洗牌已经开始，中小企业发展出现分化

当前浙江省中小企业的基本情况是，出口企业面临的困难多于

---

① 据台州抽样调查表明，有33%中型企业生产出现负增长，36%的规模以上小型企业生产出现负增长，温州26个镇抽样调查表明，停工或半停工的中小企业在5%～10%左右。

非出口企业，下游产品企业面临的困难多于上游产品企业，劳动密集型企业面临的困难多于资本、技术密集型企业，中小企业困难多于大企业，微小企业困难多于中小企业。

（1）生存类企业。主要以拼价格、拼资源、拼环境为主的中小企业，劳动密集型企业、贴牌生产企业、出口创汇型企业，生产能力过剩的产业，如纺织、服装、鞋帽、木制品、橡胶制品、水泥、皮革、文教体育用品等，一部分劳动密集型中小企业出现关停现象，一些多为初级产品的行业如纺织业明显出现衰退。这一类企业当前普遍面临的问题主要是成本多重叠加（资源价格猛涨、融资成本上升、劳动力成本上升、人民币升值）、出口退税政策调整和出口市场萎缩、流动资金紧张、环境制约。

由于短期内中小企业面临的发展环境压力不可能改变，一些不利因素将长期存在，因此，未来摆在这类企业面前的有三条出路：一是迁出至经营成本较低的地区发展；二是在竞争中被淘汰；三是转型升级。第一、二条是市场行为，可由市场规律去引导，而第三条如何帮助这些传统产业平稳转型升级，渡过难关，不仅对企业，对于政府也是一次挑战。

（2）成长类企业。主要以新技术、新产品、新装备、新商业模式适应市场需求而迅速成长的企业。这类企业面临的主要问题是发展的问题，企业反映的矛盾主要集中在发展空间不足、高素质产业工人和中高层管理人才不足和留不住、市场无序竞争。

当前企业普遍反映由于土地资源不足，企业失去了发展的黄金时机，而能拿到土地或者转移到省外的企业往往在短短的二三年内规模实现了从千万到亿元甚至十几亿的跨越；由于房价过高，相对高薪留不住公司中高层人才，招不进高素质技术工人，一些成长型企业被迫向周边省市转移，给当地经济带来很大的压力。土地等稀缺资源上的供给是这类企业当前最迫切的需要。

（3）提升类企业。主要是通过走“专、精、特、新”之路的中小企业，通过技术创新、规模扩张、市场细分，成为某一细分市场的领先者，或成为国际跨国公司的核心配套企业。这一类企业当前反映面临的问题是跨国公司打压、政府扶持力度不足、知识产权保护和品牌塑造等。

由于这类企业通过专业化、创新、细分市场，打破了跨国公司的垄断，威胁到跨国公司利益，跨国公司利用雄厚的实力持续打压（大幅降价、控制核心部件、收购兼并），企图扼杀我国民族工业的腾飞。与此同时，企业普遍反映在国内高档市场争夺中，尤其在垄断行业中，普遍存在迷信偏爱国际品牌、设置不合理门槛歧视国内产品，重大装备国产化、本地化支持力度不够，公平竞争和优先扶持是这类企业迫切的呼声。

二、总体判断：机遇与挑战并存，浙江省进入发展方式转变和转型提升的关键时期

（一）当前中小企业发展出现的困难是诸多因素的综合反映，有客观发展环境的原因， 也有长期积累的结构性、 素质性因素，更是浙江省经济发展阶段的客观反映

当前浙江省相当一部分中小企业处在相对困难的时期，但总体来看全省中小企业的发展尚未出现恶性的向“坏”发展的趋势。[①]在多重压力和倒逼机制下，浙江省一部分企业家素质低、企业内部管理混乱、产品没有竞争力的企业、一部分高耗能高污染低效益的产业被淘汰、转移是必然的，这既是发展方式转变和转型升级中的代价和阵痛，也是本轮宏观调控的目的所在。中小企业发展方式转变和转型提升是漫长的，是痛苦的，是必须的，对此我们应当有一个客观、正面的认识，只有加快腾笼换鸟的决心和步伐，率先实现产业转型与升级，促进中小企业切实转变发展方式，融入科学发展轨道，才能在下一轮发展中占据先机。

① 今年1～9月，全省中小企业工业总产值同比增长16.46%，利润增长11.57%，外贸出口增长11.33%，固定资产投资同比仅增长0.62%。

（二）经济全球化、市场经济完善、国际产业转移为浙江省中小企业新一轮发展转型提供了良好的机遇

当前，全球性产业转移不是已经结束，新一轮的以大规模协作、生产性服务业和装备业转移为主要特征的全球产业结构调整正在兴起，这一轮产业转移同上一轮不同的是，上一轮产业转移主要以环境容量、资源供给、要素价格为依托，新一轮产业转移主要以市场体系、人才素质、产业基础为依托，这将为浙江中小企业的发展带来重大机遇。

目前浙江省创新型中小企业发展势头强劲，成为这轮宏观调控中的一个亮点，2008 年前三季度我省高新技术企业利税总额达到 471 亿元，出口创汇 115 亿美元，同比增长 7.4%；软件业、生物产业、电气机械、装备制造业发展势头良好，发展动力依旧，浙江以创新推动经济发展方式转变的趋势已经显现。毫无疑问，今天这些创新型中小企业必将成为明天浙江省的大企业，今天这些企业的产品优势必将成为明天浙江省的产业优势。

（三）理性看待发展方式转变和转型升级中的焦点问题

1. 劳动力成本问题

劳动合同法实施后，企业用工成本普遍上升 10% ~30% 左右，成为各方关注的焦点，我们的基本观点是：

（1）反映比较强烈的主要是以前劳动关系管理不规范的劳动密集型中小企业①，劳资关系比较健康的企业反映并不强烈，并基本上能在内部通过挖潜、创新来消化；

（2）浙江已经进入人均 GDP5000 美元至 8000 美元的发展阶段，经济特征以资本密集型产业和知识密集型产业为主导，劳动力成本上升是必然的趋势，依靠廉价的劳动力低价格竞争的发展阶段已经基本过去②；

---

① 目前我省中小企业劳动合同签订率和社保覆盖率大约在 50 ~60% 左右。

② 我省城乡居民收入 1996 ~2006 年分别增长 1.6 倍和 1.1 倍，远低于工业企业利润增长 13 倍的速度，劳动者报酬占比由 52.7% 下降到 40.3%，比发达国家低 20 个百分点。

（3）由于在生存类企业就业的基本上是外来流动人员，产业转移到哪里劳动力就跟到哪里，因此这类企业转移转产并不会影响当地的就业和社会稳定；

（4）比劳动力成本上升更为重要的是，人才紧缺与人才流失矛盾并存。高素质产业工人普遍缺乏，高层次管理经营和技术人才由于生活成本过高（主要是住房），企业留不住人才，不仅二线城市缺人才，杭州等中心城市也缺人才；

（5）要客观认识劳动合同法，加快推进建立劳动者和企业主的工资协商机制。

2. 产业替代问题

地方普遍担心的是旧的产业退出，而新的产业填补不上，会影响本土经济衰退。事实上，浙江省工业化、城市化、市场化、国际化进程正在加快推进，产业结构调整已经取得积极成效，有些资源消耗大、劳动密集型产业的传统产业必然要向外地转移或进入衰退，几千家中小企业生产同质产品、企业分工合作松散、空间集聚为特征的发展模式已经难以为继，提升演变为有若干家几十亿元的龙头企业、十几家亿元左右的核心配套企业、上百家中小企业参与配套的企业集群更有意义，更富有竞争力，也是构建现代产业体系的要求。

专栏2 温州的制鞋企业从2002年的5000家已经减少到目前的2500家，但全行业的产值还是稳步上升，今年一季度内销和外销同比均增长10%以上。温州紧固件行业3年来近1000家小企业消失，部分外迁到江西，但一批科技创新和品牌创建的龙头企业脱颖而出，2007年产值反而上升到116亿元

3. 发展动力问题

中小企业是浙江经济发展的活力所在，有人担心一批中小企业停产停业或转移转产会影响浙江经济的内在活力，在和企业家广泛座谈的基础上，我们的初步结论是，浙江中小企业之所以蓬勃发展，根本在于浙江相对领先的市场体系，相对完善的产业生

态、规范的市场秩序，良好的金融生态，滋生中小企业成长的土壤并没有在宏观调控下发生改变，相反在改革开放进程中进一步完善。

2008年前三季度浙江省全社会固定资产投资增长16.1%，规模以上工业企业新产品产值同比增长27%，对工业总产值增长的贡献率上升为22.4%，新产品产值率为15.7%，科技活动经费支出同比增长36.2%，足以说明我省经济发展动力依然强劲，企业家普遍表示，在全国同样的宏观经济背景下，浙江的中小企业应更能生存，应更能适应市场挑战。

三、转型提升的总体思路：促进中小企业转变发展方式，融入科学发展轨道；鼓励企业走专业化、精细化的创新之路；注重发挥政府的主导功能

在新形势下，要促进中小企业又好又快发展，必须以科学发展观为指导，坚持在发展中调整，在调整中提升，着力转变发展模式，增强发展动力，全面提高中小企业的整体素质和市场竞争力。

（一）促进中小企业转变发展方式，融入科学发展轨道

1. 要从主要依靠数量增长转变为更加注重素质提高

要坚定不移地引导中小企业走“小而专、小而精、小而特、小而新”的发展道路，目前浙江省中小企业的数量和规模都不小，据测算，2003～2006年规模以上的中小企业数量年均增长达到24.5%[①]，但与此同时，销售规模在1亿～10亿元的中型企业发展尤为突出，约占整个中小企业数量的10%，却创造了中小企业50%的利润总额，43%的销售收入，44%的资本积累，表明浙江省中小企业正在迈入提高素质的发展阶段（见表3）。

① 事实上，近两年浙江省中小企业数量增长已经减缓，2006年企业数量增速比前两年的平均值约下降了100%，低了11个百分点。

表 3　2006 年规模以上企业按销售收入划分情况

项目	企业数（个）	亏损企业数（个）	亏损率（%）	总资产（亿元）	总资产占比（%）	销售收入（亿元）	销售占比（%）	利润总额（亿元）	利润占比（%）	利润率（%）
全部	45519	4454	9.8	21181.7	100.0	23292.7	100.0	1130.3	100.0	4.9
500 万～1000 万	13684	1692	12.4	1670.2	7.9	971.1	4.2	28.8	2.5	3.0
1000 万～3000 万	17924	1722	9.6	2862.6	13.5	3105.3	13.3	112.9	10.0	3.6
3000 万～5000 万	5103	458	9.0	1771.3	8.4	1950.4	8.4	80.1	7.1	4.1
5000 万～1 亿	4297	311	7.2	2646.7	12.5	2931.1	12.6	132.0	11.7	4.5
1 亿～5 亿	3962	247	6.2	6855.7	32.4	7606.5	32.7	410.8	36.3	5.4
5 亿～10 亿	374	15	4.0	2080.2	9.8	2520.0	10.8	151.3	13.4	6.0
10 亿～50 亿	160	8	5.0	2528.7	11.9	2780.7	11.9	144.9	12.8	5.2
50 亿～100 亿	11	0	0.0	539.5	2.5	664.9	2.9	45.2	4.0	6.8
100 亿及以上	4	1	25.0	226.9	1.1	762.7	3.3	24.2	2.1	3.2

2. 要从主要依靠规模扩张转变为更加注重创新发展

在“资源在外、市场在外”的夹缝中生存的浙江中小企业，历来注重创新，在技术创新、服务创新、商业模式创新、管理创新方面，有着许多成功的经验。据省证监局对我省创业板上市后备资源的调查统计（805 家样本企业），有 86.4% 的企业已经设立专门的研发部门，有近 7 成的企业拥有自己的产品专利技术，有

76.5%的企业认为产品核心技术难以模仿。当前要加快建立以企业为主体、市场为导向、产学研相结合的中小企业技术创新体系。

3. 要从主要依靠块状经济转变为更加注重产业集群

产业集群的发展，是现代企业特别是中小企业发展的一种有效形式。在过去30年中，浙江独特的区域块状经济为中小企业发展创造了条件，目前已有一部分块状经济初步走出价格竞争为主的阶段，开始迈入产品差异化和品牌竞争阶段，正在向现代产业集群转变，为中小企业与大企业、相关企业建立稳定的原材料、零部件供应及技术进步创造了良好的产业生态。

专栏3 坚持“小而专、小而精、小而特、小而新”的方针，走与大企业和相关企业协作配套的发展路子，是现代市场经济的客观规律。目前在汽车、造船、医药制造业、仪器仪表制造业等行业我们已经看到这样的系统化集聚的雏形，如金华的汽车摩托车配件行业关联规模达到500亿元，其中亿元以上的企业36家，5亿元以上企业10家，10亿元以上企业5家，从业人员达到10万人，每年以30%以上的速度在增长

4. 要从单纯追求经济效益转变为更加注重提高经济效益与履行社会责任相结合

要加强对中小企业的信用建设，塑造浙商、浙企、浙货良好的信用形象；要督促中小企业严格执行劳动合同、最低工资、社会保障等国家法律法规和制度，进一步规范劳动关系，鼓励企业加强对员工的业务和技术培训；要注重培养企业文化，引导企业履行社会责任，对社会负责、对顾客负责、对员工负责、对股东负责。

（二）要把培育一批隐性冠军作为中小企业转型提升的关键

在我国中小企业面临的市场竞争日前激烈、经营日益困难的情况下，借鉴发达国家中小企业转型升级的成功经验，具有十分重要的意义。

1. 德国等发达国家实践表明，隐形冠军是中小企业转型提升的战略选择

所谓隐形冠军是指市场上处于垄断地位但却默默无闻的中小企业，德国、日本等发达国家的许多中小企业，生产某一系列甚至某一方面的零部件和配套产品，做得深，做得精，做得新，在所在领域做到最好，做到极致，成为隐形冠军，在本国乃至国际市场具有很强竞争力，为本国经济持续稳定发展发挥了重要作用。据有关调查，在德国10多万家中型企业中，有8%以上可以算作是隐形冠军，其产品创新远远领先于同行，隐形冠军凝聚在一起，支撑起西门子、宝马、奔驰等世界知名的“德国制造”。

> **专栏4** 国外隐形冠军发展的主要特征：一是专注于专业化，绝不搞多元化。企业定位于某一狭窄的细分市场，通过大规模、大批量、高质量的产品和服务。二是市场占有率高。一般在该国或全球的该类市场中所占份额都在50%以上。三是持续不断的创新。这类企业勇于进行技术、制度、市场、服务各方面的创新，每百位员工拥有的专利大约为大企业的3倍，非常贴近顾客，能提供独特的产品和服务。四是规模小。多属中小企业，主要集中在制造业领域，而且以私营企业为主。五是生命力强。德国隐形冠军平均寿命达到67年，25%企业已经生存了100年以上，远高于世界500强企业平均寿命40年的水平。六是全球化程度高。产品以出口为主，出口比重平均在50%以上，普遍存在市场狭窄性和全球性共存的现象

2. 浙江的企业文化和产业生态已经具备孕育隐形冠军的基础和条件

浙江中小企业发展历来有一个文化传统，“宁做鸡头，不做凤尾”，集中资源在某一领域做专、做深、做强，并在长期市场竞争中逐渐形成了“小企业、大龙头”的特点，而浙江独特的产业集群正是培育隐形冠军的摇篮和土壤。据有关调查表明，全省39.5%的企业属于行业龙头企业，成为行业的标杆。浙江省有232

种工业产品市场占有率居全国第一，而且每件产品的年销售收入都在5000万元以上，其中160种产品市场占有率达到40%以上，小商品赢得大市场，小企业创造大奇迹。

3. 培育浙江隐形冠军的重点

专栏5 浙江省在专业化领域已经出现了一批全国性领军企业，成为行业的标杆。如浙江青年汽车专注于高端豪华大客车，基本垄断国内市场，130万元以上一辆的客车已占国内市场的70%，200万元以上一辆的客车已占100%；浙江万里扬集团的轻卡变速箱占全国同类市场的25%；浙江三鸥机械股份有限公司坚持“专业、专精”，成为世界从事钻夹头、卡盘和机床附件制造的最主要企业之一，全球行业排名前六，70%的产品出口；浙江（温州）江南阀门公司依靠创新，专注于石化阀门、风动阀门、核电阀门，市场占据全国第二，技术在全国领先。浙大中控、聚光科技、大立科技、大华技术等众多科技型中小企业，通过科技创新，在自动化、高端分析测量、红外热像仪、安防视频等专业化领域填补了国内空白，占据市场的居高点

我们认为，应主要从产业集群中的领军企业，市场份额占据全省前三位或全国前五位的专业化企业，进入国际跨国公司核心价值链的配套企业，具有核心竞争力的创新型企业（主要指国家级高新技术企业、电子商务企业、生产性服务业），销售额在1亿~10亿的中型企业（约占10%比重）等五个方面加以梳理，培育扶持一批隐形冠军，为浙江明天的产业优势奠定基础。

（三）政府应当在中小企业转型提升时期发挥主导作用

当前许多问题不是企业自身所能解决的，在转型升级的关键阶段，我们认为政府不可以放任不管，在尊重市场规律的同时，应当将以往“浙江模式”中的“无为而治”发展到“有所作为”上，突出政府的主导作用，主要表现为：

（1）实行促进转型升级的财税政策。在当前宏观背景下，应当将减税作为重要的手段①，充分运用税收优惠、缓征或先征后返等方式，制定帮助中小企业成长的财税扶持计划。

（2）在转型时期要把“扶强”作为政策选择的方向，而不是“救弱”。要重点扶持1亿～10亿销售额的中型企业。

（3）加强规划布局。推动开发区（园区）生态化、信息化改造，拓展发展空间，促进中小企业集群发展。

（4）改善产业生态。优先发展战略产业，并把战略产业价值链中的薄弱环节、关键领域的专业化企业作为重点加以引进、培育和扶持。

（5）要以“千亿产业提升工程”为载体，从战略上谋划一批重大工业项目，以带动全省中小企业发展。

（6）强化政府服务功能，建立健全社会化的中小企业服务体系。尊重和保护各方创业创新的积极性。

四、若干政策建议：建立法治的市场体系、强化公共服务平台建设，营造中小企业发展的良好环境

（一）率先建立法治的市场经济

（1）制度是经济增长的源泉。要在巩固市场先发优势的基础上，把率先建立好的市场经济②作为未来改革30年的重点，这也是中小企业生生不息的根本。

（2）全面推进“法治浙江”建设，推进经济法制化，加快企业投资、创业投资、信用担保等涉及中小企业领域立法。

（3）深入推进“信用浙江”建设，树立浙商、浙企、浙货良

① 浙江省财政收入超经济增长的趋势比较明显，1996～2006年浙江财政增长8.3倍，占GDP的比重由10%提高到16.3%；今年1～8月全省中小企业税收增长15.17%，高出利润增长近5个百分点，减税势在必行。

② 吴敬链在纪念改革开放25周年的中国改革论坛表示，“我们的目的是建立一个好的，也就是规范公正、有利于大众的市场，要在转型过程中努力保持机会的平等和起点的公正。”孙立平提出，好的市场经济的标志主要是市场经济体制相对完善、法治基本健全、利益均衡机制不可或缺。

好的市场形象，要重点支持信用服务机构发展，鼓励在政府、经济、社会等各个领域广泛使用信用报告。

（4）抓紧推进垄断行业改革、收入分配制度改革和资源要素价格改革的步伐，规范市场秩序，理顺价格关系，保证公平竞争，切实维护好创业创新的积极性。

（5）重新审视知识产权保护政策，要从过去被动防御向主动进攻转变，加快建立健全知识产权交易市场，使浙江成为知识产权保护最好的省份。

（二）优化公共服务平台

（1）大力支持社会化服务体系的建设，支持行业协会的发展。支持建立由第三方为主的行业沟通会，为上下游的企业牵线搭桥。

（2）政府要搭台建立重点企业和产品推荐制度，对优先支持的企业、对行业有带动作用和显著效益的新产品定期召开推荐会，加快新产品在行业中的推广使用，促进企业迅速成长。

（3）加强对人力资源的培养、培训和引进。职业技术学校要加大对专业技术人才的培养；培养和引进一批技术人员、中高层管理人才；加大对企业家的培训力度；要在全省建设一定数量的“人才公寓”，以租赁、补助的形式使更多的企业人才享受到政策支持，优先解决人才子女入学问题，减轻企业负担和优秀人才的生活成本。

（4）在政府采购、示范化项目建设、重大装备国产化、本地化方面要作出更大努力，消除歧视政策，优先购买自主创新产品，并确定相应的比例，支持民族企业。

（5）定期组织企业参加国内和国际高水平的展览，支持中小企业以行业整体组团参加国内外综合性或专业性的交易会、展览会、博览会，为企业参与国际竞争、引进技术设备创造条件。

（6）切实解决公共科技基础条件平台、行业和区域创新平台的利益机制问题。

（三）多层次、多渠道破解融资难

（1）加快中小企业上市步伐。有针对性地谋划企业上市发展总体思路，要加大上市资源整合力度，做大做强浙江板块。力争到2012年全省上市企业达到300家左右，历年累计融资额超过1500亿元，上市公司总市值达到当年全省GDP的35%。

（2）将省高技术产业专项资金增加到3000万元，支持高技术领域研发和产业化，对高技术企业经济外部性带来的社会效益进行补助。

（3）争取总规模为300亿元的产业投资基金试点，致力于传统制造业的转型提升和核心自主创新能力建设项目，并积极参与中小企业并购整合。

（4）积极发展创业投资，扶持创新型企业。通过设立创业投资引导基金，引导壮大各类创业投资资本，支持创新型企业发展。争取在2012年末，全省备案创业投资企业（基金）达100家，创业投资资本超过100亿元。

（5）扩大企业债券发行规模，探索中小企业集合发债模式。未来5年，企业债券年累积发行总额预计占全国同期发行总额的5%，继续位居全国前列。牵头组织发行中小企业集合债券，争取发债项目和额度都保持一定增幅。

（6）促进银企合作，引导各大银行为本省成长类、提升类企业提供更好的金融服务，避免银行对短期性困难企业的“跟风抽贷”行为，支持浙商银行等本地金融机构创新金融工具，服务中小企业。

（7）扶持组建小额贷款公司。积极引导民营企业建立跨行业合作投资公司，通过资本运作，以资本链扩张财富或取得更多的资源控制权，建成以金融资本为核心的多元化的民间投资公司。

（8）加强对民间资金的引导，防范金融风险。完善中小企业信用担保制度，组建再担保公司，完善风险补偿制度。

（四）拓展中小企业发展空间

（1）在滩涂和低丘缓坡的开发利用方面取得突破。特别是低丘缓坡开发对浙江西部跨越式发展起到决定性作用，要加强政策协调，参照滩涂开发有关政策，对低丘缓坡开发给予每亩3000元的专项补助。

（2）支持土地的集约利用。在继续做好标准厂房建设的基础上，对企业在原用地范围内厂房进行“拆低建高”应给予奖励，或减免有关费用。对行业无特殊要求的新增工业用地项目，原则上不得建造单层厂房；加强对开发区（园区）生态化、信息化改造，完善服务功能。

（3）对全省已供土地使用情况进行一次全面调查，坚决收回占而不用的土地。出台政策鼓励生存类企业的存量土地向成长性企业、提升类企业进行流转或合作。

（4）优先支持省、市重大工业项目用地需要，进一步提高工业在土地利用指标的比重。

（5）加快培育软件、生物、信息三大国家级高技术产业基地建设，在微电子、移动通信、新材料、新能源等优势高技术领域培育一批省级高技术产业基地。

（五）加大财政税收支持力度

（1）建议省里对土地使用税实施暂时减缓政策，缓交土地使用税1~2年，以减轻当前企业的负担。或根据企业产出、投资密集、税收、就业、节能减排等情况，实施先征后返政策。

（2）全面落实技术开发费抵扣政策，尽可能扩大享受面，实际发生的技术开发费用当年抵扣不足部分，在5年内结转抵扣；尽快落实集成电路设计企业视同软件企业享受政策。

（3）鼓励企业并购和资产重组，在联合兼并、重组过程中涉及的资产评估、土地、房产、车船等变更费用，享受转制企业的有关费用减免政策，暂时减免或缓征水利、教育附加费用等。

（六）培育扶持一批中小企业

（1）要以培育一批隐形冠军、一批创业板上市企业、一批高新技术企业、一批现代产业集群为目标，实行重点扶持，增强中小企业自主创新能力，促进浙江省中小企业转型，优化浙江省产业结构。

（2）深入实施中小企业成长计划，加强中小企业文化建设，引导中小企业履行社会责任。

（3）考虑到浙江纺织等传统行业的重要性和困难，建议建立轻纺行业结构调整专项资金，支持关键设备更新改造和新产品开发，支持传统行业拓展、升级，鼓励企业以投资、兼并、重组等方式作纵向或横向的延伸。

（课题负责人：钱建鑫，课题组成员：李军、钟海英、钱陈、庞晓琳、毛绿霞）

推进鄱阳湖生态经济区建设，促进江西省经济发展方式转变

江西省发展改革委学术委员会课题组

随着资源、环境对经济社会发展“瓶颈”制约的日益突出，妥善处理发展与环境保护问题，实现有序开发已经成为世界关注的焦点。保护生态环境，实施可持续发展战略，是我国的一项基本国策。纵观发达国家的工业化历史和我国的发展历程，粗放型的传统经济发展模式带来自然资源枯竭、生态环境恶化问题，其教训是深刻的。如果不彻底从传统经济发展模式中走出来，可持续发展就会是一句空话。

江西是全国生态环境最好的省份之一，生态环境优势十分突出。尤其是我国最大的淡水湖泊、中国唯一入选世界生命湖泊网成员的鄱阳湖，是目前我国五大淡水湖中唯一没有出现富营养化的湖泊，被称为长江“最后一盆清水”，我国东南腹地生态安全屏障。但随着工业化、城市化进程加快，鄱阳湖也面临着被污染和营养化程度提高的严重威胁。2008 年，江西站在历史的高度以世界的眼光提出了以建设鄱阳湖生态经济区为龙头，进一步巩固和发展生态优势，促进江西经济社会又好又快发展的战略构想，并把建设鄱阳湖生态经济区作为学习实践科学发展观，建设绿色生态江西，实现江西经济发展方式转变和科学崛起的重大举措。

一、建设鄱阳湖生态经济区对江西经济发展方式转变的促进作用

鄱阳湖地处江西省北部，长江中下游南岸，是江西的代名词，也是江西一张闪光的名片。50 多年来，江西高度重视鄱阳湖的开

发治理，坚持立足生态，着眼经济，系统开发，面向全流域开展了大规模的综合治理。湖区的生产生活条件得到明显改善，水患灾害得到基本治理，生态环境得到有效保护。目前，鄱阳湖湖区面积已由建国初期的1900平方公里恢复到5100平方公里。把鄱阳湖生态经济区建设成为生态文明示范区、科学发展试验区，不仅对促进江西转变经济发展方式有重要作用，而且对于中部崛起战略的顺利实施，对于长江中下游地区的发展都将产生重大影响。

1. 建设鄱阳湖生态经济区，打造全省发展方式转变龙头，有利于全面贯彻落实科学发展观

全面贯彻落实科学发展观其实质在于全面地追求和实现经济社会更好的发展质量和整体的协调，要求统筹人与自然和谐发展，处理好经济建设、人口增长与资源利用、生态环境保护的关系。江西目前最大的省情是“生态环境好，经济总量小，人均水平低，欠发达地位尚未改变”。谋求科学、绿色崛起是江西现阶段的主要任务。通过转变经济发展方式，遵循生态和经济规律，根据鄱阳湖生态经济区资源环境承载能力、现有开发密度和发展潜力，科学引导区域内资源优化配置和生产要素合理流动，在保护中开发，在开发中保护，坚定不移地走资源节约型、环境友好型发展之路，把鄱阳湖生态经济区建设成为全省发展方式转变的龙头，对江西全面践行科学发展观有着十分重要的意义，关系到江西未来发展全局。

2. 建设鄱阳湖生态经济区，形成经济与生态协调发展示范区，有利于高起点实现江西崛起新跨越

江西的最大优势是生态环境，最大发展后劲也是生态环境，江西的崛起，必须是生态环境得到有效保护的崛起。鄱阳湖地区是江西发展条件最好、经济密度最高、环境承载能力最强的区域，建设鄱阳湖生态经济区，就是为了更好地在发展中保护生态环境，更好地加快实现江西崛起。抓住了鄱阳湖地区的有序开发，就抓住了江西崛起的关键，就抓住了转变发展方式，实现又好又快发展的关键。加快鄱阳湖生态经济区发展，实现率先崛起，将会对整个江西乃至中部地区产生强大辐射效应和示范带动作用。

3. 建设鄱阳湖生态经济区，强化生态系统良性循环体系，有利于维系区域生态安全

鄱阳湖是我国长江下水安全屏障，正常年份鄱阳湖流入长江的水量达到1460亿立方米，相当于我国长江以北所有河流入海的水量，每年给长江补充的水量占到长江年径流量的15.5%，常年为长江下游地区提供大量清洁水资源。保持“一湖清水”不仅关系到江西的生态平衡，同时直接影响到长江中下游省份水安全和生态文明建设。建设鄱阳湖生态经济区，避免走先污染后治理的工业化老路，在江西进入工业化、城市化加速发展的时期，坚持环保优先，将保护好生态环境作为加快发展的前提条件，“既要金山银山，更要绿水青山”就是将永保“鄱阳湖这一湖清水”付诸实际，担当起维系区域和国家生态安全重大责任和历史使命的具体行动。

二、鄱阳湖生态经济区开发与保护现状

鄱阳湖生态经济区是依托鄱阳湖流域，以鄱阳湖为核心，以“环湖平原区”为主体，连接省内五大水系，生态圈相对独立完整的经济区域。从不同区域承担的主要功能来看，鄱阳湖生态经济区可分为：一是由鄱阳湖水面加湿地构成的核心区，这是生态保护的一个重中之重。二是由鄱阳湖平原构成的主体区，主要包括南昌、九江、景德镇、鹰潭、抚州、新余6个设区市（以下简称主体区），25个县，面积约4万平方公里左右。

1. 发展势头强劲，对全省经济增长带动作用大

鄱阳湖生态经济区是江西经济社会发展较快的地区，特别是随着建设鄱阳湖生态经济区战略的推进，主体区正以一个整体的形式成为全省经济最大的增长板块。2007年，主体区完成地区生产总值3113.20亿元，占全省的56.60%，增速高出全省1~2.8个百分点，居全省前六；完成固定资产投资1716.58亿元，占全省的54.55%，其中3个市增幅高于40%，特别是新余市增幅达78.3%，居全省第一；完成规模以上工业增加值1044.51亿元，占全省57.32%，其中，新余、抚州两市规模以上工业增速分别达

47.47%和49.81%，高出全省平均14.24和16.58个百分点，居全省前三；完成地方财政收入183.15亿元，占全省46.98%，增速囊括了全省各设区市前三。实际利用外资19.89亿美元，占全省64.08%，其中，新余市较上年增长129.1%，增幅居全省第一（表1）。

表1 2007年鄱阳湖生态经济区六个设区市主要经济指标

地区	地区生产总值（亿元）	人均GDP（元）	规模以上工业增加值（亿元）	固定资产投资（亿元）	实际利用外资（亿美元）	地方财政收入（亿元）	城镇居民人均可支配收入（元）	农民人均纯收入（元）
全省	5500.25	12633	1822.24	3146.41	31.04	389.85	11221.87	4097.82
南昌市	1389.89	30460	403.15	810.35	10.20	87.22	13076	5034.49
景德镇市	261.85	16899	86.89	111.67	0.78	11.90	11640	4472.36
九江市	592.56	12590	180.54	349.71	4.13	32.08	11272	3937.25
新余市	280.77	25013	146.27	149.55	2.85	19.26	11776	5010.00
鹰潭市	220.20	20156	134.34	78.01	0.85	12.54	11290	4406.27
抚州市	367.92	9570	93.31	217.13	1.08	20.15	11101	4096.00

数据来源于《2008年江西统计年鉴》。

2. 主导产业突出，产业结构日趋合理

鄱阳湖生态经济区既是江西工业集聚区，也是农业主产区，还是全省服务业较为发达的地区。全区产业体系相对完善，主导产业较为突出，产业结构也呈现出加速调整态势。

（1）工业五大主导产业发展迅速。鄱阳湖生态经济区拥有南昌、九江、景德镇三大老工业基地，鹰潭、新余两个典型的新兴工业城市。全区以汽车、航空、船舶为主的装备制造业，以光电产业为主的电子信息产业，以铜、钢铁产业为主的冶金工业，以有机硅、精细化工为主的石化工业，以生物制药为主的医药工业等五大工业主导产业以及新型陶瓷、纺织服装、食品加工等三大优势产业发展迅速，主导着鄱阳湖生态经济区乃至全省工业的增长。一是南昌、九江和景德镇是全省汽车、航空、船舶等装备制造业中心。全省现有汽车制造企业4家、航空制造企业2家、船舶修造企业79家，几乎全部集中于这3个市。目前，3市已具备年产60余万辆整车、27万台汽车发动机的制造能力，年造51万载重吨的造船能力，以及先进的飞机制造水平。二是光电产业是全省电子信息产业中的龙头。南昌是全国四大半导体发光材料与器件产业链相对完整的产业区域之一，是全国最大的LED产业基地。新余市是全国光伏产业重要基地，其龙头企业赛维LDK产能达到1200MW，居世界第一，已形成了国内首个“硅料－硅片－电池片－组件－应用产品”较为完整的光伏产业链，产业集聚效应明显，具有较强的国际竞争优势。三是铜产业、钢铁产业具有较强的市场竞争力。目前，鹰潭铜产业产能占全省的83%，尤其是龙头企业江铜集团是国内最大的铜综合生产企业，已形成年产70万吨铜的综合生产能力，正在跻身世界前三强。南昌、九江、新余是江西三大钢铁基地。中厚板、汽车钢板弹簧、低松弛预应力钢绞线等钢铁产品在国内市场占有较大份额，2007年，新钢公司的造船板全国市场占有率达到12.5%，列全国第一位；南钢公司的汽车板簧全国市场占有率处于全国前列；全省线材、钢筋、中厚板全国市场占有率分别为5.62%、6.58%和5%，分别列全国第三位、第四位和第五位。四是九江、景德镇是江西有机硅产业和精细化工产业集聚地，有机硅产业产销能力、技术装备及产品研发处于全国的领先地位。全国有机硅产业龙头江西星火有机硅厂是国内最早从事有机硅研究和生产的企业之一，现有有机硅单体产能达20万吨/年，现有规模为亚洲第一、世界第三。目前，星火工业园已经初步形成有机硅单体、环体、气相白炭黑、硅橡胶、硅树脂，硅涂料等有机硅产业群。景德镇乐平精细化工产业基地是江西省最大的化工特色产业基地，经过数年的发展建设，现已形成了烧碱、氯化亚砜、AC发泡剂、三氯化磷、聚乙烯醇、醋酸乙烯、维生素B6等拳头产品，集聚效应明显。五是南昌中成药和生物制药比较优势明显，汇仁、济民可信、江中分别列“2007年中国制药工业百强”第二十位、第二十四位、第四十五位；江中、汇仁2家企业还同时入围“中国品牌价值500强”，品牌价值分别达

30.32亿元和12.16亿元。

（2）农业四大主导产业比较优势突出。鄱阳湖经济生态区是我国重要的优质农产品生产供应基地，以水稻、水产、水禽农业及绿色食品加工业“三水一绿”为主导的农业发展迅速，特色明显，在全省乃至全国都具有较强的竞争优势。一是江西大型商品粮基地和其他经济作物主产地。2007年农业播种面积200.15万公顷，占全省的38.38%。生产以水稻为主的粮食771.88万吨，占全省的40.54%；生产油料30.89万吨，占全省的39.02%；生产棉花8.68万吨，占全省的80.63%。二是水产品养殖综合生产能力和综合竞争力较强，是全国重要的优质淡水产品生产和供应基地。2007年水产品养殖面积为18.82万公顷，占全省的47.40%，水产品产量为87.97万吨，占全省的44.82%。水产业已成为该区域农业的重要支柱产业。渔业产值占农业总产值的比重超过30%的县（市、区）达到6个，超过20%的县（市、区）达到12个。三是水禽养殖蓬勃发展，已成为全国优势水禽产区。近年来，水禽保持了两位数的增长速度。2007年全区加工肉类产品总产量达84.48万吨，占全省的34.15%。南昌、丰城已成为全国大型水禽产品批发市场，赣牌水禽产品通过这两个市场走向全国，使江西省成为全国水禽产品重要集散地。四是绿色食品强势兴起。无公害、绿色有机食品是江西农产品最大发展优势，绿色食品原料标准化生产基地数量、有机食品认证数量均居全国第一，优质农产品在全国非常有竞争力。鄱阳湖经济生态区是江西绿色食品主要生产基地，有8个县9个农产品基地列入全国绿色食品原料标准化生产基地，占全省的1/3，绿色食品原料标准化生产规模达246.6万亩，占全省42.52%。全区绿色食品、有机食品、无公害农产品生产规模加速扩展，产业化进程快速推进，产品质量迅速提高，在全国的影响也日益加大。

（3）服务业三大主导产业推进现代服务业进程。南昌是江西商贸、物流、金融服务业中心和全国著名红色旅游胜地，九江、鹰潭是全省区域性物流枢纽和全国著名绿色风景区。金融、物流、旅游三大产业正成为鄱阳湖经济生态区现代服务业主构架，主导着全区服务业发展。一是现代金融产业开始在南昌形成。随着全省经济的快速发展，经济对金融服务业需求加大，南昌金融中心的地位日益显现。至2007年，南昌市共有银行金融机构16家；证券机构33家；保险机构22家；担保公司30家。金融机构网点遍布城乡，从业人员近4.5万。继上海浦东发展银行之后，兴业银行、中信银行先后落户南昌，2008年10月江西首家外资银行渣打银行南昌分行迎来其试营业，随后大新南昌分行也将开业。2007年还与上海、北京、天津等10个城市一起被评为“中国最具投资价值金融生态城市”。二是南昌、九江、新余、鹰潭是江西正在形成的五大物流区域中的四个物流集聚中心城市和国内区域性物流节点城市，现已形成以南昌为中心，以国、省道为主骨架，省、地市、县、乡相连接的公路网络，以京九、浙赣、铜九线为依托“一纵二横”的铁路运输网络，以年吞吐量超过600万吨的九江港、承载能力达5万标箱的南昌国际集装箱码头为主的贯通长江、鄱阳湖、赣江的水路运输网络，以昌北国际机场为主支撑的通达国内外的空中运输网络，以及可为现代物流提供快捷、优质、安全、便利的服务物流业服务业体系。三是旅游资源十分丰富，旅游业服务业发展迅速。鄱阳湖生态经济区拥有《世界遗产名录》“世界文化景观”、“世界地质公园”庐山，《国际重要湿地名录》鄱阳湖湿地等世界级旅游资源和一大批国家级、省级重点保护旅游资源，是国内罕见的山江湖一体、红绿古旅游胜地，世界五大宗教聚集之地。南昌、九江、景德镇、鹰潭先后进入中国优秀旅游城市行列，成为江西省重要的旅游集散地和对外形象窗口。

3. 保护措施得力，可持续发展能力增强

近年来江西一直坚持以鄱阳湖环境保护为重点，着力推动绿色生态江西建设，在全国较早出台和实施了一系列针对循环经济、节能节材、节地、资源综合利用、环境保护等法规、规章和制度，取得了良好效果。

（1）发展循环经济方面。一是设立了资源节约和循环经济发展专项资金，对发展循环经济的重大项目、示范工程、试点项目，以及技术开发和产业化项目，给予直接投资或资金补助、贷款贴息等支持。从2006年起每年有一批工业企业获得支持。二是对试点企业在享受国家和省规定的优惠政策外再提供一揽子扶持政策。优先推荐为国家循环经济试点企业（园区）；优先推荐申请国债项目；电力和成品油优先供应，铁路运输优先安排。三是重点支持了一批生态工业园示范区、一批循环经济示范企业、一批生态农业示范基地、一批节能示范工程、一批节水示范工程、一批节地示范工程、一批节材示范工程建设。四是重点推进了水资源节约利用、共伴生矿资源综合利用等工作，对开展综合利用有显著成绩和贡献的单位及个人给予表扬奖励、对开展综合利用的生产建设项目实行奖励和优惠、对开展综合利用生产的产品实行优惠。

（2）节能减排方面。一是提高节能环保市场准入门槛。新开工项目，必须符合产业政策和市场准入标准、项目审批核准或备案程序、用地预审、环境影响评价审批、节能评估审查以及信贷、安全和城市规划等规定和要求。控制高耗能、高污染行业增长。二是淘汰落后生产能力。对淘汰落后产能，实行奖励，对没有完成淘汰落后产能任务的地区，实行项目“区域限批”。建立健全落后产能退出机制，有条件的地方要安排资金支持淘汰落后产能，省财政通过增加转移支付，对淘汰任务重的地区给予适当补助和奖励。三是加大了污染治理力度及相关企业的扶持力度。通过申请银行贷款和政府投资，鼓励社会投资等方式，增加污水处理厂建设投入，从2008年起在两年内分两批在各县（市）建成污水处理设施并投入运营，对未如期完成任务的县实施项目限批、通报批评，且建设情况纳入设区市政府目标考核。对污水、垃圾处理生产用电按优惠用电价格执行；对新建城市污水、垃圾处理设施项目用地实行行政划拨，投资、运营企业在合同期限内拥有划拨土地规定用途的使用权。四是加大财政对节能减排工作支持力度。2008年增加安排6000万元节能专项资金和污染物减排专项资金，重点支持建立节能监管体系和企业开展节能技术改造，以及主要污染物减排指标、监测和考核体系建设。

（3）环境保护方面。一是水环境保护。开展了赣江、抚河、信江、饶河、修河和东江源头水资源保护和各地生活饮用水水源保护和流域环境综合治理工作，源头区域涉水项目审批进一步严格，建设项目水资源论证、入河排污口监督管理得到强化，并从2008年起，每年对五大河流源头和东江源生态环境保护做得好的县（市、区）给予奖励。同时，全面启动了鄱阳湖和各设区市界河水质水量监测工作。二是土壤环境保护。以防治土壤污染为重点，开展了全省土壤污染状况调查，加强了垃圾处理和固体废物管理，农村面源污染和规模化养殖污染的防治。三是大气环境保护。以降低二氧化硫排放总量为重点，加大工业废气污染防治力度，重点抓好100家高耗能企业节能、1000台工业锅炉和窑炉改造，减少大气污染物排放。建立了大气环境质量状况日报和周报制度，开展了大气环境质量预报工作。四是生态林保护和退耕还林补助政策。提高公益林补偿标准。从2008年起，对纳入政策范围的公益林补偿标准每亩提高2元，达到8元。并设立林业发展专项资金、设立基层森林防火专项经费。退耕还林补助，每亩退耕地每年补助现金105元。原每亩退耕地每年20元生活补助费，继续直接补助给退耕农户，并与管护任务挂钩。并进一步完善了退耕还林配套措施，由专项资金支助退耕还林补植补造。五是实行了政府环境保护考核评价制度。将资源节约与环境保护纳入对市县政府考核评价体系，对环境管理与领导责任制落实情况、环境保护目标责任制落实情况、环境质量状况三大类12项指标进行严格考核。

三、当前鄱阳湖生态经济区建设中存在的主要问题

一直以来，江西在大力促进经济发展的同时非常注重环境保护，但由于受经济发展水平和技术水平以及现有产业政策与环境经济政策关联性、配套性、系统性不强，没有形成政策的合力等因素的制约，总体而言发展模式仍旧较为粗放，加快经济增长与生态保护的矛盾较为突出。

1. 经济欠发达，发展愿望强烈

江西是欠发达省份，鄱阳湖生态经济区虽是全省经济发展较

快的地区，但经济发展水平仍旧相对落后。一是从城市看，南昌主要经济指标在中部六省省会城市中排位总体较为靠后。2007 年南昌市实现地区生产总值 1390.10 亿元，在六个省会城市中居第四位，增幅居第六位，增幅比上年落后三位，人均 GDP 居第五位。固定资产投资、规模以上工业增加值、地方财政收入等经济指标总量均排在最后一位，增长幅度也分别处在第五、第六位（见表 2）。二是从市县看，全省发展最快和最落后几个县均分布于该地区，区域内发展不平衡。2007 年全省 80 个市县中，实现地区生产总值超百亿的前 5 位市县 4 个在该区，实现地区生产总值不足 20 亿后 5 位市县 3 个在该区，最低的不足 10 亿（见表 3）。

表 2　2007 年中部六省省会城市主要经济指标

地区	GDP（亿元）	增速（%）	人均 GDP（元）	固定资产投资（亿元）	增速（%）	地方财政收入（亿元）	增速（%）	规模以上工业增加值（亿元）	增速（%）	三次产业结构
南昌	1390.10	15.5	30464	809.92	28.0	87.22	28.1	387.68	20.5	6.0∶53.9∶40.1
合肥	1334.20	18.1	28125	1310.43	58.9	101.98	28.4	466.21	26.3	6∶48.8∶45.2
武汉	3141.50	15.6	37904	1732.79	30.7	296.38	27.8	1055.18	22.1	4.1∶45.8∶50.1
长沙	2190.25	16.0	33711	1445.18	32.6	262.52	48.3	1727.82	35.5	6.3∶45.0∶48.7
太原	1254.95	16.4	36377	576.74	15.1	88.42	17.4	497.84	28.2	1.6∶50.9∶47.5
郑州	2421.20	15.6	33169	1367.30	32.5	277.60	37.2	923.80	24.3	3.6∶54.1∶42.3

注：南昌市固定资产投资为 50 万元以上项目，其他城市为全社会固定资产投资额。

表 3 江西省经济实力前五名和后五名市县 2007 年经济主要指标

指标/市县	GDP（万元）	人均GDP（元）	固定资产投资（万元）	地方财政收入（万元）	城镇在岗职工工资（元）	农民人均纯收入（元）	三次产业结构
南昌县	1842982	19606	856800	83559	109931	5225	15.01:61.57:23.42
贵溪市	1548085	26829	478857	75978	54823	4646	6.75:76.30:16.95
丰城市	1349950	10127	514037	72113	100333	4489	20.96:46.33:32.71
新建县	1150166	16407	372855	47139	54187	4798	19.50:46.61:33.89
进贤县	1108643	14069	131481	24730	32129	4813	19.93:51.17:28.90
石城县	145145	4758	36332	6942	10870	2524	39.52:29.06:31.41
宜黄县	142461	6595	84046	9066	11173	4070	26.60:45.70:27.30
铜鼓县	127665	9456	22255	7524	11929	3119	23.34:41.24:35.41
广昌县	107544	4537	63362	12429	15042	1960	25.64:36.35:38.01
资溪县	98411	9028	73396	8628	13505	4177	19.95:44.17:35.87

2. 发展模式仍较粗放，生态保护压力加大

一是经济增长中高投入、高消耗、高污染、低水平、低效益的“三高两低”问题仍比较突出，粗放式的增长对鄱阳湖生态影响加大。近年来，随工业化城市化进程的加快，工业和城镇生活污水量加大，鄱阳湖水质下降，水资源持续利用困难加大。最近 10 年期间废污水排放量平均每年约以 1 亿吨的速度递增，五大水系水质总体呈下降趋势，Ⅰ～Ⅲ类水下降了 6.4 个百分点。五大河流水质直接影响到鄱阳湖水质，特别是 2003 年以来鄱阳湖Ⅰ、Ⅱ类水只占 50%，比 20 世纪八九十年代下降 20～35 个百分点（闵骞等，2007），生态系统功能也同时出现退化现象。二是环保设施落后，资金技术短缺，鄱阳湖生态保护压力加大。鄱阳湖生态经济区环保设施总体情况仍然薄弱，现有防洪设施标准偏低，蓄滞洪区建设与管理还处于低水平。近年来，虽然九江长江大堤、鄱阳湖区一批重点圩堤、赣抚大堤等重点圩堤和 2685 座病险水库得到除险加固，防洪能力有较大提高，但一批中小型水利工程普遍存在老化失修、带病运行等问题，尤其是保护面积 1 万～5 万亩的圩堤，大多为 20 世纪五六十年代所建，堤身堤基大多存在不同程度的渗漏险情和隐患。目前江西万亩圩堤改造工作刚刚启动，尚有近千座病险水库没有得到除险加固，急需整治。同时，现有鄱阳湖及五河流域蓄滞洪区安全建设远不能满足分洪要求，有的蓄滞洪区安全建设尚处于起步阶段。

3. 经济发展和生态保护矛盾加剧，转变发展方式迫在眉睫

生态保护与经济发展是一对矛盾统一体，鄱阳湖生态经济区建设面临着十分严峻的经济发展和生态建设的双重压力。主体区作为江西经济密度最高、合作对接的主平台，肩负着带动全省经济社会快速协调发展的重任，而生态保护的要求将很大程度地限制沿湖地区的开发模式，从而影响沿湖地区的经济发展速度，甚至会有一定程度的“牺牲”。加之江西地方财政有限，改善生态的基础设施投入可能长期不足，以及吸引社会资金的机制和渠道尚不健全，以往粗放式的增长与被动式的保护都将难以为继。较变发展方式，在开发中保护，在保护中发展，实现开发与保护有机统一，是建立鄱阳湖生态经济区最本质内涵和中心内容。

四、推进鄱阳湖生态经济区建设，促进全省经济发展方式转变的对策思路

党的十七大报告明确指出，要“促进经济增长由主要依靠投资、出口拉动向依靠消费、投资、出口协调拉动转变，由主要依靠第二产业带动向依靠第一、第二、第三产业协同带动转变，由主要依靠增加物质资源消耗向主要依靠科技进步、劳动者素质提高、管理创新转变。”这“三个转变”是我国今后一个时期推动经济发展的重要举措，也是我省转变经济发展方式的主要任务。

加快鄱阳湖生态经济区建设是促进全省转变经济发展方式的切入点，其实质是以科学发展观为指导，转变经济发展方式，把鄱阳湖生态经济区建设成为生态优良、经济发达、城乡协调、生活富裕、生态文明和经济文明高度统一、人与自然和谐相处的生态经济区。

以鄱阳湖生态经济区建设促进全省经济发展方式转变的基本思路为：继续解放思想，坚持改革开放，以鄱阳湖为核心，以鄱阳湖主体区为建设主平台，以调高调优经济结构为根本要求，以增强自主创新能力为根本动力，以创新体制机制为根本保障，在充分发挥市场机制配置资源的基础性作用的同时，综合运用经济、资源、环境相关政策手段，力争以最小的资源环境代价发展经济，以最小的经济成本保护环境，基本形成节约能源资源和保护生态环境的产业结构、增长方式、消费模式，促进鄱阳湖生态经济区经济发展与环境保护有机统一。并以鄱阳湖生态经济区建设为龙头，带动和推进全省经济发展方式转变，实现江西崛起新跨越。

1. 始终坚持环保优先、开发与保护并重的建设理念，针对不同功能区域实行不同的促进政策，把鄱阳湖生态经济区建设成全省生态文明的示范区

从不同区域承担的主要功能来看，鄱阳湖生态经济区可分为：以湖体、湖岸，河流、河岸，水源区、湿地为主的生态安全核心区；以滨湖地区为主的重点生态保护区；以鄱阳湖平原地区和五河流域地区为主的新型产业集聚区。推进鄱阳湖生态经济区建设，促进全省经济发展方式转变应突出不同区域的生态功能、经济功能，针对性实行不同的促进政策，实现经济发展与环境保护有机统一。一是对生态安全核心区，建立保障线制度，实行强制性保护。在鄱阳湖水域和湿地、五河源头和水域、鄱阳湖和五河沿岸特定范围、五类特殊自然保护区、基本农田保护区等重点区域划定保障线，只允许养殖、捕鱼、采砂、航运、种植、旅游等六类经济活动，禁止从事大规模开发行为和有污染的生产活动，避免直接污染。在湖泊内、主要河道和距岸线或堤防50米范围内，不得建设除桥梁、码头和必要设施以外的建筑物；距岸线或堤防50～200米范围内严禁建设化工、冶炼、造纸、制革、电镀、印染等企业。二是对滨湖地区，全面实施农业清洁化生产，防治农业面源污染。全面推广应用测土配方、病虫草害综合防治和秸秆粉碎还田等技术，根据农药特性，制订使用农药的安全间隔期，降低化肥、农药施用量，减少对土壤污染和提高土壤净化能力；推广应用畜禽粪便资源化、无害化和减量化技术，大幅度削减畜禽粪便污染源，特别是加强大型养殖场污染综合治理，限期达标不能达标强制外迁。三是对鄱阳湖平原六城市，实行产业置换，对不符合功能分区要求的企业进行改造或逐步退城进郊，引导产业向工业园区集聚，实行废物集中排放、集中处理，合理优化城市环境功能区。严格执行环境影响评价和"三同时"制度，禁止新建能耗物耗大、污染重的化工、造纸、水泥、火电、冶炼等企业，加强污染治理力度，优化产业结构，实现增产不增污。

2. 加快产业结构调整，构建与生态经济区相适应的产业体系，把鄱阳湖生态经济区建设成全省新型产业的集聚区

产业结构调整是生态经济区建设的重中之重，是实现发展方式转变的根本，没有产业结构优化调整就不可能实现发展方式转变。要根据生态产业发展要求，在综合分析鄱阳湖生态经济区既有产业基础，科技人才，生态资源优势及生态承载能力的基础上，加快产业结构调整，构建由生态农业、生态工业、生态旅游、生态文化产业为主的生态产业体系。一是重点围绕生态农业和农村循环经济这个中心，坚持发展农业经济与环境保护相统一，重点推进减灾生态农业、优质粮食生产、高效特色产业、农业产业化经营四个方面工作，逐步将农业发展调整到生态和经济良性循环的轨道。二是主攻八大方向，形成七大产业集群，逐步推进生态工业建设。重点围绕光电产业、高精铜材、优特钢材、特种车船、精密制造、生物医药、特色化工、绿色食品等产业，实行重大项目倾斜，带动上下游产业发展。通过优化产业布局，重点打造汽车航空、新型显示、钢铁、铜、有机硅、生物医药、服装鞋帽等在全国较有影响力和竞争力的七大特色产业集群。重点选择一批具有相应条件的工业园区进行生态系统改造，从建设绿色企业、生态工业园入手，逐步扩展到对原有工业体系进行生态化改造，形成低消耗、可循环的工业发展模式。三是充分发挥鄱阳湖区地理和生态环境优势，大力发展以生态旅游、绿色物流、信息服务为重点的现代服务业。生态旅游：重点打造庐山、三清山、龙虎山、龟峰绿色品牌，建设和保护婺源、浮梁美丽生态家园，逐步构建以南昌为中心辐射大中华地区和周边国家的大旅游网络，形成集旅游、度假、休闲、娱乐为一体的世界知名的旅游区和度假目的地。绿色物流：强化“绿色物流”理念，提高物流业环保准入标准，重点加快南昌、九江、鹰潭三个物流业集聚中心建设，加强物流基础设施的整合与建设，提高物流设施综合利用效率，满足企业不断增长的物流需要。信息服务：重点推进建设区域性信息交流中心，为交通枢纽、物流基地、商贸基地和加工制造业基地提供现代网络和平台支撑，探索建立“以应用为纽带，以核心数据部门为基础，综合部门协调推进，应用部门共同建设”的共建共享模式，增强信息为区域经济社会建设服务的能力。

3. 加大科技投入，提高自主创新能力，把鄱阳湖生态经济区建设成全省科技进步带动区

自主创新是转变经济发展方式的关键和根本动力，要充分发挥南昌高新技术产业优势和研发力量，以南昌为中心，以九江、新余、景德镇为重要基地，坚持政府引导与企业主体相结合，坚持引进吸收与自主开发相结合，坚持重点领域的原始创新和集成创新相结合，坚持优势领域的重点突破与提升科技整体水平相结合，把鄱阳湖生态经济建设成为中部地区乃至全国重要的科学技术研究开发中心、高新技术产业化基地和传统产业高新技术化示范基地，使南昌成为以知识创新为先导的全省技术跨越的创新源，以高度信息化为特色的全省乃至中部地区创新创业最具活力的地区。一是强化企业在自主创新中的主体地位，通过政策导向，激发企业的积极性和创造性。积极支持有条件的企业、行业自行创建和与国内外科研机构、高等院校共建研发机构和重点实验室，形成自主知识产权创新源。鼓励企业加大研究开发投入，促使企业把提高技术研发能力放在重要位置，并通过企业的分工协作，提升全区企业整体的技术研发水平。二是以引进、消化、吸收和再创新为重点，大力引进国内外技术、人才、智力和资本，借助外力，迅速提升高技术产业的规模。三是集中有限资源，重点对《江西省中长期科学和技术发展规划纲要》提出的农业高效种养、电子信息、新材料等 11 个重点领域及动植物良种及高效种养，软件、制造业信息化，黑色和有色金属新材料、新型半导体发光材料及器件等 44 个优先主题，以及

16 项重大科技专项和 8 个重点科技工程，进行重点攻关，以局部突破达到大幅提升江西科技整体水平，增强江西经济的综合竞争能力的目标。

4. 探索创新，破解跨行政区域建设生态经济区的体制机制性障碍，把鄱阳湖生态经济区建设成全省体制改革先行区

探索建立生态经济区建设所需求的科学管理体制、市场运作机制、科技支撑机制、产业发展机制、生态保护和环境治理机制，是全面推进生态经济区建设，切实转变经济发展方式的迫切要求和重要保证。要进一步解放思想，要在统一领导和规划下，大胆推进各项改革，积极创新体制机制，最大限度地获取率先改革效应。一是创新行政组织领导方式，建立高层协调组织结构。在省级层面上成立生态经济区建设领导小组，并建立相关建设部门联系会议制度和市级生态经济区协作会制度。二是创新有利于优化产业布局、强化市场配置、合理整合资源的行政管理机制体制。构建区域经济一体化、投融资多元化的市场机制，消除区域内不合理的行政干预和市场壁垒，统一规划和建设市场网络，促使商品、资金、人才、技术、产权、信息等都实现无障碍流通。鼓励区域内兼并与联合，促进产业一体化、市场一体化从制度上加速资源优化整合，促进区域经济协同发展。三是建立和完善生态补偿机制，坚持“谁开发谁保护、谁破坏谁恢复、谁受益谁补偿、谁排污谁付费”的原则，对排污者收费，并鼓励区域间横向援助。坚持国家指导、地方推动、公众参与原则，积极开展鄱阳湖生态经济区生态补偿试点工作，完善全省的生态保护机制。

5. 加强基础设施建设和防污治理，构建经济发展和生态安全保障体系，促进全省环境保护水平和能力的提高

一是进一步加快环保基础设施建设。以鄱阳湖区和五河干流的水利工程为重点，加大鄱阳湖滨湖地区、五河源头农业、生态建设、生态环境保护基础设施建设力度，建立完善的防洪保安体系，提高水资源利用效率；以人口安全饮水和水土保持生态建设为重点，逐步建成与经济发展和自然条件相协调的水利保障体系；以长江、鄱阳湖、五河下游低洼地区防洪除涝工程建设为重点，提高生态环境保护、污染防控治理能力和农业生产保障力。二是加大水污染防治力度。以加快城镇污水处理工程建设、工业废水治理为重点，实现县县都有污水处理厂，所有工业园区和重点企业有废水处理设施，禁止建设向江河湖泊直接排放含氮、磷、重金属等污染物的项目，促进城镇污水和工业废水全面达标排放，最大限度地减少污水流入鄱阳湖。并普遍建立污水处理设施建设专项跟踪督察制度，实行“四定两保”考核，形成水污染防治长效机制。三是加大空气污染防治力度。严格控制二氧化硫排放总量，实行重点企业重点监测制度。四是加强水土保持和水土流失治理。大力推广山江湖工程小流域综合治理经验和模式，积极开展水土保持生态修复，继续抓好赣江、抚河、信江、修河、饶河等“五河”上游的水土保持工程。四是开展全流域环境综合治理，建立全流域污染防治协商机制，实现上、中、下游水环境保护协调发展，统筹流域水资源分配，强化水污染事故预防和应急处理。

6. 加快鄱阳湖生态经济区城市一体化进程，提升城市经济实力，增强全省综合竞争力

一是加大环鄱阳湖城市群交通、通信、水、电、环境系统等城市基础设施一体化建设力度，加快城际铁路等重大基础设施项目建设步伐，促进资源共享，增强产业集聚和人口集聚的承载能力。二是探索鄱阳湖城市群城区一体化土地储备制度，打破行政区划界限，试点六市土地利用指标调控政策，使建设用地指标、基本农田保护指标、生态环境承载力指标等可在六市间合理分配、流通，形成鄱阳湖城市群统一的土地利用调控管理机制和相应的土地协调利用的政策体系，形成鄱阳湖城市群一体化的严格保护耕地，控制建设用地，集约利用土地，控制增量、盘活存量、平衡总量，创新土地资源开发模式。积极探索置换出来土地统一城乡性质，建立耕地在环鄱阳湖城市群内异地置换、耕地指标异地转让等相关制度。在实现耕地数量和质量的相对稳定的前提下，解决或缓解鄱阳湖城市群内部大中城市不同定位和不同的发展要求与土地供应之间的现实矛盾。三是明确各城市定位，合理化城市产业分工，加强城市群各城市间的协作。统筹规划整合资源，充分发挥各自比较优势，突出特色，加快城市群产业集群建设和产业链的合理延伸，避免因产业结构单一或重复建设造成的内部竞争。四是强化中心城市地位，发挥其对区域发展的带动作用。以南昌为核心，以九江、景德镇、鹰潭、新余、抚州为次中心，着力改善城乡经济分工，积极调整城乡经济布局，着力协调城乡经济关系，统筹建设城乡综合生态系统、城乡统一市场、基础设施网络化和一体化发展的制度体系，增强城市对农村经济社会发展的辐射和带动能力。

（课题负责人：周国兰，课题组成员：黄淑华 沈金华 汪晓云）

提升三次产业整体素质，推动山东省经济发展方式转变

山东省发展改革委学术委员会课题组

经济发展既强调数量又强调素质，是数量与素质的有机统一体。经济发展方式，不仅包含经济增长方式，而且包括结构、运行质量、经济效益、收入分配、环境保护、城市化程度、工业化水平以及现代化进程等诸多方面的内容。转变经济发展方式，不仅要突出经济领域中“数量”的变化，更强调和追求经济运行中“质量”的提升和“结构”的优化。可见，产业整体素质和经济发展方式关系紧密，只有当产业发展到一定阶段，经济发展方式转变才有现实的产业支持，转变的政策措施才能真正落到实处。我国目前经济增长方式之所以比较粗放，有其历史发展阶段的必然性。因此，保持一个相对较高的发展速度，在相当长的一段时期内仍然是非常重要的。山东目前处于工业化中期阶段，是全面建设小康社会的关键时期，要实现和确保经济社会又好又快发展，就必须在保持较高经济增长速度的基础上，切实转变经济发展方式。山东产业整体素质是经济社会多年发展沉淀的结果，从传统农业大省到工业大省，从以传统产业为主的产业结构到现代产业的广泛兴起，从依靠自身力量推动发展到实现全面开放加快发展，从相对单一的产业关联关系和主要依靠数量扩张推动发展的粗放模式，到产业关联关系复杂而有序和数量扩张和素质提高并举，更加注重内涵发展模式，山东经济社会在产业素质不断提高和发展方式逐步转变的相互促进中走向强大。

一、山东省经济发展方式转变与三次产业整体素质演进的关联关系

任何一个经济体的发展壮大都需要有先期的资本积累，需要

有速度保障，追求局部和近期利益具有现实意义，与之相对应的发展方式便是题中应有之义。而随着经济发展和社会进步，上升为理论层面的发展方式反过来对经济社会实践产生强大的前瞻性指导作用，引导经济社会逐步摆脱短期和局部利益的束缚，从更广阔的空间寻找最佳的经济社会发展定位，推动经济社会更加协调健康发展，最大限度地满足人们日益增长的物质和文化生活需要。纵观山东经济发展历程，三次产业整体素质的演进与发展方式转变具有密切的相关关系和鲜明的阶段性特点，充分展示了产业整体现状。

（一）改革开放以来山东产业整体素质演变和经济发展方式转变的相互影响分析

我们用山东地区生产总值构成变化，对山东产业整体素质演变和经济发展方式转变进行相互验证和对照分析。结合山东及全国经济发展不同时期结构调整的背景，我们将改革开放以来山东三次产业结构演变，以第二产业稳定发展为基准，大体分为 1983～1992 年，1993～2002 年，2003 至今三个阶段，以便验证说明发展方式及转变的背景与进程（见下表）。

1970～2007 年地区生产总值构成 单位:%

年份	地区生产总值	二产比例	发展方式
1978	100	33.3:52.9:13.8	政策“纠偏”，经济发展处于内生性自发状态
1979	100	36.2:50.8:13.0	
1980	100	36.4:50.0:13.6	
1981	100	38.2:44.8:17.0	
1982	100	39.0:42.0:19.0	
1983	100	40.3:38.9:20.8	
1984	100	38.2:41.1:20.7	
1985	100	34.7:43.0:22.3	
1986	100	34.1:42.2:23.7	

续表

年份	地区生产总值	三产比例	发展方式
1987	100	32.2∶43.1∶24.7	旺盛的非理性消费需求引发严重供需矛盾，导致极为粗放的经济增长方式
1988	100	29.7∶44.5∶25.8	
1989	100	27.8∶44.8∶27.4	
1990	100	28.1∶42.1∶29.8	
1991	100	28.8∶41.2∶30.0	
1992	100	24.3∶45.5∶30.2	
1993	100	21.5∶49.0∶29.5	产业内部结构的调整优化，促使发展方式逐步从外延性粗放式，开始转向内涵性集约式
1994	100	20.2∶49.2∶30.6	
1995	100	20.4∶47.6∶32.0	
1996	100	20.4∶47.3∶32.3	
1997	100	18.3∶48.1∶33.6	
1998	100	17.3∶48.5∶34.2	
1999	100	16.3∶48.6∶35.1	
2000	100	15.2∶50.0∶34.8	
2001	100	14.8∶49.5∶35.7	
2002	100	13.5∶50.5∶36.0	
2003	100	12.3∶53.7∶34.0	可持续协调发展
2004	100	11.8∶56.5∶31.7	
2005	100	10.4（10.6）∶57.4∶32.2（32.0）	
2006	100	9.7∶57.7∶32.6	
2007	100	9.7∶56.9∶33.4	

注：1. 本表数字按当年价格计算。

2. 2005 年以后执行 2002 年国民经济行业分类（新行业分类），新行业分类中，农林牧渔服务业由第三产业调整到第一产业。括号外数据为旧行业分类数据，括号内数据为新行业分类数据。

1. 第一阶段：1978 年～1992 年，山东三次产业结构理顺与初步调整时期

根据当时经济发展背景和发展形势，我们将这一阶段分为前后两个时期，即 1978～1983 年，1984～1992 年。党的十一届三中全会给山东农村经济带来了翻天覆地的变化，第一、第三产业飞速发展，扭转了“大跃进”和“十年动乱”所造成的山东三次产业结构失衡的局面。到 1983 年底，山东三次产业产出结构比例从 1978 年的 33.3∶52.9∶13.8 变为 40.3∶38.9∶20.8，第一、第三产业所占比重逐步上升，第二产业则快速下降。第一、二产业所占比重是山东自改革开放以来的最高和最低点。农村居民收入水平也同步大幅提高，短短的 5 年时间大致增长了 2 倍多，大大提升了农村居民的消费水平，为后来买方市场的形成和轻重工业结构调整提供了强有力的消费支持。相应的，三次产业从业人员结构比例从 1978 年的 79.2∶12.3∶8.5 变为 1983 年的 77.8∶12.3∶9.9，变动不大。说明源自政策变化的结构调整属于“纠偏”性质，经济发展处于内生性自发状态。从 1984 年开始的第二个时期，受农业大丰收、居民旺盛的近乎非理性消费需求、实施对外开放政策、城市经济体制改革、山东基础设施及轻纺工业优先发展、八大支柱产业快速培植等多方力量的影响和推动，山东三次产业产出结构较前一时期发生较大变化，由 1984 年的 38.2∶41.1∶20.7 变为 1992 年的 24.3∶45.5∶30.2，第一产业快速下降，第三产业稳步上升，第二产业则呈波浪式上升态势。相应的，就业结构从 1983 年的 77.8∶12.3∶9.9 变为 1992 年的 62.9∶23.2∶13.9，第一产业从业人员的比重大幅下降，二、三产业的比重大幅上升。其中，第二产业吸纳了全社会剩余劳动力中的绝大多数，这与当时发展劳动密集型产业的背景相吻合，在此期间经济增长主要依靠投入的增加来完成，且研发投入较少，为缓解供需矛盾，经济领域盛行“短、平、快”和“拿来主义”，方式极为粗放。

2. 第二阶段：1993～2002 年，山东三次产业结构内部调整、优化时期

邓小平南方谈话为社会主义市场经济体制的建立奠定了理论基

础，为适应市场经济发展需要，实施山东经济国际化战略和科教兴鲁战略，建立富有竞争力开放式的产业体系，推动山东经济从大省向强省过渡，山东省委省政府在“八五”期末“九五”期初三年治理整顿取得成效的基础上，面向市场，按比较优势原则对山东三次产业及结构进行了逐步调整和优化。这一时期，农业打破了以种植业为主的传统模式，林、牧、渔业得到较大发展，但种植业为主的经营格局并未改变；以高新技术开发区为发展模式的高新技术产业发展较快，电子信息技术、生物技术、新材料技术、海洋技术等四大领域创出了一定特色，传统产业技术改造取得实效；第三产业再上台阶，邮电通信、公路交通、商业餐饮、金融等业成倍增长。到2002年底，山东三次产业产出结构从1993年的21.5:49.0:29.5演变为13.5:50.5:36.0，第一产业稳步下降；第二产业承接第一阶段的运行特点，在新的更高的起点上继续呈波浪式上升态势；第三产业则稳步上升。从三次产业从业构成看，第一产业的比重下降较大，下降了12.8个百分点。但有资料显示，“九五”时期第一产业就业比重的变化与农业劳动生产率并没有明显的因果关系，说明山东农村剩余劳动力转移十分缓慢；第二产业增加了1.6个百分点，出现了阶段性放缓迹象，隐含着技术进步因素的影响；第三产业就业比重大幅上升，为11.1个百分点，升速加快。从绝对量来看，2002年第一产业就业人数比1992年减少了64.5万人，第二、三产业则分别增加了374.3万人和785.6万人，第三产业取代第二产业成为就业主渠道；而第二产业尽管就业人数有所增加，但与不断扩大的产业规模、产业资本有机构成变化不大的现实相比，其吸纳就业的能力在下降；第一产业就业人数下降缓慢。综合起来看，山东三次产业在结构的调整优化进程中，逐步改变外延性粗放的发展模式，开始转向内涵性集约式发展。

3. 第三阶段：2003年至今，山东三次产业结构协调优化时期

自2003年10月，我国开始倡导协调和可持续发展理念，走新型工业化道路，大力实施城市化发展战略，积极开展创新型国家建设。与此相适应，山东下大力气进行半岛制造业基地建设、城市群建设、创新型省份建设和经济文化强省建设，引导三次产业结构协调优化。到2007年底，山东三次产业产出结构从2003年的12.3:53.7:34.0演变为9.7:56.9:33.4，第一产业继续稳步下降；第二产业则站上新的更高的起点，在经历快速发展后趋于稳定；第三产业则呈现“U”型发展态势。从三次产业从业构成看，第一产业占比继续快速下降，四年间下降了11个百分点；第二、三产业均呈稳步提高态势，分别提高了7个百分点和5个百分点。从绝对量分析，一产减少了400多万人，二产增加500万人，三产增加400万人，除第一产业显著减少以外，第二、三产业结构优化调整与从业构成并不匹配。综合起来看，技术进步对各次产业增长的推动作用显著增加，经济社会着手构建高效益、低消耗、少排放、可持续的国民经济体系和资源节约型、环境友好型社会，促进经济发展与人口、资源、环境相协调，走出一条可持续协调发展的路子。

（二）产业结构演变与经济发展方式转变关联关系的基本特点

1. 第一阶段山东三次产业结构演变与经济发展方式转变关联关系的鲜明特点

一是产业占比落差较大，导向性发展方式尚处萌芽期。在第一阶段前后两个时期，各次产业都经历了一个相对波峰或波谷的变动过程，所占比重落差分别达到16.0、14.0和17.2个百分点，这显然与20世纪80年代中期为增加供给，满足消费的各项经济政策有关，并最终导致高通胀。说明在改革开放初期，我们对经济发展的内在规律和相应的发展道路缺乏认识，过于依赖政府投资对产业和产品结构调整的影响力，忽视了市场内生变量相互转换对产业结构的调整力量。

二是结构调整忙于“填平补齐”，发展方式被动而行。在改革开放初期，山东的农业、轻工业、能源、交通等产业均属于当时山东产业链中的“短缺”环节。优先发展这些产业，能尽快满足市场需求，有助于改善不合理的供求关系，建立和完善产业链。这种产业和产品结构的快速调整基本上贯穿了整个“七五”和“八五”时期。但随之而来的问题是，在如何处理好结构调整和发展方式的关系方面，由于缺乏长远和整体的发展理念，导致部门投入产出效果越好，整体投入产出效果就越差，影响经济良性发展，说明当时的产业结构存在重大缺陷，整体素质较差，发展理念和发展方式属于从属地位，只能配合“填平补齐”式的结构调整。

2. 第二阶段山东三次产业结构演变与发展方式转变关联关系的鲜明特点

一是结构变化相对平稳，导向性发展理念与方式初露端倪。产出结构从“八五”时期的“二、一、三”结构变为“二、三、一”结构，提高了一个档次。各次产业的比重落差分别为6.7、0.8和6.1个百分点，大大低于第一阶段三次产业的落差，呈现平稳运行的态势，表明政府在吸取了第一阶段全省三次产业迅猛扩张、大幅波动的经验和教训之后，开始重视经济发展理念与方式等战略思想对产业结构和经济发展态势的重大影响，并重视和正确运用经济规律，协调供求和各产业间的相关关系，推动山东经济结构素质不断提高。

二是产业结构得到初步调整和优化，与经济发展方式首次形成联动效应，结构层次得到提高。“治理、整顿、巩固、提高”八字方针的贯彻和实施，表明政府经济发展思路的重大转变，产业发展逐步展开由内而外，由表及里的调整，各产业内部结构得到调整与优化，产业间形成协同推进，各次产业开始从数量扩张型向素质内涵型转变。这一时期，山东传统产业技术改造、农业产业化、高新技术产业化，引进外资和开拓国际市场以及相关服务业都取得了突破性进展，特别是引进外资所带来的技术与管理对山东传统产业的技术改造影响巨大。同时山东多数企业集团通过“走出去，引进来”的方式获得快速发展，推动山东三次产业结构不断调整和产业素质不断提高。

3. 第三阶段山东三次产业结构演变与经济发展方式转变关联关系的鲜明特点

一是产业变动均衡有序，发展方式战略性导向作用受到广泛重视。“十五”以来，随着经济景气度的进一步提升，山东加大了对房地产、汽车工业、钢铁工业等重点行业的培植，带动第二产业迈上新的台阶，同时大力实施城市化、经济国际化等战略，坚持用高新技术改造提升传统产业，各次产业均出现数量扩张、素质改善的良好发展态势，产业素质显著提升。其中，现代农业、新型工业、现代服务业在可持续发展战略指导下取得长足发展，国民经济开始出现投资、消费、出口三驾马车协调拉动经济增长的良好局面。

二是产业结构围绕工业化进程调整布局，发展方式开始注重协调和可持续性。在农业基础得到进一步巩固的基础上，山东省、市、县纷纷确立工业强省、工业立市、工业强县战略，推动工业化进程，产业结构围绕工业化进程调整布局，更加注重协调拉动经济增长，产业整体素质产生质的飞跃。其中，第一产业的农产品深加工和第三产业的生产性服务业得到快速发展，各产业关联度不断提高。同时，产业的空间布局更加清晰，区域经济走向一体化、国际化。产业整体素质的不断提高和经济发展方式的适时转变相辅相成。

二、山东三次产业整体素质所存在的问题对经济发展方式演变的影响分析

（一）产业结构不合理对经济发展方式演变的影响分析

1. 产业总体层次不高，制约发展方式转变

山东是农业大省，第一产业基础较好，但生产率水平较低，增加值占 GDP 比重低，而就业比重高；第二产业创新能力不足，国内国际竞争力不强；第三产业尤其是现代服务业实力薄弱。由于总体层次不高，居民收入水平的提高、国民收入水平的调整、城镇化和城乡经济社会发展一体化等目标实现难度较大，影响发展方式转变，不利于尽快形成新的经济增长点和竞争优势。

2. 产业协调性不理想，制约发展方式转变

在山东三次产业中，第二产业产值比重过高，第一产业就业比重过高，就业结构调整相对于产业结构变动而言较慢，第一产业仍存在大量剩余劳动力，而最具吸纳劳动力能力的服务业发展不足，就业比重偏低，影响到产业协调发展。产业结构性偏差造成产业整

体素质和效益水平较低，不利于发展方式转变。从横向比较来看，山东三次产业结构与上海、广东、江苏等发达省市相比差距明显，与世界中等收入国家的差距仍然较大，与印度、巴西等发展水平相近的国家也有一定差距，产业发展的外部竞争压力较大，发展空间受到一定限制，转变发展方式面临一定困难。

3. 经济增长成本太高，持续增长受到制约

山东现行产业结构仍对资源依赖较高。2005 年能源消耗总量居全国首位，是全国唯一一个能耗超过 2 亿吨的省份，达到 2.36 亿吨标准煤，占全国能源消耗总量的 10.6%。万元 GDP 能耗比全国平均水平高 5%。且能源消费结构单一，一次能源消费中煤炭和原油占 98% 以上，特别是煤炭消费占 80% 左右，火力发电占全省装机容量的 99%，核能、太阳能、风能等新能源和可再生能源开发利用水平较低。而低污染、低耗能的第三产业发展水平相对较低，仅占生产总值的 32.1%，比广东、浙江分别低 12.1 和 7.9 个百分点。与此同时，排污总量大，环境容量小的矛盾相当突出，环境负荷压力大。目前，全省二氧化硫排放总量居全国第一。化学需氧量排放总量仍居全国前列。根据美国世界观察研究所的一份研究报告显示，在过去高速发展的 20 多年里，我国每年由于环境污染所造成的损失估计占到 GDP 总量的 10%，山东省也不会低于这个比例。发展方式转变任务紧迫且困难重重。

（二）三大产业内部结构不合理对经济发展方式演变的影响分析

细分山东三大产业的行业构成发现，传统行业占了绝大部分比重。第一产业中的种植业和畜牧业，第二产业中的原材料工业、能源工业，第三产业中的交通运输、邮电通信、餐饮、批零贸易等占比都很大。相比之下，代表先进生产力发展水平的农产品精加工及服务、通信及电子信息、软件、新材料和新能源、金融等资金密集型和技术密集型等行业，尽管成长较快，但所占份额较少。其中，工业经济占了全省经济的半壁江山，而传统的重化工工业又占了工业经济的大部分比重。以工业为例，钢铁、有色、化工、建材等资源初加工型产业、劳动密集型产业比重大，高耗能行业的落后生产能力、工艺装备和产品占有相当大的比重；信息、生物、新材料、航空航天、海洋等技术密集型、资金密集型产业比重偏低。在制造业内部，多为劳动密集型的消费品制造业比重，明显高于多为资本、技术密集型产业的资本品制造业，与发展中国家接近，与发达国家正好相反。可见，产业内部结构不合理的现状，将存在相当长时期，影响着总体经济的可持续发展，在一定程度上制约产业素质提高和发展方式转变进程。

（三）产业发展要素问题对经济发展方式演变的影响分析

山东劳动力的问题关键是缺乏高层次人才和熟练工人，导致许多工作无法顺利开展；资金的问题主要是流向不合理，中小企业资金缺口太大，而一些容易获得资金的企业利用效率又不算高；技术问题主要是创新能力不足，这既涉及教育问题，又涉及企业研发力量不足，或资源共享的联合研发能力较弱；管理方面，政治体制不合理问题已经或多或少对经济产生深层次影响，其中包括产业政策的合理制定和落实难度较大，需要通过加大改革力度坚持不懈地去解决。

（四）服务业发展滞后，影响总体经济的健康发展

多年来，繁荣发展服务业一直是山东经济发展的重大战略之一，但结果并不理想。“十五”以来，山东服务业在经济总量中所占比重持续下降。最近三年，第三产业增加值占 GDP 的比重仅为31%左右，低于其他发展中国家的水平，更低于发达国家 60% ~ 80%的水平，相对“十五”初期，下降了3 ~ 5 个百分点，降幅较大，与产业演进规律相悖，与发展战略初衷不符，产业结构的优化升级受到制约。同时，由于服务业发展滞后，吸纳就业能力降低。据统计，“十五”以来，山东三次产业就业人员构成从 2000 年的53. 1: 23. 6: 23. 3，演变为 2005 年的 40. 2: 30. 5: 29. 3，至 2006 年变为 39. 1: 31. 4: 29. 5，第一产业减少的就业比重，主要转向第二产

业，其次才是第三产业，就业弹性高的第三产业，并未显示出应有的就业优势，难以配合解决山东年度劳动力50万人左右的供求缺口，如果再考虑技术进步等因素，全省就业形势更加严峻，政府和产业部门将面临产业技术升级和扩大就业的两难选择，严重影响总体经济健康发展和发展方式转变。

三、制约山东经济发展方式转变的产业因素分析

由于山东产业整体素质的缺陷导致全省经济发展方式转变较为困难，其中的制约因素较多，包括发展思路、投资体制、创新能力等。

（一）经济发展理念有失偏废

长期以来，对速度的特殊偏好，已成为经济发展理念的重要组成部分。受此影响，重投资轻消费，重发展轻民生，重经济轻社会，重引进轻消化和创新，重外延式增长轻内涵式增长等问题普遍存在，导致经济建设行为短期化，经济发展目标更多依靠投资推动。经济发展模式粗放，资源消耗高，发展不均衡，分配不公，社会生存及发展环境与经济发展不和谐，削弱了经济与社会发展后劲，制约着我省经济发展方式转变和经济发展潜力的挖掘。

（二）产业发展定位不够清晰

目前山东省经济正处于重大转折时期，总体经济在国家经济和区域经济中的定位十分重要，它将深刻影响未来经济走势，影响经济结构优化调整。从我省目前出台的强省建设、海上山东建设、制造业强省建设等一系列战略和规划看，其发展目标、如何发展、整体功能等相关定位较为模糊，尤其在处理区域布局和行政区划方面缺乏有效的整体联动，极有可能导致战略规划难以实施。在主体功能区战略规划方面，由于政府职能部门欠缺统一协调、协商和严格的制度保障，往往造成某些战略定位存在明显分歧或认识的模糊不清，造成理解难和执行更难等问题，发展定位和功能定位的科学性

得不到有效保障，影响经济发展方式的转变、经济结构调整优化的进程。

（三）区域之间产业发展差距较大

虽然近年来山东区域经济协调发展取得了重要进展，但是区域发展差距不断扩大的问题尚未得到有效解决。区域之间的经济总量和各项人均指标的差距显著，而且呈现继续扩大的趋势。特别是东中西部区域之间的发展差距，不仅体现在经济发展差距上，而且还体现在产业结构不协调和社会发展差距上。东部8市虽然人口、面积都没有达到全省的50%，但三次产业都占一半以上，其中第二、第三产业将近70%，而西部3市除第一产业产值较高，第二、第三产业所占比例较低，与其人口、面积所占比例极不相符，各产业有待进一步发展。东中西三部分产业结构的空间分布虽不均，但各部分三次产业特色也不突出，尤其是西部4市，虽具有耕地等农业资源优势，但发挥的作用不明显。济南—青岛，这些沿线大城市的辐射作用不强。加快欠发达地区经济发展、缩小地区发展差距是山东落实科学发展观、转变经济发展方式面临的一项重要任务。

（四）产业和行业的管理体制和机制不完善

市场经济的深化使经济的各个层面得到丰富和发展，创新日益增多，问题也日趋复杂，客观需要管理体制和机制创新，需要高效率的管理，但由于改革滞后，现行管理体制和机制在许多领域很难及时提供系统化整体化的配套管理服务，管理缺位现象较为普遍；同时，由于许多管理部门职能交叉，责权利不匹配，对经济活动中许多综合问题的处理不能形成有效的相互支持、协调和监管统筹机制，管理漏洞和盲区较多，管理不到位现象也时有发生；为取得更多政绩，对经济主导性过强，越位管理现象严重，尤其是投资体制和机制改革严重滞后，助长了经济增长风险。管理体制和机制的不适应，使本来易于监督、发现和解决经济发展方式问题变得复杂化，不利于调整工作的顺利进行。

（五）产业政策有待完善，落实也较难

随着国内经济创新活动和对外贸易的日新月异，现有政策不配套，落实不到位的问题已逐渐成为困扰管理层、影响经济正常运行的最大难题。一方面，现行经济政策的许多方面与实际不相适宜。表现在地区间、不同产业和行业间、不同所有制企业间所享受的政策差别较大，人为因素较多，有悖于市场公平原则，干扰了正常的市场秩序，不适应市场竞争与发展的需要。而在对一些经济问题的处理上，也缺乏综合配套的经济、行政和市场政策支持。另一方面，政策落实较难。由于缺少配套措施，有的地方和部门出于自身利益考虑，执行政策不严肃、落实不力。比如发展循环经济政策执行阻力就非常大。在对经济特区和经济开发区两税是否合一的问题上争议颇多。地方间制定相关财税政策缺乏一体化考虑，存在不公平或过度竞争现象，损害了整体利益。上述问题都不同程度地阻碍了经济结构调整优化进程。

（六）自主创新能力不足

自主创新主要是指技术创新。据资料显示，目前我国技术创新能力在世界 49 个主要国家中居第 28 位，处于中等偏下水平；关键技术自给率低，对外技术依存度达 50%。由于缺乏核心技术，缺少自主知识产权，产业高层次空心化现象严重，在国际产业分工中处于低端位置，只能靠大量消耗资源维持经济增长。经济社会全面协调可持续发展受到严峻挑战。山东省的情况和国家的基本类似。深入分析发现，尽管影响技术创新的因素是多方面、多层次的，涉及政府、科研部门、企业、中介组织等机构的理念、行为以及国际交流与合作，但难点主要体现在人才、资金、科学技术、市场、管理机制以及这些关键要素的组合效应和整合机理。目前山东省在创新团队建设、资金投入以及产学研结合方面存在许多问题。尤其是资金投入严重不足，除了海尔等大型企业研发投入占企业销售收入的 3% 以上外，多数在 1% 以下，如果按国际标准，低于 1% 就意味着企业难以生存，自主创新能力之低可见一斑。由于自主创新能

力较低，山东省在农业良种选育及产业化、制造业关键技术、先进服务业等领域严重受制于人，产业结构升级、转变经济发展方式等方面困难重重。

四、提升三次产业整体素质，推动山东经济发展方式转变的政策措施

（一）适时更新发展理念

转变经济发展方式必须要更新发展观念。发展理念决定发展方向，影响发展进程。树立科学发展理念，就是要自觉增强科学发展的意识，抛弃不符合科学发展观要求的经验主义、惯性思维，切实把经济社会发展转到以人为本、全面协调可持续的轨道上来。

1. 建立适应市场经济发展要求的政绩观

要充分认识到片面追求经济增长的危害性，逐步改变政府主导经济增长的做法，把工作重点真正放在增强经济实力、激发发展活力、提高整体竞争力上，使之成为政府管理理念和政绩观的核心内容，不断提高城乡人民生活水平和质量。

2. 建立科学的发展观

关键是要积极推进经济增长方式从粗放的资源消耗型向集约的生态型发展方式转变，建立起循环经济发展体系，促进生产生活生态协调发展、整体推进，努力提升发展层次和水平，实现经济更好更快地发展。

（二）抓紧完善产业功能区划

完善产业功能区划，既是保持国民经济持续健康发展的需要，也是实现经济发展方式转变的关键。要按照主体功能区划分要求，促进地区经济有序协调发展。要逐步消除城乡二元经济结构，坚持把解决好“三农”问题作为全党工作的重中之重，推进社会主义新农村建设，促进城镇化健康发展。

1. 促进区域经济协调发展，努力形成“一体”带动、“两翼”齐飞的区域发展新格局

“一体两翼”是当前山东省区域经济发展新格局的重要概括，是区域经济协调发展的重要载体。应在认真贯彻落实主体功能区划分的基础上，结合“一体两翼”发展思路，编制实施山东主体功能区规划，并制定相应的政策和评价指标，逐步形成各具特色的区域发展格局，以进一步优化各地经济发展布局，促进区域经济协调发展。应充分发挥“一体”经济社会发展水平比较高的优势，促进其产业结构逐步实现由劳动密集型向资本、技术密集型为主转变，打造全国开放程度最高、发展活力最足、市场竞争力最强的高效增长带。鲁南经济带作为山东省经济发展的“南翼”，经济基础相对薄弱，其产业结构要突出生态、突出特色，充分利用现有港口、资源优势，尽快建成农林牧产品、煤化工、新型建材、机械制造等生产基地和商贸物流集散地。黄河三角洲高效生态经济区的建设，要大力发展高效农业、精细化工、生态旅游等主导产业，加快打造融入环渤海经济圈的产业基础。

2. 健全区域协调互动机制，形成区域间相互促进、优势互补的互动机制

一是健全市场机制。打破行政区划的局限，克服人为的地方保护主义，促进资金、技术、人才等生产要素在区域间自由流动，在更大区域范围内实现资源和要素的优化配置，引导产业合理转移，提高国民经济的整体质量和效益。二是健全合作机制。鼓励和支持各地区开展多种形式的区域经济协作和技术、人才合作，形成一体带动、两翼齐飞的发展格局。三是健全互助机制。发达地区要采取对口支援、社会捐助等方式帮扶欠发达地区。四是健全扶持机制。按照公共服务均等化的原则，加大国家对欠发达地区的支持力度，加快欠发达地区经济社会发展。

3. 统筹城乡经济协调发展，努力形成城乡一体化、促进平等发展、共同进步的新局面

扎实稳步推进新农村建设。按照生产发展、生活宽裕、乡风文明、村容整洁、管理民主的要求，坚持从各地实际出发，尊重农民意愿，扎实稳步推进新农村建设。搞好乡村建设规划，通过农民辛勤劳动和国家政策扶持，逐步改善广大农村的生产生活条件和整体面貌。大力发展农村公共事业。加大各级政府对农村投入的力度，扩大公共财政覆盖农村的范围。充分挖掘农业内部增收潜力，推进农村产业化、标准化、国际化发展，增强农业综合竞争力，千方百计增加农民收入。大力发展县域经济，加强农村劳动力技能培训，引导富余劳动力向非农产业和城镇有序转移，带动乡镇企业和小城镇发展，促进城镇化健康发展。继续完善现有农业补贴政策，保持农产品价格的合理水平，逐步建立符合国情的农业支持保护制度。加大扶贫开发力度，提高贫困地区人口素质，改善基本生产生活条件，开辟增收途径。因地制宜地实行整村推进的扶贫开发方式。对缺乏生存条件地区的贫困人口实行易地扶贫，对丧失劳动能力的贫困人口建立救助制度。逐步建立城乡统一的劳动力市场和公平竞争的就业制度，依法保障进城务工人员的权益。

（三）突出发展服务业尤其是生产性服务业和文化产业

1. 加快发展服务业，尤其是生产性服务业，是贯彻落实科学发展观，转变经济发展方式的内在要求

一是贯彻富民强省总体要求，推进产业结构调整，进一步优化产业升级，完善社会主义市场经济体制，扩大对外开放，提高开放型经济水平，扩大就业，提高人民生活水平。二是突出抓好生产性服务业，规范提升面向人民生活的服务业，充实改善面向农村的服务业；加快推进服务业的自主创新和人才开发，积极参与国际服务业的竞争；大力发展现代服务业，培育主导产业和优势行业，建设一批服务业大产业、大项目、大集团；坚持改革创新，解决好制约服务业发展的体制性障碍。三是对服务业进行科学分类，健全统计制度。按照科学性、完整性、可操作性的要求，对全省服务业进行科学分类、规范统计、健全考核、明确分工、责任到人。在此基础上，建立能够覆盖全社会和所有行业的、准确反映全省服务业发展水平的、规范健全和完善的服务业统计调查制度。四是使生产性服务业与制造业分离，促进生产性服务业向专业化发展。在制定规范、科学分类的基础上，加强培训，做好财务制度和统计制度等基础工作。五是对政策落实情况进行调研和检查，研究制定推进工作落实的措施，制定吸引世界知名服务业企业集团和金融、保险、社会中介在山东设立总部、分部的政策措施。

2. 大力发展文化产业

一是促进文化领域投资体制改革，建立多元化投融资机制。继续加强文化基础设施建设，进一步完善基层公共文化体系，为文化产业的发展创造良好条件。要把文化产业纳入服务业发展的重点领域，积极利用国家服务业发展引导资金支持文化产业发展。文化事业和文化产业的重大基础设施和标志性工程，要列入各级政府的重点工程，加强管理、服务、协调和监督，为项目创造良好的建设环境。积极拓宽文化基础设施和文化企业的融资渠道，促进文化产业的银企合作，帮助文化企业争取信贷资金支持。

二是推进文化领域的改革开放，增强文化产业发展的内在活力。把文化体制改革纳入各地经济体制改革的总体框架，协调、配合有关部门制定好文化体制改革的总体方案，完善改革的配套政策，选好改革的突破口，重点推进。加快文化事业单位的转企改制，着力培育文化企业和企业集团。要把文化项目投资与文化存量资产的流动重组紧密结合起来，配合有关部门，积极推进文化企事业单位的调整和改组，促进各领域的优质文化资源向优势区域、优势行业、优势企业集中。综合运用投融资、产业政策、价格等手段，支持报业、出版、广电、演艺等文化企业和企业集团加快发展，做大做强，培育一批带动山东省和各地文化产业发展的龙头企业。鼓励和支持文化企业实施名牌战略，创建名牌文化产品和服务。放手发展民营文化企业。认真贯彻落实《国务院关于非公有资本进入文化产业的若干规定》（国发［2005］10号），鼓励和引导非公有资本投资经营文化设施，参与文化事业单位的改企改制，兴办文化产业项目。非公有制文化企业在项目审批、融资等方面与国有文化企业享受同等待遇。加快文化产业的对外开放步伐。把文化产业作为招商引资的重要内容，提高文化产业项目的策划和推介水平，积极引进战略投资者参与山东省文化企业的改组改造，增强山东省文化产业的创新力、竞争力。大力支持和鼓励本省文化企业和特色文化产品“走出去”，积极开辟省外和国外市场，增强中原文化的影响力和辐射力。

三是努力为文化产业创造良好的发展环境。落实好文化项目进口设备的税收优惠政策。实行优惠的收费政策，清理涉及文化领域乱收费。各级发展改革委要充分发挥综合协调职能，加强与有关部门的合作，结合本文件精神，将国家和省出台的促进文化产业发展的各项政策措施落到实处。

（四）促进自主创新

自主创新能力的提高，是实现经济发展方式转变和产业结构调整的中心性环节。加快技术创新步伐，提高技术创新对经济发展的推动力，是转变经济发展方式，保持经济持续健康发展的关键。

1. 营造良好的创新环境

各级党委、政府应组织多种形式的鼓励科技创新宣传活动，增强全民创新意识，营造勇于创新、尊重创新和激励创新的文化氛围。

2. 抓好省级科技创新平台建设

强化政策支持力度，逐步完善以企业为主体、市场为导向、政产学研金相结合的创新体系，着力构建三大科技平台。对共性的、基础性的技术创新，应增加投入，实施税收激励；积极调整金融政策支持，加大对创新贷款的扶持力度，加大一些与创新相关的风险投资，为一些周期长、投入大、社会效益好的技术创新提供有力的资金支持。

3. 抓好重点领域和关键环节的技术创新

主要是围绕“三个一批”、“七大产业链”和山东省高新技术优势特色产业开展好重大技术创新活动。同时要注意处理好技术改造、技术升级和企业近期与长期经济效益的关系。

4. 加强组织领导和考核监督

建立党委领导、政府实施、部门各负其责、社会共同参与的工作机制。要把推进自主创新能力建设的目标任务作为党政主要领导政绩考核的重要内容，纳入重点目标责任制加以考核。加大督查力度，确保各项工作落到实处。

（五）建立产业监测和评价机制与体系

建立系统地反映产业评价指标体系和一整套常规性的监测与评价机制，力求客观、准确、全面、深入地反映各产业在总体经济中的地位状况，同时不断完善其预测功能、预测方法和预测模型，及时为产业发展和产业整体素质的提高提供科学的数据基础和现实依据。

（课题负责人：王树理、薛占胜、杨自力，课题组成员：马彪、王芸、卢华）

构建“两型产业”体系，加快武汉市经济发展方式的转变

武汉市发展改革委学术委员会课题组

转变经济发展方式，是在探索和把握我国经济发展规律的基础上提出的重要方针，也是从当前我国经济社会发展的实际出发提出的重大发展战略。转变经济发展方式就是要走一条结构优化、能耗降低、效益提高、区域协调、城乡统筹、民生改善、社会繁荣、人民幸福安康的和谐发展之路。武汉城市圈于2007年底获批为“两型社会”综合配套改革试验区，武汉市要借此历史机遇，构建“两型产业”，推动产业结构优化升级。要加大经济结构调整力度，加快转变经济发展方式，促进国民经济“又好又快”发展。

一、“两型产业”与转变经济发展方式的关系

1. “两型产业”与转变经济发展方式目标一致，方向相同

改革开放30年来，中国经济发展与社会进步取得了举世瞩目的伟大成就，从一个积贫积弱的大国跃升为全球第三大经济体，2008年外汇储备超过日本跃居世界首位；贫困人口从2亿多锐减至1500多万，基本解决了温饱问题，人民生活正从“温饱”向“小康”迈进；城市化进程大大加快，从改革开放之初的17%提高到2007年的44.9%，城镇居民人数达到5.77亿人。但是我们的发展长期以来走的是一条“粗放型”发展之路，靠的是土地、能源、人力、资金等的大投入，但投入产出比较低，资源利用率不高。30年的高速发展之后，我国的土地、能源、环境等客观条件发生了很大的变化，土地和能源日益紧张，并且价格高昂，我国经济发展的资源成本大幅度上升。环境问题突出，水污染、大气污染严重，中国主要水域均有不同程度的污染，其中尤以淮河污染和太湖污染为

重，全国600多座城市超过2/3的空气质量不佳，2004年联合国发布的20个不适宜人类居住城市中有16个在中国，可见中国环境问题之严峻。

正是在这样的国际国内环境下，原先的“粗放型”工业化道路走不通，我们要寻找一条新型的工业化道路，走可持续发展之路。党的十七大报告提出了“转变经济发展方式，推动产业结构优化升级”和“加强能源资源节约和生态环境保护，增强可持续发展能力”的要求和目标，为应对能源、环境危机，探索新型发展道路指明了方向。发展“两型产业”和转变经济发展方式同处于一个时代背景之下，都是中国对新型发展模式做出的探索，其目的都是为了应对能源、环境问题，使中国经济社会发展走上一条可持续的良性发展道路，实现人口、资源和环境的和谐发展。

2. 发展“两型产业”是转变经济发展方式的重要内涵和必然要求

转变经济发展方式，就是经济发展要改变以前靠高投入、高消耗来换取经济的增长，而是要转变为靠科技进步、人力素质提高、自主创新等来取得经济快速发展。转变经济发展方式其目的就是要解决我国日益严峻的能源、环境问题，实现经济发展的可持续性，所以，必然要求发展绿色产业、高科技产业、节能环保产业，也必然要求进行产业结构优化升级。从广义上来说，凡是符合“资源节约和环境友好”要求的产业都属于“两型产业”，这些产业都是转变经济发展方式必须要大力发展的行业。

发展“两型产业”坚持了经济发展的可持续性，考虑了经济结构调整、优化和产业升级，符合转变经济发展方式的要求。发展“两型产业”也坚持了经济发展与社会进步的和谐性，考虑到了人口、资源、环境与经济发展的关系，有利于解决资源、环境问题，符合经济发展方式转变的要求。

3. 发展“两型产业”是转变经济发展方式的重要实现途径和举措

经济发展方式是一个国家或地区经济发展的路径问题、发展道路和发展模式问题。一个国家或地区选择一个什么样的经济发展方式，不仅取决于资源、人力结构、发展阶段等客观条件，而且会带来不同的发展结果。多年的“粗放型”经济发展方式给我国带来的最大负面影响就是能源资源日趋紧张，价格不断上涨，环境污染问题严重，经济发展的可持续性受到挑战。严峻的现实告诉我们，“粗放型”经济发展方式已经走到了尽头，必须转变经济发展方式，在这一点上已经没有疑义，现在关键的是如何实现经济发展方式的转变。

“两型产业”是指符合“资源节约和环境友好”要求，能够实现节能降耗、集约用地、资源循环利用的产业，是技术先进、效率争先、投入产出比高、产品附加值高的产业。“两型产业”具有集约型经济的特征，即技术水平高、能源利用率高、投入产出率高、产品附加值高，是对传统经济发展方式的扬弃，能最大限度地利用资源，能保持经济的长期可持续发展。通过发展“两型产业”，能降低能耗、节约资源、保护环境，也会带动经济发展方式的转变，最终使我国经济走上可持续发展之路。

二、武汉市产业发展的特征和趋势

（一）三次产业结构不断优化

近年来，武汉市经济持续保持较快的发展态势，2007 年全市 GDP 突破3000 亿，达到3141 亿元。从自身发展来看，武汉作为老工业基地，现行的产业结构主要是在原有计划经济的基础上经过改革开放以来的一系列调整后形成的。一、二、三产业比重由 1978 年的 11.7∶63.3∶25 调整为 2007 年的 4.1∶45.8∶50.1。现行工业结构的优势在于，已初步形成门类比较齐全，有一定配套能力的工业基础，特别是武汉拥有的重化工业和装备制造工业，将会在工业化的进一步深化发展中发挥重要作用。武汉市服务业结构的优势在于服务业总量规模不断攀升，服务业在国民经济中占有越来越重要的地位，2002 ~2004 年连续三年，第三产业占比超过了 50%（见图 1）。

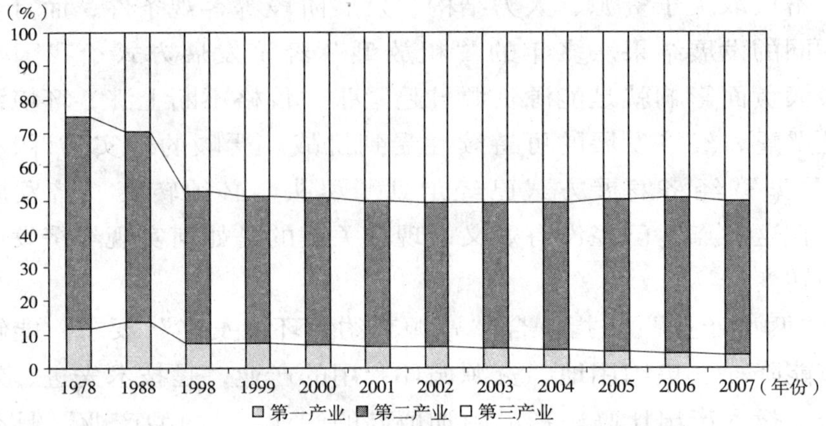

图1　武汉市一、二、三产业比重的历史变化

注：数据源于《武汉市统计年鉴2008》。

从三次产业结构的简单比较来看，改革开放以来，武汉市产业结构不断合理化，甚至出现了第三产业比重过半，这种通常发达城市才有的特征。但是很难发现存在的不足和问题，还需要进行其他方面的深层次比较。

（二）重化工产业结构特征明显

从世界主要发达国家和地区工业发展经验来看，大都是从轻工业开始，在轻工业发展到一定阶段，达到了一定的积累后，重化工加速发展并占据主导地位，随后逐步转入信息程度更高的知识密集型高科技产业。从劳动密集到资本密集再到知识密集的演变过程。

改革开放初期，受到全国经济布局的影响，武汉、南京、沈阳等老工业城市以重工业为主，1978年武汉市重工业比重为52.6%；广州、杭州等沿海城市以轻工业为主，1978年广州轻工业比重达到63.2%；青岛、宁波等后发的新型城市也是以轻工业为主，1978年青岛轻工业比重为59.6%。但随着经济持续发展，重工业比重不断提升，到2007年，所有副省级城市重工业比重均超过了50%。原来的老工业城市重工业比重继续扩大，南京重工业最大达到84.7%，其次是武汉77.71%、沈阳71.7%；广州、宁波等沿海城市和新兴城市重工业比重也超过 60%，宁波达到 67.15%。

从武汉自身发展历程来看，作为老工业基地，改革开放初期重工业比重已经超过了 50%，之后重工业的发展速度一直快于轻工业，特别是近年来，在政府工业强市、项目兴市战略的指导下，重化工产业加速发展，到 2007 年，重工业比重达到 77.71%，重工业特征更加明显。

重化工结构明显是武汉市经济最明显的特征之一。通常认为，轻工业是重工业产品的重要需求，轻工业发展缓慢，会减少对重工业的需求能力，会限制对重工业不断增加的产品需求，最终会使重工业的发展受到影响。我们认为，这是一种封闭的、孤立的观点，并不符合目前武汉市对内对外加大开放的实际，相反，我们应该把重化工业看作武汉的一项优势，努力做大做强，不断提高在全国、乃至世界的竞争力（见图 2）。

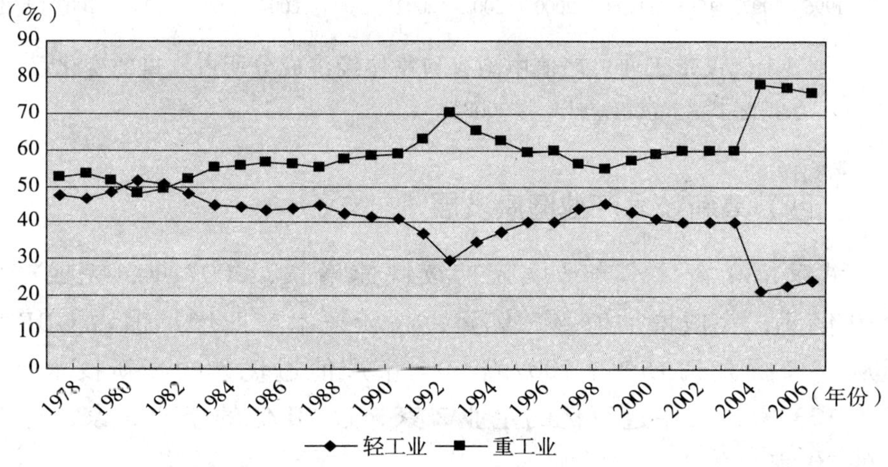

图 2　武汉市轻重工业比重的历史变化

注：数据源于《武汉市统计年鉴 2008》。

（三）国有和集体经济比重逐年下降

武汉市作为全国重要的中心城市之一，加之地理位置、投资环境以及历史文化的原因，中央和省属单位较多，国有经济投资总量大，改革开放前几乎全部为公有制经济，直到 1996 年，武汉市国有和集体经济比重仍达 75.7%。随着国有企业改制的不断推进，这一状况才逐步有所改变，到 2007 年国有和集体经济比重下降为 27.3%（见图 3)。

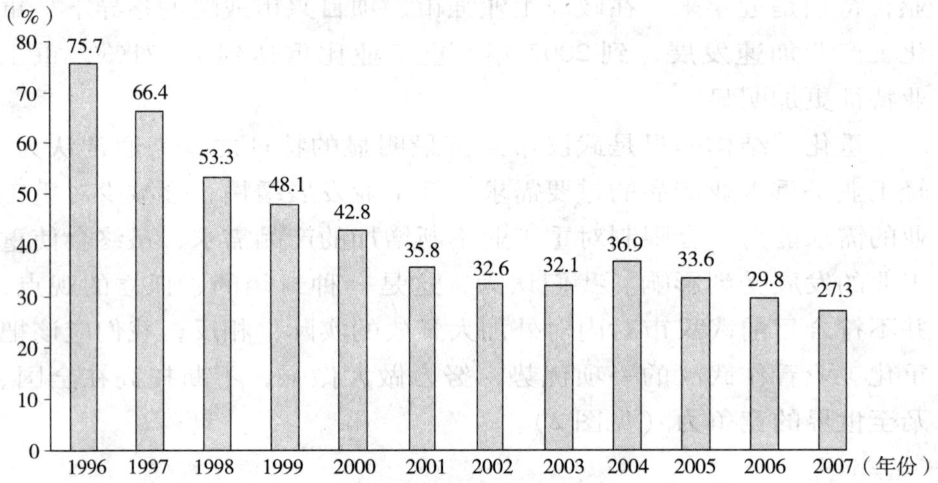

图 3　武汉市工业总产值中国有和集体经济成分所占比重的变化

注：数据源于《武汉市统计年鉴 2008》。

（四）高新技术产业健康发展

武汉市高新技术产业实现持续快速增长，2007 年，完成产值 1380 亿元，完成增加值 475 亿元，高新技术产业增加值占 GDP 比重从 13% 提高到 15%。2007 年，全市产值过亿元的高新技术企业达到 123 家，其中过百亿的企业 2 家，过 50 亿的企业 3 家，过 10 亿的 20 家。

武汉市高新技术产业已初步形成以电子信息、生物技术与新医药、新材料、先进环保与新能源、先进技术制造为主导的五大优势产业，电子信息产业与钢铁、汽车、石油化工一起成为武汉产业结构的四大支柱之一。武汉市高新技术产业在全球产业分工中已占有一席之地。光纤光缆的生产规模上升到全球第三位，国内市场占有率提高到 50%，国际市场占有率提高到 12%；光电器件的国内市场占有率提高到 40%，国际市场占有率达 6%；激光产品的国内市场占有率一直保持在50%左右，并进入国际市场；在环保产业领域，占有了全国电厂水处理市场70%以上的份额、国内烟气脱硫市场50%的份额。

主要企业市场竞争力增强，做大做强的趋势日益明显。随着中芯国际、富士康等项目的顺利推进，随着武钢、神龙、东风日产等百亿企业中“双高（高科技含量、高附加值）”产品产值的不断提高，随着冠捷、烽火通讯、长飞、凯迪、华工科技等企业的快速发展，武汉市在龙头企业发展上取得实质性突破，企业集聚、集群发展态势初步显现。烽火科技、东湖高新、凯迪电力、华工科技等在证券市场上形成了很有影响力的光谷板块。海创电子、中地信息、楚天激光等企业，为我国载人航天工程做出了积极贡献。以大企业、大项目为支撑，以中小科技企业群体为基础的高新技术群体初步形成，产业链不断延伸，武汉市高新技术企业发展偏小、偏散的格局得到较大程度的改善。

（五）城市发展对资金等要素推动的依赖性增大

重化工业是以资金和技术密集为特征的，在重化工业加快发展的新局面下，投资等要素对各大城市优化结构、加快发展更加重要。

从全社会固定资产投资绝对额来看，在所列8个副省级城市中[①]，2007年全社会固定资产投资额武汉最少，成都最多，其次是沈阳。武汉分别比成都和沈阳少674亿和465亿元。

“十五”前期，南京、青岛、杭州投资保持了20%以上的增幅，南京市投资对经济增长的贡献率一度达到124%。近几年，成都、沈阳等城市投资也在不断加速，增速在2004年、2005年居副省级城市首位，2006年、2007年仍保持了30%以上的增长速度，2006年投资率分别达到72%和77%，远远超过武汉市的55%，实际投资规模已超出武汉市的1/3。

在投资结构上，其他城市更加重视产业投资，强化工业项目策

---

① 8个副省级城市是指武汉、成都、沈阳、南京、青岛、杭州、广州和宁波。

划实施，为工业快速发展提供充足动力。“十五”以来，南京、宁波、杭州等市工业投资占全部投资比重都在30%以上，而且这一比重仍在不断上升，2007年，南京市工业投资占比达到49.82%，比2003年提高12多个百分点；重庆市工业投资占比达到33.49%，而2003年这一比例是21.06%。武汉市在这段时间工业投资占比基本维持在25%左右，从未超过30%。

三、武汉市产业结构存在的问题

（一）从产业互动来看，生产性服务业发展不足

通常认为交通运输、现代物流、金融服务、技术研究与开发、信息服务和商务服务等行业构成生产性服务业的主体。生产性服务业能够与第二产业密切融合，细化和深化专业化分工，降低社会交易成本，提高资源配置效率。

从交通运输业来看，武汉市交通运输、仓储和邮政业增加值为182.74亿元，只有广州的1/4，远远低于大连；占第三产业的比重为11.62%，约比广州低6个百分点。从信息服务业来看，武汉市信息服务业增加值为104.99亿元，只有广州1/3，远远低于大连；占第三产业的比重为6.68%，约比大连低6个百分点。从金融业来看，武汉市金融业增加值约为195.23亿元，占第三产业的比重为12.41%，均低于杭州、宁波和南京。而广州、南京和宁波均有地区性上市银行作为金融业核心企业。杭州是全国金融机构种类最早齐全的城市之一，也是全国金融业务增长最快的城市之一，目前提出了打造长三角南翼区域金融中心的目标。从交通运输、金融业、信息服务三个行业合计占第三产业比重看，武汉低于广州、宁波、青岛、大连。

（二）从投资的三次产业结构来看，工业投资明显较弱

从全社会固定资产投资的三次产业构成来看，2007年武汉第二产业投资额为463.49亿元，仅相当于南京、宁波、青岛、沈阳

的一半。武汉第二产业投资比重为26.75%，略高于广州，低于其他城市，分别比青岛、宁波、南京、沈阳低24.11%、19.74%、17.54%和11.82%。武汉第三产业投资额为1250.63亿元，分别比广州和沈阳低300亿元和100亿元，高于南京、青岛、宁波等城市，这主要是由于近年来武汉加大城市基础设施投资和建设力度。

而其他城市更加重视产业投资，强化工业项目策划实施，为工业快速发展提供充足动力。“十五”以来，南京、宁波、杭州等市工业投资占全部投资比重都在30%以上，而且这一比重仍在不断上升，截至2007年，南京市工业投资占比达到49.82%，比2003年提高12多个百分点；而武汉市大部分时间这一比例维持在25%左右。

通过上述比较可以发现，武汉市第二产业投资明显不足，这也是武汉市工业发展不快，近年来逐渐落后于南京和成都，被沈阳和大连步步紧追的主要原因。

（三）从规模结构来看，规模以上的中小型企业发展不够

武汉市工业结构类似区域结构，大企业优势明显，首位度和集中度比较高，但亿元和10亿元以上企业比较少，缺乏持续快速发展的支撑。

从规模以上工业企业数量的比较来看，武汉2007年有1695家，不到宁波的1/6，杭州的1/5，广州的1/3，沈阳的1/2，远低于南京和成都。

从规模以上工业总产值的比较来看，武汉2007年为3525.64亿元，仅高于成都，不及广州的1/3，杭州的1/2，宁波的1/2，远低于南京和沈阳。

从企业规模来看，武汉2006年销售收入100亿以上的企业6家，50亿~100亿以上的工业企业有1家，10亿~50亿以上的28家。而沈阳2006年销售收入100亿以上的企业1家，50亿~100亿以上的工业企业有8家，10亿~50亿以上的40家。沈阳机床、北盛、远大、华晨宝马、北方重工等装备制造企业产值很快将超百亿元。

比较发现，沈阳形成了一批成长性较好，规模在10亿元以上的工业企业，将产生新的百亿元的企业。而武汉市虽然百亿元以上的大企业优势明显，但是10亿元企业发展不足，导致规模以上工业整体发展不足，缺乏持续快速发展的后劲。

（四）从所有制结构来看，国有和集体经济比重较大

武汉市作为全国重要的中心城市之一，中央和省属单位较多，国有经济投资总量大，改革开放前几乎全部为公有制经济，直到1996年，武汉市国有和集体经济比重仍达75.7%。随着国有企业改制的不断推进，这一状况才有所改变，到2003年国有和集体经济比重下降为29.8%，2007年为26.3%。

与其他副省级城市相比，沿海发达城市以民营经济为主，例如广州国有和集体企业比重仅为6.6%。同为老工业基地的沈阳和南京，原来国有和集体经济较强，经过国有企业改制和民营经济的加快发展，国有和集体经济比重下降到9.7%和12.6%，与杭州、宁波等城市相当。特别是沈阳2007年完成了24户重点企业227户中小企业改制任务，国有经济比重将进一步下降。

可见，武汉市国有和集体经济比重明显偏高，而国有和集体企业整体活力不足，也是制约武汉市进一步加快发展的重要因素。

四、发达国家和地区产业结构优化升级的经验

经济的发展，一方面表现在经济总量的不断增长，另一方面是与之相伴的产业结构的不断演进。一般来说，在经济发展中，总量增长在很大程度上取决于结构状态，总量和结构是相互依存、相互作用、紧密联系的两个变量。世界主要发达国家和地区经济发展大都经历了极为类似的结构调整过程。

（一）美国：技术创新和经济全球化是产业升级的重要动因

二战以来，美国在全球科技创新方面居于领先地位。20世纪90年代以后，又确定了包括生物技术、光电技术、计算机及通信

技术、材料设计技术、航天技术等10大类高技术领域的领先优势。信息技术方面，20世纪90年代下半叶，美国创新信息技术并将其产业化，开创了新经济时代。尽管在2001年网络泡沫破灭，信息经济受到挤压，但是信息产业已经建立，信息科技对开创新产业、提高经济效率产生的积极影响仍在不断显现。在生物技术方面，美国在克隆与转基因技术、现代生物医药、生物信息技术等领域都取得了巨大进展，产业化过程加快。1993～1999年间该产业规模已翻了一番，成为推动美国新经济发展的重要代表。

除了在科技创新及其产业化方面的领先优势，近20年来美国市场经济全球化，引导产品市场、劳动力市场和资本市场在全球进行资源和资金配置，也有力地促进了美国的产业升级。一方面，从1990年以来，美国开始大规模以外包与定制方式组织全球劳动力市场，将生产厂房转移到海外，本土劳动力更多的是从事专业服务活动。美国软件与IT外包产业占全球软件与IT外包产业总量的40%。美国企业收入和利润越来越多地来源于全球市场。美国企业通过在研发上的投入，掌握了大量核心的知识产权，通过在市场开拓上的投入，掌握了产品的定价权。企业占据了价值链上主导性的、利润丰厚的位置。另一方面，由于金融业发达，美元、美国金融机构、美国金融市场作为国际金融核心的地位更加巩固，美国成为全球资本配置中心。20世纪90年代后，美国金融业在全球的领先优势扩大，也是美国产业升级的重要表现。

美国产业升级特征明显，经济结构出现了重大变化，即制造业产值比例和就业人数比例下降，金融、专业服务业产值比例及就业人数比例上升，美国经济越来越趋于“白领化”。产业升级也促进美国经济持续快速增长，从1990年以来，美国经济在产业升级和全球化重组的背景下，实现了持续较快增长，1992～2000年均GDP增长率达到4%，2003～2006年，GDP增速也在3.5%以上。

（二）韩国：政府是产业升级的组织力量

在经济发展的阶段性特征上，韩国经济发展走过了“劳动密集型产业—重化工产业—技术密集型产业—知识密集型产业”的历程。1997 年，韩国虽然遭受了亚洲金融危机的重创，韩国政府适时进行结构调整、产业升级，实现了产业发展模式的成功转型，大大提升了主导产业的国际竞争力。韩国在发挥中小企业作用的同时，做强做大了一批重点企业集团。2006 年韩国有 10 个企业进入世界 500 强，成为世界上大企业最多的前 10 个国家之一。三星、现代等大企业集团所创造的价值在国民经济中所占比重超过 60%。

在经济转型期，政府是产业升级的组织力量。在工业化不同阶段，特别是对重点主导产业，韩国通过产业政策、规划、立法、基金、政府采购甚至行政干预等手段，进行引导和扶持。产业结构调整的重要举措之一就是进行大企业间的产业互换和合并。通过重组合并，韩国汽车企业由 9 家缩减为 5 家，2007 年又减到 2 家。对处于培育期的主导产业如汽车、计算机产品，韩国政府规定即使国产产品价格较高也要优先采用。2006 年韩国汽车全球销售达 581 万辆，居世界第六。

借鉴韩国经验，我们应该在提高政府及其部门推动产业转型升级方面创新工作方法、转换工作方式。要突出重点，集中有限资源向发展重点倾斜。不能只注重做加法，进一步加大力度、丰富手段做“加减乘除”。在高端制造业等产业上，研究制定和落实鼓励发展的政策措施。该弱化的弱化，对低端产业主要发挥市场优胜劣汰作用。该淘汰的坚决淘汰，对高耗能产业、高污染产业，下决心淘汰掉。

（三）广东：强化产业引导和注重自主创新相结合

在改革开放以来的各个历史时期，从轻工到家电和电子信息，广东都抓住了高增长行业，抓住了国际产业转移及消费需求热点变换的机遇。近年来，在新形势下，广东抢抓国际重化工业产业转移机遇，工业发展政策重点向重化工业倾斜，通过优化产业结构和布局，加大对汽车、石化等产业基地和重要产业项目的投资力度，努力延伸和完善产业链条，发展和提高高新技术产业，推动产业结构不断向高级化、适度重型化发展。其主要做法有：

一是不断强化产业发展导向，优化政策资源配置。2003 年，在广东产业转型升级的关键时刻，广东省开展了深入的工业产业竞争力调研活动，对广东省电子信息、电器机械（机械、家电）、石油化工、食品饮料、汽车等9大产业的竞争力进行了全面的分析和研究。2004年，广东根据这些研究成果，制定了《广东省工业九大产业2005－2010年发展规划》，出台了《关于推动广东省高新技术产业持续快速健康发展的意见》。这些政策理清了9大产业的发展思路和目标，进一步明确了广东淘汰劣势产业和重点发展电子信息、石油化工、装备制造等高增长性产业以及用高新技术改造传统产业、促进产业结构优化升级的发展导向。

二是依靠科技进步和自主创新推动产业结构优化升级。1998年，广东省出台《关于依靠科技进步推动产业结构优化升级的决定》，提出实施科教兴粤战略，推动经济结构和经济增长方式的战略性调整。2004年，出台《关于加快建设科技强省的决定》，提出“科技是关键，教育是基础，人才是保障”的战略思维。2005年，出台《关于提高自主创新能力提升产业竞争力的决定》，进一步提出实施自主创新战略、建设创新型广东的战略目标。2006年9月，广东出台《关于促进自主创新的若干政策》，决定大幅增加科技投入，倾斜支持企业自主创新。根据这些政策，广东先后组织实施了先进制造技术等方面26个重大科技专项攻关，还开展了对重点领域关键技术的粤港联合科技攻关。还加大了对原始创新的支持力度，重点支持一批显示广东优势和特色的研究团队。

三是大力发展职业技术教育，打破技能人才短缺对产业结构升级的瓶颈制约。产业工人的素质将直接影响到产品的质量、事故发生率和科技成果的转化率。不仅如此，技术创新也将更多来自于基层，尤其是一线技工的实践，那些亲身参与实践的一线技术工人、高级技术工人将是技术自主创新的重要源泉。对此，近年来一度遭遇“技工荒”的广东有着更深刻的体会和认识。由于政府高度重视，2003年以来，广东职业技术教育发展迅猛，结构逐步优化。建设一支高素质的产业劳动大军，为广东走新型工业化道路构筑强大的人力资源支撑。

五、武汉构建“两型产业”体系的关键和重点

结合对武汉产业发展的现状和问题的分析，构建“两型产业”体系的关键，可以借用湖南省副省长陈肇雄的一句话来概括，“优势产业两型化，两型产业规模化”。即要按照资源节约和环境友好的要求，改造和提升钢铁、石化、食品加工等武汉原有优势产业。同时，积极推进环保产业、现代服务业等符合“两型社会”发展要求的产业规模化发展。

（一）传统优势产业如何符合“两型社会”的要求

武汉是一个以传统制造工业为主的城市，传统工业产品主要为钢铁、汽车制造、纺织及化工等，而这些产业均具有生产过程能耗高的特点。目前，武汉市的人均资源消耗量远远高于全国水平。同时，武汉资源利用效率低，目前，万元GDP能耗约是上海的近1.5倍，是美国的3倍多，日本的6倍。要使传统产业符合“两型社会”要求，关键是走新型工业化道路，发展循环经济，推进清洁生产。

（1）从企业层面来说，要对企业生产行为进行约束和指导，推行清洁生产，体现减量化和重复使用的原则。大力推广先进适用的脱硫除尘技术和机动车尾气治理技术及装置，加大治理重点污染源的力度，对冶金、火力发电、建材等“污染大户”进行技术改造。对精细化工与轻纺业这些污染严重的产业，应该重点实施流程工业智能化控制技术应用示范工程、清洁生产与重点工业污染防治示范工程、高效低污染的造纸技术、造纸业治污技术及装置、粮油副食品深加工技术、高附加值的工程塑料、废弃塑料回收利用技术和可降解塑料、新型建筑涂料、新型墙体材料、精细化工材料、纺织印染助剂、氟硅有机系列精细化工产品、原油深加工和综合利用技术、新型农用化肥、新型高档服装面料、轿车用内装饰面料、新型印染后整理工艺技术及设备、复合纤维工程技术等重大项目。对装备制造业，重点实施先进高效发电技术及装备、环保通用机械、

风力发电技术及成套工程设备、智能型的电力传输设备等重大项目，实现能源的节约使用。

（2）从产业链的角度来看，要推进传统制造业集中布局和集群发展，以生态工业园为依托，重构经济生态链，实现资源的再利用，体现循环原则。武汉市要以东西湖和青山区国家循环经济试点园区为示范，支持冶金、电力、化工、建材等重点行业；废旧家电、电子产品、废旧轮胎、废纸、废包装物回收利用，机电产品再制造、再生铝和垃圾资源化等重点领域及工业园区开展循环经济试点。通过试点，提出重点行业、重点领域、工业园区、典型城区循环经济发展模式。提出按循环经济模式规划、建设和改造工业园区以及区域发展的基本思路，树立循环经济的先进典型，为加快推动循环经济发展提供示范和借鉴。在此基础上，在工业企业密集的地区建立生态工业园，主要是以武汉经济技术开发区、东湖高新技术开发区、吴家山国家级海峡两岸科技产业开发园及国家级江汉民营科技园为依托，实现发展经济和保护环境的综合效益。

3. 从产业结构角度来看，要以发展循环经济为目标设计产业结构调整的方向。根据资源条件、区域和行业特点，合理调整武汉市的产业结构和布局，优化资源配置，用循环经济理念指导区域发展、产业转型和老工业企业改造。严格限制新上高耗能、高耗水、高污染项目，加快淘汰落后技术、工艺和设备。鼓励发展资源消耗低、附加值高的第三产业和高技术产业，加快用高新技术和先进适用技术改造传统产业，不断增强高效利用资源和保护环境的能力。政府应加大支持重点节能、节水和资源综合利用项目的力度。

（二）符合“两型”要求的产业如何实现规模化发展

在武汉目前的产业结构体系中，有部分产业是符合“两型社会”要求的，并形成了一定的基础，主要是环保产业、高新技术产业和现代服务业。

环保产业是国民经济结构中以防治环境污染、改善生态环境、保护自然资源为目的所进行的技术开发、产品开发、商业流通、资源利用、信息服务、工程承包等活动的总称。具体包括环保设备、环保服务、洁净技术与洁净产品三大类。

2007年，武汉环保产业产值达到210亿。推进武汉环保产业加快发展，目前的主要重点是：围绕环境保护和环境治理技术、产品与装备的发展，重点培植烟气脱硫除尘、污水处理、环保材料包装、资源综合利用和环境服务等优势领域，增强系统集成能力，形成产业优势和特色。实施凯迪技术研发中心、武锅和长动环保设备制造等一批重大项目，加快青山环保产业核心区建设，形成国内领先的环保产业基地。建立完善城市废水资源化体系等基础设施，加快城市污水、垃圾处理产业化、市场化进程。

高新技术产业通常是指那些以高新技术为基础，从事一种或多种高新技术及其产品的研究、开发、生产和技术服务的企业集合，涉及电子信息、现代交通、航空航天、先进制造、生物医药和医疗器械、新材料、新能源与节能、环境保护等领域。

武汉市促进高新技术产业规模化，要立足科学发展、集群发展、跨越式发展，突出自主创新能力的提高和对全市产业结构升级的带动。强化自主创新发展能力。实现产业发展由跟踪模仿向自主创新转变，大力提高原始创新能力、集成创新能力和引进消化吸收再创新能力。建立以企业为主体、产学研联合为主要形式的技术进步机制，加快区域科技创新体系建设，突破一批制约产业发展的关键技术，大幅度提升高新技术产业竞争力。提高产业集聚力。推进电子信息、生物技术及新医药、新材料、先进环保与新能源、先进制造技术五大重点领域的产业化、集聚化和国际化，实现产业集群发展和规模发展。提高产业渗透力。加快高新技术对钢铁、汽车、石化、轻纺等传统产业的渗透，推进全市经济增长由要素驱动型向创新驱动型转化。提高产业带动力。以高新技术产业发展带动全市产业结构优化升级，全面提高武汉经济整体素质和持续竞争优势，促进科教和人才优势加速向经济社会发展优势转换。

现代服务业是适应现代人和现代城市发展的需求，而产生和发展起来的具有高技术含量和高文化含量的服务业，具有高技术含量、高增值服务、高素质人力资源结构以及强辐射、广就业等特点，包括基础服务、生产性服务、个人消费服务和公共服务等。目前，武汉市服务业中生活性服务业比重大，但生产性服务业特别是新兴服务业则严重不足；尤其是金融、物流、技术、信息、贸易、人才、中介等直接为经济发展服务的服务体系薄弱。加快发展现代服务业要以金融保险业、信息业和现代物流业为突破口。

金融是现代经济的核心。要充分利用武汉作为金融机构区域性总部所在地的优势，加快聚集各类金融机构，建立多种形式的融资平台和信用担保体系，积极为企业提供信贷服务。同时加快保险业和其他各类非银行金融机构的发展。

物流业是与生产性产业联系最为密切。武汉市应加强物流园区和配送系统建设，优先支持第三方物流发展，着力培育大型骨干物流企业，推动汽车、钢铁、石化、水泥等优势产业物流和专业物流加快发展。逐步成长为华中五省物流中心，并不断扩大江海直达及武汉航空港的国际性物流服务。

信息服务业是改造传统产业、带动工业化的产业依托。要通过推进电子商务和电子政务服务，发展软件和技术服务业，强化信息技术与产业的融合，破解软件及系统集成服务业、信息技术服务业的发展明显滞后的难题。

六、武汉构建“两型”产业的主要途径

（一）关键是要提高自主创新能力

要进一步解放思想，突破陈规，在全社会营造一种人人参与创新、关心创新、保护创新、支持创新的氛围，大力倡导鼓励创新、宽容失败的创新文化，加快创新武汉建设。深化科技体制改革，探索建立以企业为主体、市场为导向、产学研相结合的技术创新体系。优化科技资源配置，完善鼓励技术创新和科技成果产业化的政策体系、激励机制和市场环境。发展多种模式的产学研合作创新组织。完善科技投融资体系，以各级财政专项资金为基础，设立创业投资引导基金；引导社会化投资，建立专业性的创业投资基金；创建武汉科技创业投融资服务平台，形成创业投资退出机制。建设以

东湖创业中心为主体、覆盖武汉城市圈的孵化器网络，完善科研成果转化机制。探索建立技术入股、科技人员持股经营、技术开发奖励等机制和制度。探索实行专利、商标、版权三合一的知识产权管理体制。

（二）节能减排是重要抓手和突破口

在按照国家要求落实节能减排目标责任制、问责制、项目环评制等常规制度的基础上，进一步深化改革，消除制约节能减排工作的体制性机制性障碍，建立有效的激励约束机制。

建立新建项目准入机制。严格执行新建项目节能评估审查、环境影响评价制度和项目核准程序，提高节能环保市场准入门槛。对重点耗能产品、新建建筑和高消耗、高污染行业的新建项目，从能源、水资源消耗以及土地、环保方面实行更为严格的产业准入标准。建立落后产能退出机制。大力淘汰电力、钢铁、建材、电解铝、铁合金、电石、平板玻璃、造纸等行业落后产能，重点落实小水泥、小火电、小造纸、城市污水专项治理工作，从源头上控制能源消耗和环境污染。安排专项资金并积极争取中央财政通过增加转移支付支持淘汰落后产能。建立节能减排的市场机制。综合运用价格、收费、税收、财政、金融等经济杠杆，促进资源节约。适时推进天然气、水、热力等资源性产品的价格改革，深化阶梯式价格改革。按照补偿治理成本的原则，提高排污收费标准。探索建立排污权交易制度。健全矿产资源有偿使用制度。建立政府引导、企业为主的节能减排投入机制。加大对节能减排的投入，引导社会资金投资节能减排项目。鼓励和引导金融机构加大对循环经济、环境保护及节能减排技术改造项目的信贷支持。按照“谁污染、谁治理，谁投资、谁受益”的原则，促使企业开展污染治理、生态恢复和环境保护。建立节能减排的监督管理机制。建立和完善节能减排指标体系、监测体系和考核体系，加快完善节能减排法律法规体系。加强地方标准的制定工作，完善节能标准体系，指导和规范企业节能工作。加大监督和执法力度，对重点用能单位和污染源加强经常监督。

（三）发展循环经济

建立循环经济发展的激励与约束机制。调整财税、金融政策，组建循环经济产业投资基金，改革资源性产品价格形成机制，制定和发布重点行业清洁生产标准和评价指标体系。强化企业节约意识，鼓励企业建立节能降耗新机制，通过内部循环，促进原料和能源的循环利用，引导企业节能、节水、节地、节材。在钢铁、汽车、纺织、化工等行业开展循环型企业试点，探索经济效益与环境效益“双赢”的模式。

建立循环经济产业园区发展和合理布局的新机制。完善产业空间布局，创新园区企业合作模式。设立以发展循环经济为特色的国家级高新技术产业开发区。发挥大型企业和武汉东湖新技术开发区、武汉经济技术开发区、各省级开发区的产业集聚和工业生态效应，通过土地等政策倾斜，引导相关企业围绕核心资源进行布局，整合单个企业间的生产物资依存关系，重构经济生态链，形成资源高效循环利用的产业链，有效控制生产资源消耗。健全固体废物管理和交换机制，探索企业互换副产品的价格形成机制，研究制定相应的减免税政策和财政补贴政策。按照循环经济理念对各类工业园区进行改造提升，积极推进东西湖区和青山区 2 个国家级循环经济试点园区建设。

完善资源回收及综合利用体系。制定资源回收利用专项规划，探索建立收购、中转、市场、处理中心构成的资源回收系统网络，建设一批区域性再生资源集散交易市场和以再生原料为主的再生资源拆解加工基地。扶持若干具有一定规模和技术水平的再生资源示范企业，重点支持一批规模化再生利用示范项目，支持汽车零部件再制造试点。设立特色工业园区，积极推进城市生活垃圾资源化、产业化利用试点。

（四）发展现代服务业

扩大现代服务业规模。全面提升传统服务业，大力培育新兴服务业，重点发展生产性服务业。促进生产性服务业与先进制造业、高技术产业、现代都市农业的有机融合和互动发展。建设一批功能性集群化现代服务业集聚区。进一步推进服务业市场化、产业化和社会化，加快国有服务业企业改革，大力发展混合所有制企业。支持和引导有竞争力的企业通过兼并、联合、重组、发展连锁经营等方式，加快向集团化、网络化、品牌化经营发展，培育具有核心竞争力的服务业龙头企业。

推进国家级物流枢纽建设。充分利用武汉的区位优势，建设统一开放、公平竞争、规范有序的现代物流业发展体制和政策环境，推进物流资源整合，重点培育和引进大型第三方物流企业和企业集团。加强港口、铁路、公路、空港等物流结点的紧密衔接，建立现代物流发展公用信息平台，促进物流基础设施一体化建设。加快推进阳逻港国际物流、武汉空港国际物流等园区建设。发挥国家一级物流节点城市作用，为进出口货物集散和大型厂商在国内外采购、分销提供服务，积极发展国际中转、国际配送、国际采购、国际转口贸易和出口加工等业务。推广电子商务、连锁经营、特许经营等现代经营方式和新型业态，加快大宗商品交易市场建设，进行商品远期合约交易业务试点。

提升区域金融中心服务功能。努力吸引国有商业银行第二总部、股份制银行法人机构落户武汉。吸引基金公司、资产管理公司、保险、再保险机构以及外资金融机构的法人机构或地区总部落户武汉。推动设立新型金融机构，试点设立中小企业投资公司、证券融资公司、货币经纪公司、大型产业投资基金、小额贷款公司等。支持民营资本试办股份制中小银行和参股控股金融机构。积极推进企业债券发行制度改革，创新中小企业融资模式。开展基础设施、房地产、公用事业、交通运输、通信、能源等资产证券化业务。积极探索保险资金进入城市基础设施建设领域的新途径。建设全国性金融外包服务中心。推动地方金融机构改革，在武汉市商业银行增资扩股的基础上，设立汉口银行，在市外设立分支机构，逐步发展成为区域性银行。大力推进村镇银行建设。建设全国性产权交易市场和专利技术交易中心。开展证券公司代办股份转让系统试点。申报设立全国统一的非上市公众企业股权交易市场，逐步探索产业基金、创业基金等产品上柜交易。

构建中部地区文化创意产业基地。实行政企分开、政事分开、管办分离，分类推进公益性文化事业单位和经营性文化产业单位的改革，创新文化管理体制，促进文化资源优化配置，形成有利于出人才、出精品、出效益的文化发展环境，打造代表城市形象系列文化精品工程。建立国家级文化产业示范园，大力发展软件、动漫游戏、数字出版、新媒体等文化创意产业。实施重大文化产业项目带动战略，加快文化产业基地和区域性特色文化产业群建设。积极培育健康有序开放繁荣的文化市场，建设在中西部地区具有强大积聚力和辐射功能的文化高地。

（五）大力发展民营经济

以建设创业之都为目标，以改善民营经济发展环境为突破口，加快推进武汉市民营经济发展，实行更加有效的扶持政策，激发全社会的创业活力。

在全市开展思想大解放活动，坚决破除重官轻商的官本位思想，营造敢创业、能创业和崇尚成功、宽容失败的社会氛围。改变将民营经济视为一般经济增长点的片面看法，进一步启动民间投资，大力发展民营经济，重塑武汉市经济发展的基础支撑，培育促进经济自主发展的基础力量。积极拓宽民间资本进入领域，凡是法律法规没有明确禁入、能够实行多元化投资和对外资开放的领域，都要允许民间资本进入。大力培育创业载体，发展一批创业社区、创业园区和专业市场，积极推进都市工业园和省级经济开发区 2 个“千亿板块”建设。将建立、完善社会化服务体系作为向民营企业提供帮助的最佳切入点，建立向全社会开放的包括政策信息、技术信息、市场信息在内的民营企业信息网络和信息发布渠道，提高民营企业的信息获取能力和自信、开发能力。同时，提供相应的技术培训服务，如提供技术咨询，技术交流渠道，开展技术人才培训等。加快建立形成多层次结构的中小企业信用担保体系，完善扶持中小企业发展的专项资金政策。深入推进“百星工程”和中小企业成长工程。大力吸引国内外资本、人才来武汉投资创业，鼓励创业主体返乡创业，让更多群众拥有财产性收入。重视企业家队伍建设，提高民营企业家的综合素质。要尽快建立企业经营者的任职资格和评价制度，并建立一整套能有效评价经营者业绩、强化企业管理、提高效益的激励约束机制，逐步形成完善的职业企业家市场。

（六）大力发展总部经济

合理定位武汉总部经济发展方向，充分发挥武汉总部经济发展的比较优势，形成与其他城市互补和差异化的发展格局。辐射范围定位与华中地区总部的布局，成为承东启西的重要环节。行业定位要从武汉作为我国重要的工业城市的实际出发，要充分发挥制造业和以光电子等优势产业的比较优势，吸引相关企业总部集聚。做好总部经济发展规划，整合武昌、江汉、武汉经济技术开发区、盘龙城等提出发展总部经济的区域的有关资源，根据武汉总部经济的发展战略定位有选择地发展重点区域。省、市政府要加大对武汉发展总部经济的支持力度，通过在税收、项目用地审批、政务一条龙等方面采取措施，为武汉总部经济发展营造良好的宏观经济环境。创新总部经济服务组织，发展和创新类似于总部服务社的组织机构，将不同入驻企业资源和服务需求进行整合，实现不同企业在激烈的市场经济竞争中的资源共享和企业联盟，为武汉总部经济发展提供良好的组织保障。充分考虑流出城市在产值、利税等对方面的影响，灵活处理好武汉与周边城市的关系，吸引省内乃至周边省份中小城市的一些发展比较好的企业将其总部迁往武汉。

（七）继续发展外向型经济

创新利用外资方式、对外投资和合作方式。继续优化软硬件环境建设，切实加强知识产权保护，支持外资研发机构与武汉市企业和科研院校开展合作。大力开展国际合作，主动借鉴吸收国外节约资源和保护环境的有效模式和先进方法，引进节约资源和保护环境的新技术、新工艺、新产品。大力支持武汉优势企业向外扩张，支持企业在全球整合资源链，打入国际主流市场。鼓励跨国公司在汉设立外包企业承接本公司集团和其他企业的外包业务，把武汉建设成为具有国际竞争力的服务外包示范基地。构建武汉外资密集区，引导外资向重点区域和重点产业聚集，形成示范和带动效应。积极推进武汉出口加工区、阳逻保税港区和东西湖物流保税区建设，探索设立武汉空港保税物流园区的可行性，发挥天河机场作为全国航空货运中心和面向国际的航空枢纽的潜力，发展临空产业。推进海关特殊监管区域和场所，功能整合、政策叠加，建设武汉综合型多功能保税区。进一步加快“大通关”建设，推进电子口岸建设。加快总领馆区建设。

七、“两型产业”体系的建立对武汉市经济发展的效果和前景分析

“两型产业”符合时代发展要求，是新形势下产业发展的必然方向，未来具有无可估量的发展空间和前景。武汉城市圈作为“两型社会”建设综合配套改革试验区，承担着探索建立“两型社会”的艰巨而光荣的历史使命，理当率先垂范，努力发展两型产业。首先，“两型产业”体系的建立，给武汉带来的最直接的影响是能耗降低、环境优化；其次，会推动武汉经济发展方式转变，走上集约化的新型工业化道路；再次，会给武汉社会带来深远影响，最终建成“两型社会”。

1.“两型产业”的发展会带来能耗降低、环境优化，彻底解决困扰经济发展的能源、环境问题

“两型产业”的内容之一是产业结构优化升级。武汉市产业结构仍存在矛盾，突出地表现在轻重工业比重失调，2007 年轻重工业之比为22:78，明显偏重。产业结构优化的重点就是加大发展轻工业的力度，调节两者的比重。目前武汉市轻工业已经有比较好的基础，食品工业、白色家电业、制药业等有较大发展，未来轻重工业比重在40:60 较为合适。产业结构优化的另一个重点是大力发展服务业，目前武汉市服务业在国民经济中的比重已占50%，但与发达国家相距还很远，也低于世界水平，进一步发展的空间还较大。武汉发展“两型产业”就是要进一步发展服务业，尤其是以

金融业、现代物流业、创意产业等为代表的现代服务业。武汉地处中部地区，素有“九省通衢”的美誉，发展现代物流业得天独厚，完全有条件做大做强武汉的现代物流业；武汉是中国重要的科教中心，高等院校和研究机构云集，智力资源丰富，具备发展创意产业的优势，武汉提出把创意产业打造成千亿元产业不是没有道理的；武汉金融业发展不是很理想，但立足武汉，辐射华中，傲视全国的优越地理位置，也是武汉金融业发展的优势。未来武汉市服务业的比重达到70%左右方能满足“两型社会”的要求，武汉市的能耗水平也才能从根本上降下来。

产业升级一方面是靠技术进步提高生产效率，降低能耗，减少废物、废气、废水的排放，如武汉的钢铁、造船、石化、汽车等能耗高的企业可以通过采用新技术，提高能源的利用率，同时减少对环境的污染。产业升级的另一方面是大力发展高新技术产业，淘汰落后生产力。“武汉光谷”科技园建立已有十几年的时间，园区内聚集了邮科院、烽火科技、富士康等一大批高新技术企业，形成了一定的产业集聚，具备了长远发展的基础，未来武汉市高新技术产业会有很大发展。对于一些能耗大、污染重的印染业、水泥制造业、造纸业等武汉可以考虑在产业升级过程中逐步淘汰。产业升级的第三方面是大力发展节能环保产业，这是发展“两型产业”非常重要的一环，节能建材、节能照明设备、节能汽车等都是未来发展的重点。

无论是产业结构优化，还是产业升级，最终都会降低能耗，提高资源利用率；减少“三废”排放，减轻对环境的污染。随着“两型产业”的发展，资源耗费少，得到有效利用，污染减轻，环境得到改善，困扰经济发展的能源环境问题将逐步得到解决。

2. “两型产业”的发展会促进武汉经济发展方式转变，走上集约化的新型工业化道路

“两型产业”的发展会使武汉在未来经济发展中更加注重自主创新，利用科技创造财富。产业结构升级，用新技术改造传统工艺，提高生产效率，这离不开创新；发展高新技术产业，抢占市场制高点，提高产品附加值，这也离不开创新；发展节能环保产业，生产节能环保产品，这同样离不开创新。只有不断的创新，科技不断的进步，“两型产业”才会有发展的动力和支撑。两型产业的发展必然会提高科技在国民经济发展中的地位和作用，高新技术产值在总产值的比重会大幅度提高，产品附加值也会随之提高。

“两型产业”的发展会使武汉加快提高劳动者素质，催生新型人才。两型产业需要具有一定技能的人才，原有的人才不能适应两型产业的要求，会阻碍两型产业的发展，这就需要对原有人才进行继续教育和培训，使之掌握新技能，满足新型产业发展的需求。两型产业中的节能环保产业属新兴产业，需要掌握专业知识的技术人才来推动发展，武汉目前缺乏这方面的人才，需要引进和加快培养，同时采取激励措施，鼓励年轻人投身于这一行业。伴随着两型社会发展，武汉市的人才素质必然有一个较大的提高，人均产出会增加，新的产业管理者和产业工业也会出现。

“两型产业”的发展会使武汉更加珍惜资源，提高资源的利用率。通过资源价格改革，充分体现资源的稀缺性，提高人们节约资源的意识。土地资源是最重要的稀缺资源，武汉多年来高速发展的工业化和城市化已经让城市土地资源捉襟见肘，“两型产业”发展会促进集约用地，工厂用地和建房用地模式都会有根本的改变。煤炭资源、电力资源的供给也很紧张，武汉都需要从外地购买，自身难以满足，大力发展服务业能有效规避这个问题。

3. “两型产业”的发展会改变社会形态，最终建成“两型社会”

“两型社会”是一个综合复杂的概念，它的范畴很广，既有经济内涵，也有社会内涵。武汉要建成“两型社会”，须满足经济发展指标、创新指标、环保指标、能源消耗指标、城市魅力指标等，最终要达到“经济可持续发展、能源利用率高、环境优美、人民安康、社会和谐”的理想境界。

从经济发展指标来看，两型社会的经济水平要达到中等发达国家水平，人均 GDP 达到 1 万美元，城镇居民可支配收入达到 3000 美元，服务业比重超过 65%；从创新指标来看，万人申请专利数要超过 500 项 ，万人研究人员数超过 60 人，科技三项费占地方财政收入的比重超过3%，文教卫科事业费占地方财政收入比重超过30%；从环保指标来看，污水处理率、生活垃圾无害化处理率和工业废水排放达标率要达到100%，城市建设维护费占地方财政收入比重超过10%，建成区绿化覆盖率超过60%，空气质量优良率超过95%；从能源消耗指标来看，万元工业产值综合能源消费量要小于0.3标煤，三废综合利用产值占工业产值的比重超过2%，工业用水重复利用率和工业固体废弃物综合利用率达到100%；从城市魅力指标来看，外商投资占全社会固定资产投资比重超过15%，接待海外旅游者人数超过300万人次/年，净迁移率超过10‰。

"两型社会"建设给武汉市描绘出了一幅"经济发达、人民富足、社会稳定、环境优美"的美好画卷，通过构建"两型产业"体系，走新型工业化道路，武汉市会逐步实现经济发展方式的转变，最终走上人口、资源与环境可持续发展的道路。

（课题组负责人：曾翔旻，课题组成员：刘玉岗、聂佩进、吴扬、邹宇）

促进转变经济发展方式研究

湖南省发展改革委学术委员会课题组

党的十七大报告明确指出，要坚持走中国特色新型工业化道路，坚持扩大国内需求特别是消费需求的方针，促进经济增长由主要依靠投资、出口拉动向依靠消费、投资、出口协调拉动转变，由主要依靠第二产业带动向依靠第一、第二、第三产业协调带动转变，由主要依靠增加物质消耗向依靠科技进步、劳动者素质提高、管理创新转变。这是站在新的历史起点，推动我国经济发展方式跃升的重大战略思想，是实现经济又好又快发展必须坚持的正确方向。湖南作为中部省份，正处于加快推进工业化、城镇化的关键阶段，促进经济发展方式转变，实现全面协调可持续发展尤为紧要。为贯彻落实党的十七大精神，我们组织专门力量，全面研究湖南省转变经济发展方式，形成了一些思路措施。

一、从需求结构看：促进经济发展由主要依靠投资、出口拉动向依靠消费、投资、出口协调拉动转变

湖南需求结构与全国存在差异，要发挥“三驾马车”的合力作用，关键是坚持启动消费，不能放松投资，努力改善出口。

（一）现状水平考察

改革开放以来，湖南省三大需求保持快速增长势头。2007 年，全省完成固定资产投资 4295 亿元，增长 32.4%，是 1978 年的 160 倍以上。全省公路通车里程居全国第五位，高速公路从无到有，达到 1765 公里，电力装机接近 2365 万千瓦。完成社会消费品零售总

额3357亿元，增长18.4%。消费结构完成了从温饱型农产品消费向小康型工业品消费的过渡，并部分向比较富裕型的服务类消费迈进。实现进出口总额96.9亿美元，增长31.8%，是1978年的50倍左右。其中出口65.23亿美元，增长28.1%。

按支出法计算需求结构，2007年，湖南省资本形成率（投资率）为43.9%，最终消费率（消费率）为58%，净出口率为-1.9%。总的特征是：消费率较高、投资率偏弱、出口率过低。

1. 需求结构调整与全国不同步

（1）横向比较：2007年，湖南投资率在全国仅高于广东，居全国第三十位。消费率高于全国平均水平近10个百分点，在全国居第7位，高过东部沿海的上海（49.4%）、江苏（42%）、广东（48.8%），中部地区居第一位。净出口率低于全国近9个百分点以上，在全国居第二十位，中部地区居第六位（见表1）。

表1 2006年全国和湖南三大需求结构比较

指标	地区	数值（%）	全国排序	中部排序
投资率	全国	42.3	—	—
	湖南	43.9	28	6
消费率	全国	48.8	—	—
	湖南	58	6	1
净出口率	全国	8.9	—	—
	湖南	-1.9	20	6

（2）纵向比较：一直以来，湖南投资率远远低于消费率，两者之间的差距在20世纪90年代初期达到51.2个百分点，近年来差距逐步缩小，但仍保持在14个百分点左右。全国的投资率一直保持在40%左右，消费率呈逐年下降的态势，两者之间的差距缩小到了6.5个百分点（见表2）。

表2　湖南与全国投资率、消费率变化比较

年份	湖南			全国		
	投资率	消费率	二者差距	投资率	消费率	二者差距
1978	28.9	68.6	39.7	38.2	62.1	23.9
1980	20.9	71.4	50.5	34.8	65.5	30.7
1985	26.3	75.2	48.9	38.1	66.0	27.9
1990	24.7	75.9	51.2	34.9	62.5	27.6
1995	30.1	70.0	39.9	40.3	58.1	17.8
2000	29.5	69.6	40.1	35.3	62.3	27
2005	39.5	62.0	22.5	42.7	51.8	9.1
2006	42.5	60.9	18.4	42.5	49.9	7.4
2007	43.9	58	14.1	42.3	48.8	6.5

（3）原因分析：与全国相比，当前消费率的过高，实际上是投资率过低的表征。投资率过低的原因：一是历史上“农本位”的传统观念和多年“农业大省”的定位。有统计表明，每百元农业增加值对应的固定资产原值为22.7元，每百元工业增加值对应的固定资产原值为290元，前者是后者的1/10。二是国家非均衡发展战略的影响。湖南在区位上不临海、不沿江、不靠边，在吸引国家重大产业布局和境外资金方面不具优势，再加上经济发展水平相对落后，企业自身投入也较少。2007年，全省人均固定资产投资6758元，排全国第二十六位，比全国平均水平低3629元，比最高的北京低17535元。

2. 需求结构与所处阶段不适应

从湖南省所处经济发展阶段来看：根据美国经济学家钱纳里经济发展阶段模型测算，2007年湖南省人均GDP达到14405元，按现行汇率折算为1920.6美元，表明湖南省正处于工业化中期初始阶段。一个重要的特征是工业结构的高加工度化和资本技术密集型工业的加速发展时期，处于生产积累时期，不仅自身投资需求强劲，而且必然带动生产性服务业和基础设施的大规模建设。

从国际经验和我国发展历程来看：在加快推进工业化的进程中，经济结构的演变规律之一是投资率不断提高、消费率相对下降；只有在工业化后期和进程结束之后，投资率和消费率则趋于稳定。日本在1964～1974年工业化加速期，投资率平均为35.8%，最高为39%；新加坡1975～1985年间平均为43.5%，最高达到48.5%；泰国1989～1997年间平均为39.8%，最高为42.8%。一些新兴工业化国家都曾出现过投资率连续数年高于40%的情况。

比较发现，湖南省需求结构与现阶段经济发展水平不相适应。而且投资率太弱，将使全省社会再生产循环产生“中阻梗”，既无法提高出口率，又无法优化消费结构。

3. 需求结构与对经济增长贡献率不相称

近年来，湖南省消费率始终高于投资率，但消费对经济增长的贡献率要低于投资（见图1和图2），投资仍然是拉动经济增长的主要动力。

图1 2001～2007年湖南消费率、投资率比较

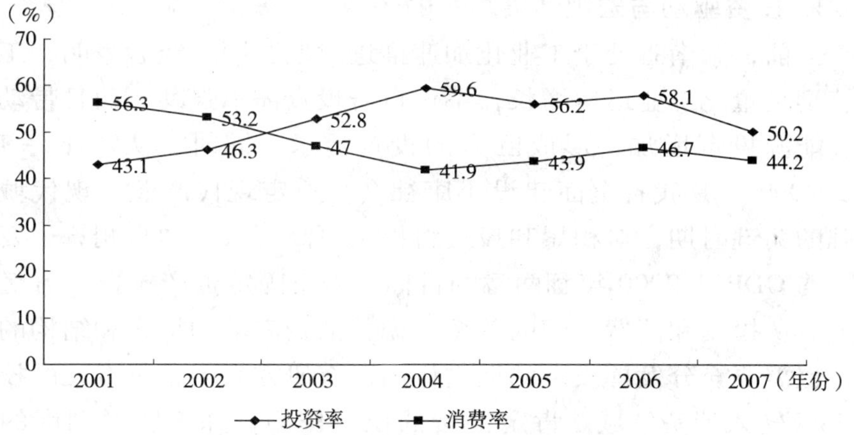

图2　2001~2007年湖南消费、投资对GDP增长贡献率

主要原因：一是低水平的消费由较大的人口总量放大后，形成了虚高的消费率。湖南作为农业大省，农村人口庞大，主要消费仍然停留在食品、衣着等低层次消费领域，高层次的医疗、交通、文化娱乐消费不足，降低了总体的消费层次，对促进经济增长有限。二是部分消费领域链条较短，制约了辐射拉动功能。2007年，湖南省规模以上能作为居民最终消费的主要工业产品中，只有家用电冰箱，产量36.39万台，且同比下降了0.6%。由省内生产的家电、IT产品、汽车非常少，居民消费的成衣、家具、食用油中，省外产品也占有较大份额。因此，消费促进经济增长的成果主要体现在消费环节，其拉动上游制造业和相关产业的功能没有体现出来。

（二）重点难点分析

从国内外环境和湖南现实基础、所处阶段综合分析，我们对需求结构调整趋势有以下基本判断：相当长时期内，湖南省的出口将难有大的突破，拉动经济增长主要依靠投资和消费两驾马车；相当长时期内，湖南省仍将处于工业化中期阶段，投资驱动型结构不会发生根本性转换；相当长时期内，国家将坚持把扩大消费作为一项基本国策。要适应这种趋势，仍然存在一些矛盾和问题：

1. 投资驱动与宏观环境趋紧的矛盾

当前，湖南省处于工业化加速推进时期，国际经验表明，工业化特别是重化工业迅速增长，不仅自身投资需求强劲，而且带动交通、能源投资增加，形成巨大的投资需求。同时，从“十一五”到2020年，是我省全面建设小康社会，奠定现代产业、现代城市基础的关键时期，对积累和投资将提出更高要求。初步测算，要实现人均GDP比2000年翻两番的目标，需要固定资产投资5万亿元以上。从投资和消费之间的关系考虑，消费需求的扩张和结构的升级，也需要充分发挥投资的促进作用，有研究表明，每百元的投资有58%转入消费领域。肯定消费的拉力作用，并不能说湖南的经济增长已经由投资驱动转向消费驱动，现阶段依然要注重发挥投资的拉力作用。

从宏观环境看，国家防止经济增长由偏快转为过热的导向加强，宏观调控政策进一步趋紧。财政货币政策方面，可能进一步从紧安排融资规模，从严控新增贷款，审慎发展金融衍生产品，投资政策方面将从各个环节加强对新开项目、在建项目的审核监管，从严控制项目用地，实施区域环评限批制度，对湖南这种处于“追赶型”阶段投资驱动型省份发展，是一个巨大挑战。

2. 消费率与消费贡献率离散的矛盾

一直以来，湖南省消费率都保持在60%以上，而消费对经济增长的贡献率长期徘徊在40%左右，两者离散20多个百分点，消费对经济增长的贡献率没有得到充分的释放和发挥。目前，全球消费率维持在75%～80%水平，随着国家把扩大内需上升为基本国策，湖南省促进消费政策效应的逐步释放、农村消费规模的逐步扩大，湖南省消费率的提高仍有较大上升空间。

但消费对经济增长的贡献率实现同步提高面临诸多制约因素：一是消费结构层次较低，占全省人口相当比重的农村人口仍然停留在衣、食消费为主阶段。根据国际经验，当消费结构升级到住、行为主要内容的阶段后，所产生的经济势能是持久而强大的，如顺势调控，可充分带动整体经济的发展。二是消费领域链条较短，消费产品市场本省化程度较低，拉动上游相关产业发展的功能难以发挥。

3. 扩大出口与区位制约的矛盾

湖南省外贸净出口贡献率连续10余年负数，全国经济外向度达到67%，湖南不到7%，估计这种趋势将继续延续，主要受三方面的制约：一是内陆型区位的先天性约束。海洋经济时代，一个地区的经济外向度与其距离海运港口的距离有直接关系。湖南远离海岸线，在承接国际产业转移、了解国际市场信息动态要滞后于东部沿海地区，企业在把握出口商机方面具有先天局限性。二是出口结构单一。当前湖南省进出口结构中，主要集中在一般贸易、机电产品等低技术含量、低附加值领域，两者占出口总额的60%以上，高新技术产品尽管增速较快，但由于其刚刚起步，形成气候尚需时日。三是全球产业转移趋势和国际市场变化的影响。目前全球劳动密集型产业有由我国沿海地区向印度、越南等劳动力成本更低国家转移的趋势，国际贸易关系日趋复杂、贸易保护主义日益严重，湖南省扩大出口面临的壁垒和变数还会增加。

（三）对策措施建议

1. 关于投资的措施建议

方向：把扩大投资规模与优化投资结构、提高投资质量有机结合起来，突出做大做强资本市场，突出产业发展投资，高度重视投资增长的平稳性和连续性。

建议：

（1）抓企业直接融资。目前发达国家资本市场直接融资与银行贷款之比一般为70:30，我国2006年为18:82，湖南省更低。下一步，要抓住新一轮资产重组、股市扩张机会，着力提高上市公司质量，重点培育上市资源，大力发展机构投资者，支持中小企业、非公经济到香港和海外创业板市场融资，鼓励通过产权交易、公司并购、公司托管、发行信托、资产证券化、资产股份化等方式拓宽融资渠道。

（2）抓民间投资的扩大。目前湖南省非公资本对基础设施的投资比重不到10%。建议实施有进有退战略，鼓励非公投资以

BOT、TOT 等形式参与基础设施建设。加快各级政府投资淡出高速公路、机场、码头等经营性项目步伐，加大对农村公路、水利、教育、卫生等公益性事业投入，减轻县及县以下的财政配套压力。

（3）抓区域性银行组建。美国有2万多家地区性中小银行，主要为本地经济发展服务。目前湖南省银行结构如同只有主动脉而缺乏毛细血管，不能把金融血液通畅地输送到小型微型经营主体，是中小企业、农村贷款难，创新创业不活跃的根本原因。建议一方面加快“引进来”，引导境外金融机构来湘开展业务。如今年国家银监会批准汇丰银行来湘设立分支机构，就是一个良好的开端。另一方面加快“走出去”，学习天津渤海银行模式，探索组建长株潭商业银行，逐步组建湖南招商银行，拓宽资金筹措和回流渠道。

（4）抓产业发展投资。继续扶持装备制造、钢铁有色等10大优势产业集群，壮大100家核心企业，新上300个投资过亿元的重大项目，实现工业的规模扩张和结构优化。围绕粮油棉麻、畜禽水产、果蔬茶、竹木和烟草5大产业链，突出抓好龙头企业、生产基地、农民专业合作组织、农业科技创新和服务体系等建设。

（5）抓项目组团建设。一个大的项目，往往可以带动一个企业，甚至一个产业的发展。据统计，2001～2005年，全国投向工业的国家预算内资金、银行贷款分别有50%和70%以上的资金投向了亿元以上的工业项目。促进湖南经济又好又快发展，必须要有标志性的超级项目带动。建议围绕争取和启动长株潭综合配套改革试验区为契机，开发、储备一批以长株潭城市群冠名的巨型工程，促进工业项目的集中布局、集约用地、资源共享、配套发展。

2. 关于消费的措施建议

方向：在坚持启动消费的同时，加快消费结构的升级，加快消费品牌的培育，加大本省消费品的供给，不断提高消费对经济增长的贡献率。

建议：

（1）抓消费政策的落实。把扩大消费需求作为一项重大的工作举措，加强消费领域重点问题的研究，加强消费形势的监测，尽快制定促进消费的工作措施。加强对各市州、各部门目标管理，落实工作责任制。

（2）抓消费品的生产供给。目前湖南省主要消费品占本省市场份额只有20%左右，纺织、服装、家电、汽车等工业品市场基本被省外、国外产品占领。要适应新的消费结构，及时调整生产结构，重点支持科技含量较高、地方特色明显、适销对路的名优产品。首先，汽车消费是新一轮消费的热点。据统计，到2006年底，城市每百户家庭拥有的汽车量，杭州为15.3台，广州为12.3台，长沙为6.3台，消费潜力巨大，但缺乏生产供给能力。家用轿车生产方面，同处中部地区的湖北有富康、天籁、标致等系列，安徽有自主知识品牌奇瑞等系列，湖南需要加大引进吸收的力度，抢占至高点。其次在住房供给方面，要在加快经济适用房及廉租房建设的同时，倡导住宅工业的发展，把住房消费培育成稳定的消费热点。

（3）抓消费品牌的培育。实施品牌战略，着力培育湘文化消费品牌、农产品加工品牌、湘菜品牌，对重点品牌、驰名商标的生产企业给予挂牌鼓励，对名牌产品实行免检免查，支持省内产品进入大型流通企业的采购网络，支持大型流通企业在湖南省举办类似“农博会”的国际性、全国性或中部地区采购联会，积极发展一批区域性采购中心。借助湖南电视传媒优势，加大宣传推介，提高湘籍品牌知名度，助推消费品牌向外拓展。

（4）抓消费方式的创新。在城市重点发展社区商业服务。发达国家60%的个人消费发生在社区。湖南社区商业业态落后，要支持连锁经营企业进入社区，发展物流配送和电子商务，开展便民服务。在农村加快发展农村商贸消费，大力推进“万村千乡”工程，引导商业连锁企业和超市向农村拓展，出台鼓励农产品、农业生产资料和消费品连锁经营政策。

3. 关于出口的措施建议

方向：坚持努力改善出口，不断完善进出口软硬环境，进一步促进出口结构的优化升级，稳步拓展出口市场。

建议：

（1）抓水运的振兴。湖南省拥有通航河流或航线373条，通航里程接近1.2万公里，仅次于江苏、广东。全省重要产业布局

90%临水靠港，60%的外贸出口依赖长江黄金水道。加强通江达海能力建设，对扩大全省出口、提升外经外贸水平，具有举足轻重的作用。要突出以洞庭湖为中心，湘江、沅江为主通道，岳阳城陵矶港口为主枢纽港，发挥霞凝港与数十个国家海运相连的作用，高标准建成干直直达、江河联运的现代化内河航运体系。

（2）抓环境优化。专家测算，湖南营商成本仅为广东的74%，其中劳务成本低40%～50%，水价低30%左右，但对外开放的软环境有待进一步优化。要重点加快电子政务建设，加强行业信息交流、传输和发布平台建设，规范行政审批，简化办事程序，提高行政效能。

（3）抓出口加工区建设。要重点抓好77个国家、省级工业园区建设。高起点、高水平、高效率建设和利用好郴州出口加工区，把它建设成为展示湖南对外开放形象的窗口，承接国内外产业转移的基地，扩大出口贸易的平台，进而带动湖南外向型经济的快速发展。

（4）抓出口观念转变。树立省外即外观念，破除“内陆意识”，以更宽广的视角，统筹外向型经济和内需型经济发展，统筹对外开放和区域合作，统筹国际合作和省际交流，扩大湖南产品在国际市场、省外市场的市场份额，同时加快重要设备、技术进口。

二、从产业结构看：促进经济增长由主要依靠第二产业带动向依靠第一、第二、第三产业协同带动转变

湖南的产业结构，从表象上看，比全国更高级、更合理，实质上调整的任务更重、压力更大。

（一）现状水平考察

1. 产业结构整体上朝合理化方向迈进

第一产业的增加值比重由1978年的40.7%，下降到2007年的17.6%，下降23.1个百分点。二、三产业增加值的比重由

40.7%、18.6%，分别上升到42.7%、39.7%，提高了2和21.1个百分点（见表3）。总的趋势是，第一产业比重呈持续下降态势，第二产业在波动中发展，第三产业比重明显提高，实现了由“一、二、三”结构向“二、三、一”结构的转变，与工业化趋势、全国结构调整方向基本一致。

表3　1978～2007年湖南三次产业结构变化情况（%）

年份	第一产业	第二产业	第三产业	备注
1978	40.7	40.7	18.6	
1980	42.3	40.2	17.5	
1985	42.2	36.3	21.5	
1990	37.5	33.6	28.9	
1992	32.8	34.2	33.0	第二产业比重超过第一产业
1993	30.8	37.8	31.4	第三产业比重超过第一产业
1999	24.2	37.1	38.7	第三产业比重超过第二产业
2000	22.1	36.4	41.5	
2005	19.3	39.9	40.8	第一产业比重低于20%
2006	17.8	41.7	40.5	第二产业比重重新超过第三产业
2007	17.6	42.7	39.7	

（1）**从农业内部看：**第一产业增加值由1978年的59.83亿元，增加到2007年的1611亿元。农林牧渔结构不断优化，种植业比重降低。农业产业化步伐加快，全省农产品加工企业发展到4万多家，拥有总资产达700多亿元。现代农业技术加快运用，改革开放以来共取得农业科技成果3000多项，每年创效益30多亿元，农业机械总动力增加到3500万千瓦。

（2）**从工业内部看：**工业增加值由1978年的51.94亿元，增加到2007年的3361亿元。初步形成了工程机械、钢铁有色等10大优势产业，2007年优势产业比重占规模以上工业比重达到了75%以上。高新技术产业成为新的经济增长点，2007年产值达到840.8亿元，占GDP的比重提高到了9.1%。

（3）从服务业内部看：第三产业增加值由1978年的27.34亿元，增加到2007年的3632.4亿元。传统服务业比重逐步下降，新兴服务业加快发展。2007年，文化产业增加值达到443.8亿元，实现旅游业总收入732.7亿元。一直发展滞后的生产性服务业加速启动，物流、金融等6大重点行业占服务业的比重提高到36%。

2. 产业结构演进呈现明显阶段性特征

从时间序列上看，改革开放以来产业演进呈明显的四阶段特征：

第一阶段（1978～1982年）：农业生产处于支配地位时期，一产业比重保持在40%以上，1982年达到46.4%，为改革开放以来最高。

第二阶段（1983～1998年）：非农产业快速发展时期，二、三产业比重由1982年的53.6%，提高到1999年的75.8%，提高了22.2个百分点。

第三阶段（1999～2005年）：第三产业虚高度化时期，服务业比重一直保持在40%以上，2002年、2003年达到最高值，占42.9%，居三次产业之首。

第四阶段（2006年至今）：产业结构理性回归阶段，第二产业6年后重新占据主导地位。

三次产业结构的演进过程，与湖南省发展战略调整有关。改革开放之后一段时期，由于国家产业定位以及湖南省坚持“农业大省、农业强省”发展战略，第一产业比重不降反升。80年代中后期以及90年代，被压抑的传统服务业得到“补课”式的快速发展，第三产业比重明显提高，而工业化一直处于初级阶段。本世纪初，“三化”战略的实施，全省工业开始进入角色、积蓄能量、追赶前进。特别是省第九次党代会，省委、省政府把新型工业化摆在更加突出的位置，工业发展处于历史最好时期。三次产业结构重新恢复到“二、三、一”排序，与湖南省所处工业化中期初始阶段的特征完全吻合，是一种理性的回归，而且第二产业居首位将表现为一种常态。

3. 产业结构转换速度落后于全国

专家测算，改革开放以来，湖南省产业结构转换的速度居全国第二十六位，在中部地区排末位。目前全国已经进入工业化中期加速阶段，湖南省还处于工业化中期初始阶段。2007年，湖南第一产业比重比全国高6.3个百分点，第二产业比全国低5.9个百分点，比中部地区的河南、湖北分别低12.3和2个百分点（见表4）。湖南工业化进程偏慢，有历史基础、区位因素、国家定位等多方面影响，但本课题认为主要原因是：湖南历史上偏重农业、工业结构偏重重工业，错过了两轮经济增长周期（第一轮经济增长周期是20世纪70年代末至80年代前半期，日用消费品短缺，以手表、自行车、缝纫机、收音机等"老四大件"为代表的日用消费品工业和轻纺工业为支撑经济快速发展的高成长性产业。第二轮经济增长周期是20世纪80年代后半期至90年代初，拉动经济增长的是以彩电、冰箱、洗衣机、音响等"新四大件"为代表的耐用消费品）。湖南在引领和支撑每一轮经济发展的核心领域或行业，没有占到相应的地位，基本缺乏高成长性的产业支撑。从20世纪90年代中后期开始，以钢铁、有色、建材、工程机械为代表的重化工业和汽车、城建住房等产业逐步成为领先增长行业，拉动经济进入第三轮增长周期。湖南要跟上全国工业化步伐，缩短与全国发展的差距，就必须牢牢把握本轮周期，加快推进新型工业化。

表4　2007年湖南三次产业结构与全国、中部比较

地区	第一产业（%）	第二产业（%）		第三产业（%）
			其中：工业化率（%）	
全国	11.3	48.6	43.0	40.1
湖南	17.6	42.7	36.8	39.7
湖北	15.5	44.7	39.7	39.7
江西	16.6	51.7	41.1	31.7
安徽	16.5	44.7	37.5	38.8
河南	15.7	55.0	49.9	29.3
山西	5.5	59.6	54.4	34.9

（二）重点难点分析

未来一段时期，我国仍将处于工业化中期加速阶段向工业化后期过渡的准备阶段，产业结构将处于高技术化、高附加值化、高服务化升级的阶段。我省产业结构虽然取得了明显成效，但也存在一些不容忽视的问题：

1. 农业产业化水平低，现代农业体系亟待完善

湖南是农业大省，仅是从农产品生产的总量来说，如果从农业总产值，特别是农产品加工增加值、农产品出口值来看，与世界先进水平有较大差距。全省农产品加工产值与农业产值之比 0.69∶1，全国 0.8∶1，西方国家 3∶1，日本 10∶1。从食品工业看，发达国家经过工业生产的食品占饮食消费的 90%，我国 25%，发达国家食品工业产值通常是农业产值的 1.5 到 2 倍，我国不及 1/3，湖南省只有 1/10。

农业服务体系不全、层次不高。农业保险、农资连锁经营等新型农村服务项目较少；农作物新品种选育、动物疫病和植物病虫防治以及优质高产和节本增效的农业科技服务发展缓慢；物流配送、要素流通、信息服务业发展落后；农产品外销网络不广，竞争力不强，农产品创汇一直徘徊在 4 亿美元左右。

2. 工业竞争力不强，反映重工业灵魂的加工工业发展不足

当前，我国工业发展呈现三大趋势：一是工业结构向重化工业升级的趋势。1985 年，我国轻工业比重超过 45%，1990 年接近 50%，以后逐年下降，2000 年重工业上升到 60% 以上，2007 年达到 70%，开始进入重化工业阶段（见表 5）。二是重工业内部加快向加工工业发展升级的趋势。工业增长主导由原材料为主的重工业向住宅、汽车和信息制造业等资本和技术密集型、附加值高的产业为主导转变。三是加工工业内部加快向高技术化升级的趋势。预计到 2010 年，我国高技术产业化年均发展速度将超过 20%，产值达到 10 万亿元，增加值达到 2 万亿元。可以说：工业的竞争将表现为重工业、加工工业和高技术产业之间的竞争。

表5　全国轻重工业结构变化

年份	全国		湖南	
	轻工业占工业总产值比重	重工业占工业总产值	轻工业占工业总产值比重	重工业占工业总产值
1978	43.1	56.9	39.1	60.9
1985	47.1	52.9	44.4	55.6
1990	49.1	50.9	44.4	55.6
1995	43.8	56.2	42.6	57.4
2000	39.8	60.2	42.7	57.3
2006	30.0	70.0	29.0	71.0
2007	29.5	70.5	25.7	74.3

从湖南看，2007年，重化工业比重达到74.3%，高于全国3.8个百分点。但重化工业的精加工度还很低，加工、装配工业比重小。目前湖南采掘和原料工业在重工业中的比重61%，全国49%，高出12个百分点。由于附加值低，工业的竞争力不强，产品的市场占有率也低。2007年，湖南规模工业实现主营业收入占全国市场的份额为2.04%，总量居全国的第十四位，中部第三位，排在河南、湖北之后。随着我国消费结构由“吃、穿”为主向“住、行”为主升级，以及城市化进程的加快，将直接促进汽车、房地产等产业的加快发展，而一批提供中间产品或设备的行业，如钢铁、建筑材料、有色化工、机械设备等行业将获得加快增长，出现一批重化工业的高增长产业群，重化工业快速发展的特征仍将维持。

3. 第三产业以传统产业为主，对经济增长的贡献率没得到充分发挥

湖南省第三产业比重虽然超过全国，但规模还相对比较小。2007年，湖南第三产业增加值，仅相当于广东的27.2%、江苏的38%、山东的42.1%。从内部结构看，仍以传统的商业和交通运输业为主，处于较低层次的扩张阶段。全省批发零售实现的主营业收入占比高达65%以上，生活型的传统服务业占据主导地位，生产性服务业严重不足。三产业对经济增长的贡献率与其增加值比重并不对称，“十五”期间，第三产业增加值要高于工业，但对经济的贡献率低1.7个百分点，表明服务业的发展仍很有潜力。

从国际趋势看，随着专业化分工的深化，现代工业和服务业加快融合，涌现专业服务外包化等新形式。目前国外一般规模的制造企业，外购服务已经成为企业缩减成本的主要手段，其中金融服务支出占全部外购服务比重达到11%，市场销售服务支出占14%，外购信息服务支出占30%。而湖南省一方面因制造业弱质不能孕育对生产性服务业的强烈需求，阻碍了生产性服务业信息化、现代化步伐。另一方面，生产性服务业相对滞后客观上无法支撑湖南工业的快速发展，两者没有形成良性循环。

（三）对策措施建议

1. 关于农业的措施建议

方向：坚持一、二产业之间的协调，用工业的理念谋划农业的发展，用现代工业的生产方式替代传统小农生产方式，做大农产品的深度加工增值，大幅度提高农业的生产效率和比较效益。坚持一、三产业之间的协调，把农业的生产、加工、流通作为一个整体，加快构建现代农业服务体系，逐步形成市场化、规模化、专业化生产格局。

建议：

（1）抓现代农业新物质技术基础的构筑。湖南省农业水利设施大多数建于20世纪50年代至70年代末，由于常年失修、管理不善，老化损害严重，渠系水利用系数平均只有0.42。农村路网、电网、通信等基础设施较差，不适应现代农业发展要求。建议结合新农村建设，整合各项农业投入，加强农田水利设施续建配套建设，加大62座中型和450座小型病险水库的除险加固力度，加快建设高产稳产的标准农田和商品粮基地，强化现代农业基础支撑。

（2）抓农业机械化的推广。我国农业机械化水平在30%左右，仅相当于法国20世纪50年代、韩国70年代末的水平，湖南更低。

下一步，要率先在洞庭湖平原农业区加大农机购置补贴力度，加快土地流转试点，调动农民购置大型机具和设备的积极性，扩大机械化生产，提高劳动生产率。

（3）抓农业的产业化。重点要做大做强具有湖南特色和优势的稻米产业，重点解决生产与加工、加工与销售脱节的问题。同时推广到茶叶、棉花等农产业领域，推动品牌与企业、龙头企业与产区之间的联合合作，做大做强湖南省农业优势产业。

（4）抓农产品质量安全体系的建设。目前，全国已经制定农产品质量安全检验检测体系规划，湖南省有50个县已经纳入。建议尽快启动省级农产品质量安全检测中心建设，建立健全与国际接轨的安全标准体系、检验检测体系和安全认证体系，强化对农产品质量的监督和管理。

（5）抓农产品流通主体的培育。传统计划时期，供销和粮食两大系统，是农产品购销的主渠道，目前基本消亡，农产品“卖难”的问题开始凸现。建议尽快研究扶持政策，培育壮大农村农产品的流通主体，稳定农产品的生产和供应。同时，在一批区位条件好、生产规模大的龙头企业所在地，新建、扩建一批农产品批发和专业市场，促进企业产品的流通和营销。

2. 关于工业的措施建议

方向：适应国内外产业结构升级的趋势，以新型工业化为主线，突出先进制造业发展，不断壮大工业经济，同时推动农业由大变强、服务业由慢变快，逐步建立现代产业体系。

建议：

（1）抓优势产业集群的发展。根据前面分析和湖南现有基础，在未来一段时间内可考虑分两个阶段来推进新型工业化。第一阶段，是湖南工业化由重基础产业向重加工工业转化时期，目标是实现高加工度化，全力发展先进制造业和轻工食品工业。集中力量打造工程机械、轨道交通、汽车产业、输变电设备、IT产业和烟酒加工等产业集群，跟上全国重化工业步伐。第二阶段，是湖南工业化向高技术集约化推进阶段，全力发展高新技术产业，全力打造电子信息、新材料、生物医药产业基地。建议按照强势带动、优势扩展、均势竞争、弱势承接原则，针对不同特制的产业集群，对创业融资、商务环境、社会成本、核心技术、人才培训等具体问题深入研究，制定更细致的操作层面政策。

（2）抓配套能力的建设。总体上看，湖南省产业配套建设尚处于起步阶段，多数产业集群内产业配套不完善，产业链不完整，影响产业竞争力。建议借鉴昆山、浦东新区做法，成立省市两级产业配套领导小组，形成强有力工作机制。把优势企业、优势产业作为产业配套的主要依托，组织绘制产业链“图谱”，按照“缺什么补什么”的原则，开发一批补链、增链、壮链项目。

（3）抓产业的承接转移。由跨国公司主导的全球产业转移、我国东南沿海地区完成资本积累后产业升级而导致的产业内移，是当前产业发展的大趋势。要加大引进战略投资者，尤其是跨国公司的引进步伐，促进一批综合效益好、带动性强的大型产业项目落地。建议实施一批前瞻性的基础项目，如建设国际商务区、开发区来料加工点、信息服务平台等，为项目进驻提供良好条件。

（4）抓产业的空间布局。结合功能区规划，推动形成布局合理、各具特色的几大产业集聚区。充分发挥长株潭老工业基地城市优势，打造成以工程机械、汽车、轨道交通为主的先进制造业产业集群基地。发挥常德、岳阳、益阳洞庭湖区农业资源丰富和紧靠长江经济带的区位优势，打造石化、林纸、农产品深加工工业集群基地。发挥衡阳、娄底能源、原材料优势，依托特变电工、涟钢、海螺等骨干企业，打造能源建材装备制造集群基地。

3. 关于服务业的措施建议

方向：坚持二、三产业之间的协调，适应新型工业化要求，着力推进生产性服务业，做大做强文化旅游产业，大力提升生活服务业，不断拓展公共服务业，支持服务业关键领域、薄弱环节和新兴行业发展。

建议：

（1）抓生产性服务业政策的落实。进一步加大行业调研，加强理论研究，完善政策配套，探索生产性服务业发展新的管理模式和管理方法，加快建立目标考核制度。

(2) 抓服务业平台的建设。加大招商力度，引导社会资本投入，重点抓好物流信息平台、商务服务平台、电子商务信息平台、产品质量检验检测体系、关键技术研发与推广平台建设。争取长沙进入国家服务外包基地城市，加快后台业务外包服务业（BPO业）的发展。

(3) 抓现代物流业发展。据统计，全国社会物流年均增长20%以上，超过同期GDP增幅1倍多。降低物流成本已成为企业争先挖掘的“第三利润源”，浦东就把现代物流业列为四大服务业之首。湖南要重点把长株潭建设成国家级区域现代物流中心。加快打造以城陵矶、霞凝港为主体，金霞海关保税物流中心为依托的江海联运物流配送中心。加快怀化、衡阳区域性流通中心和特色商品集散地建设。

(4) 抓现代商务业发展。建议在推进新型工业化的同时，加快“楼宇经济”和“商圈经济”建设。突出抓好信息咨询、创意商务、营销管理、文化传媒等现代服务业，培育壮大一批能进入全国同业百强的律师事务所、会计师事务所、专利事务所品牌。着力培育3~5家具有一定规模、能承接国际业务的大型商务集团，增强新型工业化支撑。

(5) 抓现代金融业发展。培育上市资源，提高上市公司质量。开展全流通机制研究，加快成熟公司上市步伐。助推具有自主知识产权和核心技术的高新技术企业到境外创业板融资。探索发展债券、期货市场，增强产业扩张的直接融资能力。

三、从要素结构看：促进经济增长由主要依靠增加物质消耗向主要依靠科技进步、劳动者素质提高、管理创新转变

（一）现状水平考察

从要素结构分析，经济增长主要取决于劳动力、资本和科技进步三大要素。根据中国社科院模型测算（见表6），2005年湖南省

科技对经济增长的贡献率为36.15%，资金贡献率为57.25%，劳动力贡献率为6.6%。有以下基本特征：

表6 2005年科技、资金、劳动力对经济增长贡献（%）

地区	科技贡献率	资金贡献率	劳动力贡献率
全国	42.34	53.65	4.01
湖南	36.15	57.25	6.6
江西	38.95	48.68	12.37
山西	54.52	42.24	3.24
安徽	34.52	60.35	5.13
河南	43.96	52.09	3.95

1. 科技进步总体上不断提高，但落后于经济发展需要

近年来，湖南省大力实施科教兴湘、人才强省、教育强省战略，积极推进科技进步和教育事业发展，科技综合实力有所提高，重大科技成果不断涌现。“十五”期间，取得各类科技成果4788项，其中国家级科技奖89项，居全国第五位，科技活动产出居全国第六位，万人技术成果交易额居全国第十一位。但与全国和发达地区相比，还存在较大差距。2005年湖南省科技对经济增长的贡献率，低于全国平均水平6.19个百分点，在中部地区仅高于安徽。主要差距：一是自主创新能力不强。2007年，全省高新技术产业增加值占全部工业增加值的比例只有25%，占GDP的比重仅9.1%。全省规模以上工业企业中，开展科技活动的企业只占14%，开展研究与实验发展活动的只占7.6%，全省每年的科技成果真正形成产业化的不到10%。二是装备水平不高。目前全省国有大中型企业主要装备水平，达到80年代末发达国家水平的仅占28.6%，低于全国平均水平3.5个百分点；属国内先进水平的仅18.5%，低18.6个百分点。三是产品加工度低、市场占有率低。湖南省工、农产品仍以初加工、中低档为主。有色行业产品大部分是金属锭。纺织行业的精梳织物仅占棉布总量的14.4%，比先进省市低12个百分点，比全国低2个百分点。湖南省2970种主要工业产品，达到国际先进水平的仅占2.3%；列入“中国驰名商标”的品牌仅8个，不到总数的3%；产品在本省市场的份额只有20%左右，纺织、服装、家电等日用工业品市场基本被省外、国外产品占领。

2. 资金贡献在经济增长中占主导地位，但投资效益下降

一直以来，湖南省资金对经济增长贡献率都超过50%，远远高于科技和劳动力要素的贡献，但投资效益逐年下降。

投资效益下降：一是由于投资品价格上涨等不可比因素。二是投资结构方面的原因，基础设施方面的投资较多，产业发展方面的投资相对过小。2007年，全省工业投资占全社会固定资产投资的比重为33.5%，比工业增加值占GDP的比重低3.3个百分点，工业投资率比全部投资率低6个百分点。三是投资水平方面的原因，很多投资项目通过“劳动力、资金、资源、环境、税收”等方面的低付费、低成本而实现的盈利，投资整体上属于粗放型增长，投入产出比率不高。

3. 劳动力优势逐步减弱，劳动生产率偏低

湖南作为人口大省和劳动力大省，在传统农业社会和工业化初级阶段，具有明显的劳动力优势，每年劳务输出人口1000万以上。但随着经济的发展，依靠追加劳动力规模取得经济增长逐步收敛，单靠增加劳动力规模难以提高经济发展水平，获取效益，而劳动者素质的提高显得越来越重要。

日前全省劳动者素质和劳动生产率都普遍偏低。全省国有及规模以上非国有工业企业的全员劳动生产率比全国低22%，比广东低31%，比上海低55%。华菱集团在全省乃至全国都是优秀企业，但与世界先进钢铁企业相比，差距较大。华菱集团4.5万人，年产钢1000万吨，而韩国浦项制铁公司2万人，年产钢2700万吨。

（二）重点难点分析

当前湖南省要实现要素结构的调整，面临着四个方面的瓶颈制约：

1. 物质消耗瓶颈

一方面，资源储量算人均、看质量令人堪忧。矿产资源方面，全省潜在价值约为1.2万亿元，排全国第十六位。与经济社会发展密切相关的37种矿产中，不能满足要求的高达10种。包括：铅可供开采7.8年，自给率20%；锌可供开采8.5年，自给率22.4%；锑可供开采4.6年，自给率56%；铁矿石年需求量700万吨，自给率14%。株洲冶炼厂是我国三大有色冶炼厂之一，铅锌总产量全国第一，每年需要铅锌矿26万吨，目前省内可供应量只有30%左右。煤炭方面，人均煤炭资源储量为全国平均水平的28%，人均保有储量不到1/6。湖南省煤炭产量长期徘徊在4000万吨左右，到2010年预计净调入2000万吨左右，2020年达到5000万吨左右。产量只有3100万吨，缺口达到2700万吨。水资源方面，利用率只有22%，仅为日本的1/25，美国的1/8，由于水质等原因，近60%的城市和70%的县城存在不同程度的供水紧张状况。土地资源方面，湖南省人均耕地面积仅0.9亩，对人口的负荷是全国的1.7倍，世界的5.1倍，按目前消耗速度，到2030年将无后备资源。

另一方面，物质消耗较高。全省十大优势产业中，涉及矿产的有钢铁、有色、建材、化工四大产业。5900多家规模以上工业企业中，涉及矿产资源开采、加工的企业有1700多家，资源、能源消耗量大。据测算，湖南省每万元GDP能耗是印度的3倍，日本的6倍，法国的10倍；每万元工业产值耗用钢材、木材、水泥量分别是发达国家的5～8倍、4～10倍、10～30倍。火电煤耗比国际先进水平高22.5%，大中型钢铁企业吨钢可比能耗高21%，水泥综合能耗高45%，载货汽车油耗比国际先进水平高1倍以上。高投入、高消耗，必然带来高排放。

近年来，湖南省加大节能降耗的力度，取得了比较明显成效。全省能源消费弹性系数从2001年的1.5，下降至2006年的0.98，特别是从2005年开始，出现明显回落迹象。但横向比较，还任重道远。以2006年为例，湖南万元GDP能耗为1.35吨标准煤，高出全国平均12.1%，排在全国第十四位。

2. 科技瓶颈

集中体现在两个方面：一是科技投入不足。从政府科技投入看，R&D支出占GDP的比重，湖南省为0.72%，全国为1.41%，都低于1998年的世界平均水平。R&D经费占全国比重为1.8%左右，在全国名列第十七位，在中部地区居第四位。从企业科技投入看，国际通行标准认为，技术开发资金占销售额的比重低于1%的企业难以生存，占2%的可以维持，占5%的才有竞争力。最近国家有关部委公布的技术开发中销售收入比例排序前100名企业名单中，湖南没有一家。湖南省企业投入和创新程度都远低于全国平均水平。

二是科技成果转化率低。“十五”期间，湖南省省级科技部门登记的科技成果每年900余项，其中应用科技成果占89%，成果水平处于国际国内领先的达到96%，但真正形成产业化的不到10%。主要原因是目前鼓励科技成果转化及产业化的优惠政策及与之配套的服务体系还不健全，企业还没有真正成为科技创新的主体，科技创新与市场脱节现象普遍，科技与经济结合不够紧密。

3. 人才瓶颈

近年来，湖南省人才在数量和质量上都有大幅提高，但人才队伍结构与布局仍有失均衡。一是高技能人才不足。目前在生产一线的技术工人中，高级工比重不到5%，全国为6.2%，而发达国家一般都在30%~40%。全省每年技校毕业人数不到5万人，还不到长沙一年需求量的一半。结构上也是通用工种多，计算机、信息网络、光机电一休化等新生产业高级技能少。据初步测算，“十一五”期间，湖南高技能人才缺口在40万人以上。二是科技人员分布不合理。大多数科技人员集中在行政事业单位和教育、医疗卫生单位，真正成为工农业生产第一线从事科技创新和技术推广的科技人员十分有限。三是人才外流严重。与沿海经济发达省份相比，湖南经济相对落后，人才地位、待遇相对较低长期存在，导致人才外流。同时，湖南工业结构中，传统工业仍占较大比重，利用数控机床、加工中心的高端制造业不足，使一些与新型工业化相适应的高级人才难以在省内找到合适岗位，也是造成人才外流的重要原因之一。

4. 制度瓶颈

体制是无形的力量，一种发展方式往往被当时的体制打下很深的烙印。当前我省一些领域体制改革滞后，极大地影响了经济发展方式的转变。一是宏观行政管理体制方面。条块分割、行业垄断、部门垄断、职能重叠问题较为突出。财税体制改革滞后，公共财政体制尚未确立。投资体制改革滞后，企业投资的自主权没有真正落实，市场开放不彻底。一些领域准入门槛高，民营资本不能顺利进入。要素市场体系、社会保障体系、价格补偿机制、干部任用制度等方面不尽健全等等，都是影响经济发展方式转变的体制因素。二是微观企业改革方面，国企改革取得了明显成效，但大量的国有企业还没有真正触及深层次的产权问题，造成企业重组缓慢，实力难以增强，治理结构缺位，内部管理粗放，企业缺乏扩张的内在动力，难以做大做强。

（三）对策措施建议

1. 关于降低物质消耗的建议

方向：以节能减排为重要抓手，按照建设“两型”社会的要求，抓紧完善有利于能源节约和生态环境保护的法规政策，大力推广节约、替代、循环利用的先进适用技术，加大污染治理力度，实施节能减排和环境保护重点工程。

建议：

（1）抓“两型”社会思想基础建设。充分发挥湖南省电广传媒优势，结合全国节能、节水宣传周，世界水日、土地日、环境日等，积极组织宣传活动。广泛组织开展节约型机关、节约型学校、节约型宾馆、节约型社区等社会活动，为节能减排奠定广泛的社会基础。

（2）抓重点节能减排项目的建设。突出抓好石化、有色、造纸等重点行业和重点企业技改项目、循环经济项目，坚决淘汰落后产能，关注建筑业、交通运输业、公用事业、政府机构和居民生活节能。

（3）抓激励性、限制性、惩罚性制度建设。实施绿色财税政策，加强环保政策与财税政策的配合，把企业排污造成的社会成本内部化。对节能减排先进企业，实行税收优惠；对采用先进节能减排技术和设备的企业，给予适当的财政补贴，提高环保设备折旧率。

（4）抓价格调控。加快资源要素价格改革研究，尽快建立资源要素价格反映资源要素稀缺性的价格体系。适时开征资源环境增容费，提高资源要素和排污价格，健全资源要素的价格调控体系。

（5）抓环保产业发展。组织有关部门与科研院所、高等院校、企业一道，重点研究和开发资源回收、替代综合利用技术，固体废弃物减量化、再利用、再循环技术，以及绿色制造技术。开展多层次、多形式的国内外经济技术交流和合作，引进、消化、吸收、提升国外先进高科技资源节约设备和技术，加快湖南省环保产业的发展。

2. 关于科技创新的建议

方向：加快创新湖南的建设，认真落实中长期技术发展规划纲要，加大自主创新的资金投入和政策支持，抓紧组织实施重大科技专项，加快建立以企业为主体、市场为导向、产学研结合的技术创新体系。

建议：

（1）抓科技投入。认真落实三个比例：力争到2010年，研究与开发经费占GDP比重达到2%，高新技术企业研发投入占销售收入5%，大中企业研发投入占销售收入比例达到3%。

（2）抓平台建设。重点建设3~5个国家重点实验室和国家工程实验室，10~15个国家工程（技术）研究中心和国家企业技术中心。加快以企业为主体、市场为导向、产学研结合的自主创新体系建设。

（3）抓成果转化。重点抓好省生产力促进中心、省留学人员创业园、省高等院校科研院所成果转化（益阳）基地、隆平高科技园、火炬创业园、株洲中小企业促进园等科技孵化器建设，加快传统产业改造，力争到2010年，应用型科技成果转化率提高到85%。

（4）抓自主创新品牌建设。着力实施一批重大专项，加快自主品牌的培育。重点组织电子信息、装备制造、生物质能、农产品深加工、创新药物、中药现代化、生物改良、生物冶金、新材料等重点领域研究，实现重点技术领域和优势产业领域的重大突破；集中抓好干细胞、数字集成电路、高性能材料等精品打造；加快风力发电装备、太阳能电池、高效脱硫装备建设，培育新能源装备产业和环保装备产业。

3. 关于提高劳动者素质的建议

方向：加快推进教育强省战略，继续实施全民素质行动计划，加快实用人才的培养，加快造就支撑市场经济发展的骨干和帅才，充分发挥湖南省人力资源优势在经济发展中的作用。

建议：

（1）抓素质教育。结合“一化三基”战略部署，突出“两型”人才培养；结合十大优势产业的发展，加强职业教育基础能力建设；结合全省1000万农村劳动力转移，加快实施农村劳动力转移培训工程、农村应用人才培训工程、成人继续教育和再就业培训工程。

（2）抓人才返乡。实施乡土拔尖人才培养计划。对返乡创业青年，做到“五个优先”，即承包资源优先、资金扶持优先、技术支持优先、教育培训优先，评选成果优先，鼓励开展自主创业。建立乡土拔尖人才联系制度，加大拔尖人才宣传，发挥能人带头作用。

（3）抓企业家培养。抓紧建立职业经理人资格制度，加强经营管理人才开发。重点在装备制造、电子信息、新材料、生物医药、食品加工等领域，培育一支懂管理、会经营的职业经理队伍。力争到2010年，全省职业经理人才达47万人。

（4）抓全民创业。加大想创业、会创业、创成业、创大业的典型宣传，激发创业热情，增强创业胆识，形成“一心一意想创业、千方百计创成业、齐心协力创大业”的生动局面。积极引导各种专业经济组织、行业协会和中介机构，加强技术、管理、信息的收集、筛选、发布，搭好创业信息平台。

4. 关于管理创新的建议

方向：坚持改革开放，加快完善社会主义市场经济体制，建立健全有利于转变发展方式和全面协调可持续发展的体制机制，为科学发展提供制度基础。

建议：

（1）抓企业成长机制的建设。设立省级中小企业、民营经济专项资金，用于重点企业和重点项目的扶持，以及固定资产投资、技术改造和技术进步、新产品开发、创名牌、品牌等的补贴或贴息，也可以直接用于出资或参股设立中小企业服务机构、担保机构、创业投资基金。1958年，美国联邦小企业管理局实施的“小企业投资公司计划”，培育了诸如IBM、苹果电脑、联邦快递等一大批高成长性企业。设立中小企业“年度贡献奖”、“税收新上台阶奖”等奖励制度。对创投机构辅导初创期科技型中小企业实施税收优惠。优先安排对中小企业的政府采购。允许中小企业参加各种展会费用的税前扣除，鼓励中小企业拓展国际市场和参与世界竞争。

（2）抓市场促进机制的完善。完善知识产权保护，实施知识产权战略，以健全的法律体系激励、规范、协调、保护创新创业行为。着力创造公平诚信的市场竞争环境，促进企业自觉成为创新主体，形成官产学研紧密结合、充满生机活力的社会创新生态，促进科技创新的社会化、产业化和市场化，实现科技成果的社会共享。坚持平等保护物权，形成各种所有制经济平等竞争、相互促进的新格局，为促进科学发展创造良好的微观基础。

（3）抓行政管理体制的改革。按照“经济调节、市场监管、社会管理、公共服务”原则，合理界定政府职责范围，强化社会公益性指标规制，弱化政府微观管理职能。重点抓好省直管县推行，扩大县级政府经济管理权限。完善集体决策、专家咨询、社会公示和听证制度，健全科学民主决策机制。科学评价经济发展和干部政绩。推进依法行政和行政问责制，完善政府自我约束机制。减少行政层级，强化公共服务职能。

（课题负责人：欧阳彪，课题组成员：吴小月、张传德、刘亚亮）

推动协调发展，转变经济发展方式

广东省发展改革委学术委员会课题组

加快转变经济发展方式，是党的十七大提出的重要战略举措，是关系国民经济全局的重大战略任务，是贯彻落实科学发展观实现全面协调可持续发展的关键所在。

改革开放以来，广东经济进入高速增长轨道，经济总量连续10多年位居全国第一。但经济增长主要依赖地缘优势、外向市场、低水平人力和大规模物质资源的投入，发展方式较为粗放，造成区域、城乡、资源、环境以及结构的不协调与不平衡，影响了经济社会的可持续发展。

如何转变经济发展方式，推进广东区域协调发展、城乡协调发展、资源环境与经济协调发展，实现可持续发展，是广东未来发展必须着力解决的重要课题。

一、广东经济协调发展的基本趋势

（一）协调发展的内涵

协调发展从狭义上看，主要是指经济系统内部诸要素之间的协调发展，包括速度、结构和效益的协调推进。从广义上看，协调发展包括科技发展带来的动力和支撑，资源供给的基础和保障，对环境产生的依赖和约束，与系统外部的交流与合作等等。因此，经济协调发展不是经济单一系统的孤立发展，而是包括经济与科技、经济与资源、经济与环境、内部与外部整个系统的协调发展。

“协调”与“发展”是两个不同的概念。“发展”是指系统从小到大、从低级到高级的演变过程，反映了系统发展水平的高低。“协调”是指系统之间相互促进、相互制约的互动关系，反映了系统之间协调状况的好坏。协调与发展对立统一，互为因果；发展决定协调，发展是协调的前提和基础；协调存在于发展之中，协调是发展的保证，离开了协调，发展就会失去动力。

研究协调发展可以从经济协调发展、社会协调发展、城乡协调发展、区域协调发展等不同视角展开。本报告中对于经济协调发展的研究，主要是探讨经济发展与资源集约、环境保护以及区域之间协同发展的互动关系。

（二）对广东经济协调发展趋势的判断

1. 发展指数评价指标与判别标准

我们根据协调发展的内涵，结合发展的实际，首先组建一套指标体系，并根据广东经济发展相关数据，分类归并发展指数区间，对广东经济发展协调程度分系统进行评价（见表1）。

表1　广东经济发展协调性评价指标体系

<table>
<tr><th colspan="2">主题层</th><th>指标层</th><th>单位</th><th>属性</th></tr>
<tr><td rowspan="9">经济发展</td><td>经济增长</td><td>1. 人均 GDP 增长率</td><td>%</td><td>正</td></tr>
<tr><td>区域经济</td><td>2. 珠三角与山区人均 GDP 比值</td><td>%</td><td>逆</td></tr>
<tr><td rowspan="5">产业结构</td><td>3. 第三产业增加值占 GDP 比重</td><td>%</td><td>正</td></tr>
<tr><td>4. 金融服务业增加值占第三产业比重</td><td>%</td><td>正</td></tr>
<tr><td>5. 最终消费率</td><td>%</td><td>正</td></tr>
<tr><td>6. 一般贸易出口额占出口总额比重</td><td>%</td><td>正</td></tr>
<tr><td>7. 前 50 大工业企业产值所占比重</td><td>%</td><td>正</td></tr>
<tr><td rowspan="2">经济效益</td><td>8. 全员劳动生产率</td><td>%</td><td>正</td></tr>
<tr><td>9. 增量资本产出率</td><td>%</td><td>逆</td></tr>
<tr><td colspan="2" rowspan="3">科技进步</td><td>10. 研发（R&D）经费支出占 GDP 比重</td><td>%</td><td>正</td></tr>
<tr><td>11. 万人拥有科技活动人员数</td><td>人</td><td>正</td></tr>
<tr><td>12. 高技术产品产值占工业总产值比重</td><td>%</td><td>正</td></tr>
</table>

续表

主题层	指标层	单位	属性
资源集约	13. 单位建设用地产出率	万元/平方公里	正
	14. 耕地面积降低率	%	逆
	15. 万元 GDP 能耗	吨标准煤/万元	逆
	16. 万元工业增加值用水量	立方米/万元	逆
环境保护	17. 二氧化硫排放降低率	%	正
	18. COD 排放降低率	%	正
	19. 主要江河省控断面水质综合指数	%	正
	20. 工业固体废物综合利用率	%	正
	21. 城市建城区绿化覆盖率	%	正

其次，按照发展指数落入［60，70），［70，80），［80，90），［90，100］四个区间，再把系统区分为如下 16 种协调发展类型（见表2）。

表 2 经济协调发展类型分类及判别标准

协调指数(C) / 发展指数(D)	$60 \leq C < 70$	$70 \leq C < 80$	$80 \leq C < 90$	$90 \leq C \leq 100$
$60 \leq D < 70$	低发展水平 低协调程度	低发展水平 较低协调程度	低发展水平 较高协调程度	低发展水平 高协调程度
$70 \leq D < 80$	较低发展水平 低协调程度	较低发展水平 较低协调程度	较低发展水平 较高协调程度	较低发展水平 高协调程度
$80 \leq D < 90$	较高发展水平 低协调程度	较高发展水平 较低协调程度	较高发展水平 较高协调程度	较高发展水平 高协调程度
$90 \leq D \leq 100$	高发展水平 低协调程度	高发展水平 较低协调程度	高发展水平 较高协调程度	高发展水平 高协调程度

将系统发展指数和协调指数进行加权计算，可以得到协调发展指数，进而对系统协调发展状态进行定量评价与分析。

2. 广东经济协调发展指数变动趋势

如前所述，协调存在于发展之中，协调发展是经济发展的动力和保证。我们根据对协调发展的定量评价进一步分析广东经济发展的协调性（见图1）。

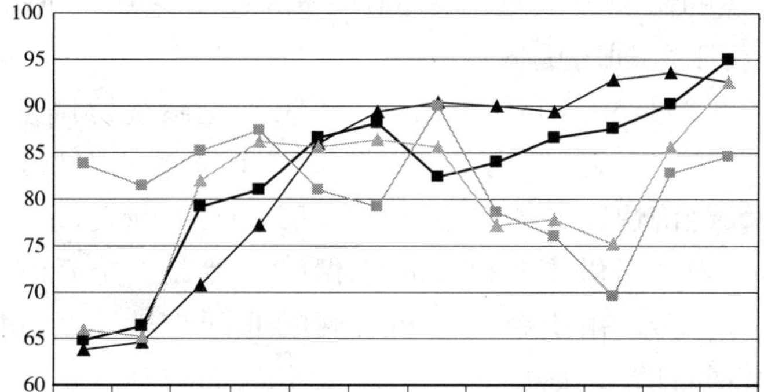

	1996	1997	1998	1999	2000	2001	2002	2003	2004	2005	2006	2007 (年份)
经济-科技	63.88	64.63	70.82	77.15	86.05	89.44	90.47	89.92	89.34	92.81	93.68	92.66
经济-资源	64.81	66.47	79.22	81.06	86.53	88.29	82.32	83.97	86.52	87.69	90.14	95.01
经济-环境	83.79	81.5	85.26	87.47	81.07	79.19	90.01	78.61	75.97	69.65	82.78	84.56
经济-科技-资源-环境	65.99	65.2	81.93	86.22	85.6	86.46	85.61	77.24	77.89	75.28	85.65	92.64

图1　协调发展指数变动趋势

从“经济—科技”协调发展指数看，1996～2001年间，在通货紧缩的宏观经济背景下，受经济发展拖累，经济与科技的整体发展水平提高不快，但是经济与科技的协调程度迅速提升，经济和科技的协调发展状态依然处于快速上升阶段，协调发展指数从63.88迅速提高到89.44。2002～2004年间，经济快速发展带动了整体发展水平的提高，但是由于经济与科技的协调程度有所下降，导致经济和科技的协调发展处于停滞不前状态，协调发展指数保持在90左右。2005年以来，经济发展和科技进步取得同步提高，经济发展重回科技推动的内生发展模式，经济和科技的协调发展也重新回到上升轨道，2007年的协调发展指数增长到92.66。

从“经济—资源”协调发展指数看，1996～2001年间，经济与资源的协调发展状态同样处于快速上升阶段。2002～2007年，在适度重型化的产业发展推动下，经济快速发展的同时，资源集约水平也得到不断提升，经济与资源之间的协调程度稳步上升。

从“经济—环境”协调发展指数看，1996～1999年间，由于经济与环境发展的同步性较好，高协调程度弥补了低发展水平的不足，因而协调发展指数能够稳定在85左右。2000～2005年间，环保水平出现整体下降趋势，经济发展付出了较大的环境代价，经济与环境的协调发展处于不断下降的趋势之中，2005年协调发展指数一度下降到历史低点69.65。

从“经济—科技—资源—环保”全系统协调发展指数看，总体上呈现出上升趋势，这主要是依赖于全系统发展水平的不断提高。其中，经济快速发展是全系统发展水平不断提高的原动力，为全系统协调发展提供了基础和根本保障。然而，全系统协调发展指数并非直线上升，由于系统之间发展的非同步性，系统协调指数呈现出波动性特征，进而导致协调发展指数的波动。这充分说明，在追求经济快速发展的同时，必须兼顾科技、资源和环境等系统的发展，实现系统之间的同步提升，才能最终实现最佳的协调发展状态。

二、广东经济协调发展的问题及其影响与原因分析

自1989年经济总量跃升全国首位之后，广东生产总值已连续近20年领先全国，成为中国第一经济大省。但多年来，广东始终还没有真正从经济大省跃升为经济强省，人均水平与先进省市相比偏低，原因就在于经济发展方式仍然偏于粗放，发展不够协调。

（一）协调发展存在的主要问题及其影响

1. 科技与经济发展的不协调

目前，广东技术对外依存度达50%，尤其是电子信息、生物技术等高新技术领域80%以上的技术需要进口。广东虽然是专利大省，但其中代表核心技术创新的发明专利70%以上为国外跨国公司掌握，自己掌握的核心技术和自主知识产权较少。2007年广东发明专利授权量为3714件，相对每亿元生产总值平均密度为0.124；而同期上海发明专利授权量为3259件，平均密度为0.279，高出广东1倍以上。由此可以看出广东产业的科技含量及

其核心竞争力与上海的差距。

科技水平应随经济发展而提高，有时甚至还应快于经济发展。但从图1可知，2002年以来，广东经济一直呈高发展水平，而受科技水平提高不快的影响，一段时间里经济和科技发展不够协调，导致“经济—科技”发展的协调性处于停滞不前的状态。尽管2005年以来广东科技与经济得到相对同步发展，2007年达到一定的协调性，但总体态势还是比经济的高速增长略呈滞后。

2. 产业结构发展的不协调

改革开放后广东三大产业发展特征为：一产发展缓慢，二产快而粗放，三产发展滞后。1991~2007年，广东第一、第二、第三产业平均增长分别为3.9%、18.0%、13.7%；第一产业增长速度较慢，其比重不断缩小，至2007年第一产业仅占5%；第二产业从1990年的占39%提升到2007年的52%；第三产业特别是现代服务业发展相对滞后。第一、二、三产业对GDP的拉动从改革开放初的30.0:16.6:53.4转变到2007年的1.2:59.9:38.9。第二产业目前在广东产业结构中占主导位置，其中工业制造业占95%以上；第三产业发展对经济增长的拉动从50%多下降到不到40%（广东产业结构变化见图2）。

农业发展关系全局，粮食足而天下稳。然而，农业发展空间因为GDP不大而受到严重的挤占。改革开放以来，广东耕地减少超过了1000万亩（相当于一个珠三角的耕地面积）。目前，广东2/3的粮食需要从省外调入，影响了粮食供给的安全性，社会维稳压力增大。

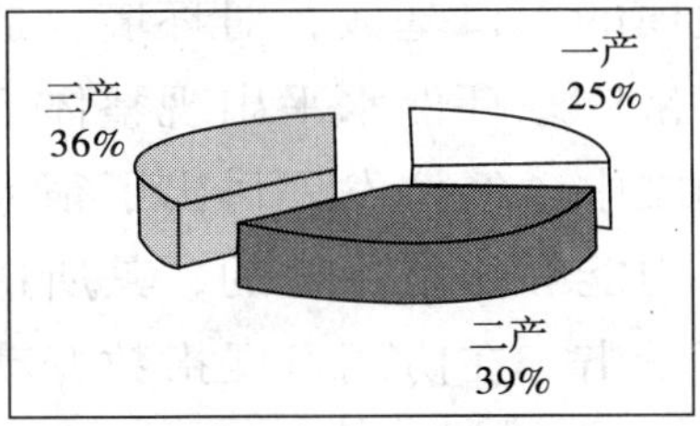

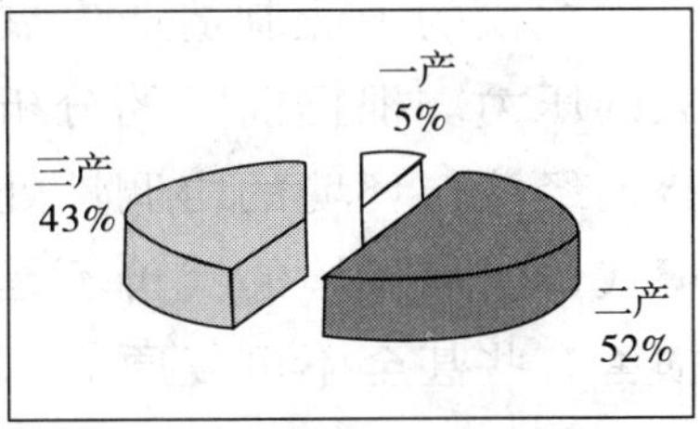

图2　1990年广东产业结构　　2007年广东产业结构

广东经济的高增长，主要依靠以工业为主的第二产业的拉动，依托大规模发展加工制造业。“十五”以来，广东重化工业发展加快，重工业的比重从2000年的47.1%提升到2007年的61.6%。广东产业已从过去“轻”的重，“重”的轻，转变为“重”的重，“轻”的轻。但在一些重工业领域或即使是高技术领域，企业生产也主要是集中在加工装配这一价值链低端的劳动密集型环节[①]，高端的研发主要在香港或国外。在工业整体中，劳动密集型企业占较大比重，技术密集型企业较少，劳动生产率偏低。数据表明，目前珠三角地区家具制造、皮革、服装鞋帽等行业占了全省用工的25%，但是只创造了8.5%的增加值。过去10年间，广东每新增一个劳动力新创造的GDP是12万元，大大低于江苏的88万元、山东的22万元和浙江的21万元。因此广东既是经济大省，也成了全国的人口大省。

3. 经济发展与资源环境不协调

如上所述，广东经济增长主要依赖工业发展，依靠制造业量的扩张，资源消耗很大，带来能源、原材料、土地等一系列的瓶颈约束，特别是由于重化工业的发展对资源能源依赖和消耗较大，发展方式较为粗放，广东在成为全国的经济大省的同时，也成为全国的能源原材料消耗大省，导致资源能源及环境的压力不断增大。近年来，广东的电力、钢材和水泥等大项物资的消费分别占全国的10%、8%、10%左右；广东80%以上的能源、50%以上的钢材需要靠省外调入和进口解决，产业可持续发展能力面临愈益严峻的挑战。

大规模的工业制造业发展，大规模的人口基数，对环境也造成很大的压力。根据前面的分析，近年来广东环保水平出现整体下降趋势，经济与环境的协调性处于波动之中，经济发展付出了很大的环境代价。而环境的代价不是短时间内能够修复弥合的，其所造成的损害有些甚至不可复原。从图1可看出，在协调发展指数变动趋

① 作者在《创新求发展 优化促提高》（国家发展改革委学术委汇编）一文中进行了较详细的分析。

势中，波动比最大的是经济—环境指数，由此而影响了全省经济发展的整体协调性。

4. 区域经济发展不协调

珠三角经济区与东翼、西翼、山区区域的经济发展差距较大。2007 年，广东这四个区域的生产总值分别为 25606.9（占 79.7%）、2107.5（占 6.6%）、2325.0（7.2%）、2075.4（占 6.5%）。人均 GDP 珠三角达到 57154 元，东、西两翼和山区分别是 13144 元、15412 元、13093 元，珠三角与东、西两翼和山区人均比达 4∶1；如果以经济区域划分，珠三角位列全国前三甲（仅排在沪、京之后），而东西两翼和山区均落后于全国平均水平。区域的差距也是造成广东经济发展总体质量和效益不高的一个重要因素，同时还造成富裕地区和贫困地区的社会群体在心态、行为和理念等诸多方面比较大的落差，影响了社会的公平与和谐发展。

5. 内外源经济发展不协调

改革开放以来，广东通过大力引进外资，引进国外先进技术和生产线，使产业得到迅猛发展。实际利用外资从 1990 年只有 14.6 亿美元，提升到 2007 年的 171.3 亿美元，平均增长超过 16%。目前广东的境外投资企业（含外商和港澳台商企业）近 6 万家，在国内居第一位，其固定投资总额①与国家及集体资本、其他资本（包括个体、民营、股份资本等）呈三分天下之势。广东出口总额从 2000 年的 919 亿美元增长到 2007 年的 3692 亿美元，占全国的 1/3 强。广东的经济发展对出口的依赖较大，外源依存度较高，国际环境的波动对其影响也较大。此次国际金融危机对广东尤其是珠三角的影响巨大就是明证。

（二）发展不协调的原因分析

1. 自主创新基础不够完善

企业短视行为较为普遍，研发投入不足。2007 年，广东大中

① 广东外商和港澳台商投资经济固定资产投资总额占全省的 23% 左右，在有限责任公司和股份有限公司中可能还有境外投资者参股的资本。本文为分析简便，不对其作细分分析。

型企业设有科技机构仅为17%，与全国平均水平23%尚有较大的差距，小企业自主研发力量就更不足了。全省R&D经费近年来长期徘徊在1%左右，低于全国近两年1.42%的平均水平，更低于上海2.63%的水平。政府对公共科研机构的投入也不足，据统计，广东省科学研究与技术开发机构自然科学及技术领域的科学家和工程师1995年、2000年和2007年分别为11189人、8763人和7093人，呈逐年递减趋势；相对于上海市自然科学研究与技术开发机构的科学家和工程师1995年、2000年、2007年分别为13811人、13569人和14902人相对稳定的趋势，差距显现。2007年，广东共有8个国家重点试验室，占全国总量不足4%，远落后于北京、上海、江苏和浙江等地。公共领域科研机构投入得不到保证，科研人员不断减少，也就难以保证关键共性技术开发的足够强度，对企业研发创新也难以起到有效的支持，产业发展与整体科技水平的协调性也因此受到深刻的影响。

2. 过高依靠工业发展带动

发展农业地方的利益不大，而工业可以规模化发展，不仅带来大量的GDP，利益大、见效快，尤其是劳动密集型加工制造业，由于外来务工人口的迅速膨胀，其租房、饮食、购物等消费还给当地带来了十分可观的红利。因此，各地方凝聚了大力发展工业的冲动，大占地盘，推平农田开发建设工业园区，土地粗放利用，农田大面积流失，造成土地等资源极大限度的消耗，生态环境损害也越来越大，气候异常性增加，空气污染加重，加大了产业发展与环境的不协调性。

3. 过度依赖外商投资和技术

广东过去工业基础较差。改革开放后大量外资进入，带来了世界先进的工业技术，推动了广东产业经济的快速发展。广东经济的外向依存度多年来一直超过80%。而由于地缘人缘关系，全省的80%以上的外资企业都集中在珠三角[①]，其与东、西两翼和山区之间的产业合作分工并不十分紧密，产业链关联度也不高，对东、西

① 在珠三角，目前超过50%的投资为境外投资商资本。

两翼和山区的辐射作用没有充分发挥出来，也因此而拉大了珠三角与省内其他地区经济发展的差距，造成区域发展协调性失衡。

4. 过分强调经济的政绩考核机制

多年来，上级政府对下级的政绩考核机制，还是主要以GDP为主要考核指标。一些地方甚至将GDP作为下级政府政绩的"红灯"，只要完成GDP，就"政绩突出"，成为"经济发展能人"，红灯就不亮；若完不成GDP，就要亮红灯，并要进行一定的处戒。于是各地方各基层政府各显神通，不惜环境代价，不顾社会公共利益，拼命追逐GDP。目前广东第一产业GDP仅占5%左右。若以GDP考核，农业发展在政府的工作中已居于微不足道的位置，而只有工业化才能带来足够的GDP。唯GDP带来了唯工业化，农业多年来一直得不到足够的重视，造成其发展更加缓慢，产业发展更不均衡。

5. 不均等的财政体制

我国现行的"分税管理、分灶吃饭，各家孩子各自抱"财政体制，财权上收、事权下放，造成地方政府尤其是基层政府很大的支付压力。不同地区因产业发展结构不同差距很大，工业地区富裕，农业地区贫困。由于财政收入的不均等化，许多不富裕的地方特别是农业地区财政长年入不敷出，基础设施建设滞后，公共服务不足，相对于老百姓对公共服务均等化日益迫切的要求而形成突出的矛盾。地方政府为尽快改变现状，只有大力争夺工业项目，有的地方不顾自然资源和环境条件，大肆"跑马圈地"，全面开花开发工业园区，又造成资源的粗放开发和利用。地方政府收入不均等、各寻出路的财政体制模式，一方面造成区域差距的扩大，另一方面引致地方不顾公共利益和全局利益的狭隘逐利行为，更造成了经济社会发展的不协调。

三、推进广东经济协调发展的思路和政策建议

广东未来的发展，必须进一步转变经济发展方式，认真贯彻落实科学发展观，促进全面协调发展，实现从经济大省向经济强省的转变。

（一）发展思路

——全面贯彻落实科学发展观。促进经济发展方式和发展观念转变，加强统筹城乡发展、统筹区域发展、统筹人与自然和谐发展、统筹内外源经济发展的协调性，推进生产力和生产关系、经济基础与上层建筑相协调。

——构建全省经济协调发展机制。在推动珠三角经济发达区域产业向高级化高端化转型转变，强化现代产业与人和自然和谐发展的基础上，推进珠三角产业对广东省其他地区辐射带动和产业链延伸，并充分考虑东西两翼和山区的特点、资源优势，支持扶持发展各自地方优势产业，形成跨区域的关联度大、合作互补性强的产业集群，促进区域协调发展。

——促进一、二、三产业、内外源企业协同发展。充分重视农业在经济社会发展中的地位和作用，加大对农业发展的扶持力度；积极支持民营经济壮大成长，推进内源产业健康发展，努力推进各种不同经济成分协同发展；加大对基础研究以及公共科技领域的投入，推动产业向高端领域挺进。

——发挥广东改革开放“先行先试”优势。进一步深化社会管理以及行政管理体制改革，加快基层财政运作机制改革，促进向服务型政府转变，营造科学发展新环境。

（二）政策建议

1. 提高区域协同发展能力

加快研究出台落实科学发展观促进区域协同发展的相关政策措施，加大对珠三角产业转型和转移的支持推进力度。在省产业发展引导资金中设立区域产业集群合作引导专项基金，按产业集群及产业链拓展方向，支持引导珠三角产业在向高端转型的同时，向珠三角区外延伸产业链，推进珠三角与山区及两翼产业的集群化发展，提高区域经济协同发展能力，促进区域协调发展。

2. 协调资源和环境约束与经济高速增长关系

按科学发展观的要求，做好并切实执行协调经济发展与资源能源节约和生态环境保护规划，提高资源利用的效率，减少经济发展对环境的影响和压力，积极推进资源节约型与环境友好型“两型社会”建设，将“两型社会”建设作为考核地方政府主要政绩的指标，促进经济强省建设与资源节约及生态环境建设相协调。

3. 加大支持现代农业和现代服务业发展力度

调整促进产业结构优化提升的主攻方向。建议省财政设立专项资金，结合支农惠农系列措施，完善农业生产投资环境，引导农业民间资本的投入，加大对农民农业生产资料的财政补贴力度，支持发展广东特色农业产业，加快农业现代化产业化步伐；加大对服务业现代化建设的支持，创新国际经济危机下的新营销理念，促进现代生产服务业和现代营销方式发展，推动广东省农业、工业、服务业产业互相协调、互为促进、共同发展。

4. 研究财政体制改革

建议国家加快研究推进财政体制改革，促进基层政府从事权财权不对等向事权财权相统一转变，从创收向公共服务转变，减轻基层政府税务创收的负担，弱化基层政府的逐利取向，并加大基层政府财政运用的能力，增加对农业地区和山区的一般性转移支付力度，促进区域公共服务均衡化，促进各地区经济社会协调发展。

5. 建立科学发展考核机制

尽快推进科学发展的考核指标体系建立与实施。结合国家和全省主体功能区划设定工作，改变唯 GDP 是举的考核方法。明确不同区域的发展责任，在农业区或生态保护区以不同于工业发展区的考核方法，建立包含服务社会、和谐建设等项综合性指标的考核体系，调整各地政府局部经济趋利性行为，使地方政府回归以公共利益、全局利益为首要责任，从而促进广东省经济社会全面协调发展。

（课题负责人：孔云龙，课题组成员：徐红枫、肖志铭、覃东海、冯杰、何光军）

三峡库区创新发展方式之路

重庆市发展改革委学术委员会课题组

三峡工程从1919年孙中山先生《建国方略》最早提出设想，到1994年正式开工，再到2009年全面竣工，历时近100年论证、近20年建设，在建国60周年之际画上句号。三峡工程不仅开创了世界巨型水利工程建设的奇迹，也催生了我国流域开发和工程移民的特殊战略区域——三峡库区。库区既是百万移民地区、少数民族聚居区，又是国家集中连片贫困区、生态环境相对脆弱区；既是重庆统筹城乡发展的重要板块，又是西部地区的典型缩影。库区科学发展事关长江流域生态环境安全与永续发展，事关中国破解世界级难题与实现全面小康大局。近年来，库区工作重点逐步由移民搬迁转向移民安稳致富和建立稳定发展长效机制，为化解发展之痛、创新发展之路进行了有益探索。特别是国务院《关于推进重庆市统筹城乡改革和发展的若干意见》（国发〔2009〕3号）为库区科学发展提出了新要求，也带来了新机遇。本课题在深入调研重庆库区及15区县发展实践，以腹心8区县为重点，初步总结了反映区域典型特点和发展趋向的“模式”，并结合发展阶段、使命转换和功能变化，提出创新库区发展方式的政策导向。

一、三峡库区科学发展的生动实践

（一）破解起飞的沉重——循环经济模式

1. 背景

历经三峡工程“不上不下”、三峡库区“不三（三峡）不四（四川省）”的长期论证，国家基本未投资重大基础设施和布局重大产业项目，工程开建后又处于水位线下不许建、水位线上不能建的两难境地。在东部率先、西部开发、东北振兴、中部崛起的区域经济赛势发展格局中，库区起跑的步伐明显迟滞。突出表现：人均发展水平低，2008 年库区人均 GDP2100 美元，巫山、巫溪等县不足 1000 美元，低于全市 2573 美元、西部地区 2250 美元的水平；产业结构不合理，处于前工业化向工业化过渡阶段，三次产业比重为 14.8∶51.5∶33.7，8 个区县农业比重超过 20%，仅 2 个区县服务业比重超过 40%，农业和工业主要处于传统种养、资源初加工水平。后发地区能否实现追赶式、跨越式发展，在追赶和跨越的过程中怎样发挥资源禀赋优势，怎样保持可持续发展？近几年，库区围绕特色资源开发利用，积极探索“循环经济”模式，培育出大化工、绿色食品、新型建材等特色支柱产业。以环保要求较高的化工产业为例，库区突出天然气、盐岩资源优势，形成长寿综合化工园区、万州盐气化工园区和涪陵精细化工园区三大基地，2008 年三大园区工业产值分别增长 77.3%、6.4 倍和 41.9%。

2. 特点

（1）园区“五个一体”高起点再造产业平台。如长寿化工园区，坚持推进产品项目一体化、公用工程一体化、环境保护一体化、物流配送一体化、管理服务一体化，实现资源利用最大化、产出效益最大化和污染排放最小化，将园区建成生产与生态平衡、经济与环境协调发展的循环经济产业园区。为形成天然气化工生态“互联网”，委托业内知名研究机构中国成达工程公司、中国石油和化学工业规划院等量身定做产业规划，以乙炔、甲醇、MDI 等项目为龙头产品，规划产业链项目总投资超过 1000 亿元，力争建成长江上游最大的综合性化工基地和世界级天然气化工基地。园区自 2003 年 10 月动工，已建成国家级循环经济试点园区，单位面积投资、产出强度分别达 50 亿元和 60 亿元，每 1 元天然气产出超过 15 元、最高达 28 元；吸引跨国公司 16 家、世界 500 强企业 11 家、上市公司 19 家，包括德国巴斯夫、英国 BP、日本三菱化学等国际化工巨头，中石油 1000 万吨炼油厂也选址其中。

（2）企业小处着眼构筑“生态产业链”。长寿化工园区环球石化公司将项目总投资的1/3用来建设5000吨/日污水处理装置，相当于一个中等城市的污水处理厂，污水处理后用作冷却水、伴料水，企业产生的茗渣生产有机肥，二氧化碳生产饮料，沼气烧锅炉；长扬热能公司承担整个园区的蒸汽供应，公司采用高温高压循环流化蒸汽锅炉和静电除尘等先进技术，有效除尘率和脱硫率都超过90%，产生的煤渣全部出售给水泥企业。万州索特盐化公司为解决生产过程的废水、废渣及采空区沉陷对生态的影响，实施卤水处理污染综合治理工程，实现污染物零排放。

3. 示范

循环经济是人类在探索和实践可持续发展过程中逐渐形成的经济发展模式，摒弃传统的“资源－产品－废弃物”单向方式，崇尚以低消耗、低排放、高效率为特征的“资源—产品—废弃物—再生资源”反馈式循环，本质上是一种生态经济，20世纪60年代最早由美国经济学家波尔丁提出，90年代以来，日本、德国、丹麦等发达国家先后将之作为可持续发展和提高国际竞争力的重要战略。2005年中央经济工作会首次将循环经济纳入国家战略，各地也在积极探索。西部地区是我国江河之源、生态之源，只有发展循环经济，实现资源的高效和循环利用，才能摆脱“越穷越垦、越垦越穷”的“环境＋贫穷”陷阱，库区“循环经济”实践可称典范。

（二）突围要素制约——逆向“飞地”模式

1. 背景

库区自然条件相对恶劣，要素瓶颈问题突出，优惠政策效应难以充分发挥。土地供应不足，山地面积超过70%，大于25°的坡耕地占19%，部分后靠移民人均耕地仅0.3亩，不到联合国粮农组织规定的0.8亩最低警戒线的一半，城镇后靠搬迁需要大量用地也导致产业用地紧张，整治费用偏高。金融“失血”现象突出，金融机构存贷比偏低，如万州、云阳、开县存贷比分别仅有37%、22%和20%。为突破要素制约，库区区县借鉴发达地区省域内发展“工业飞地”经验，探索出“逆向‘飞地’”、对口支援异地办园等“工业飞地”模式。如库区的云阳县与重庆主城的九龙坡区互建“工业飞地”，链接江苏对口支援云阳等政策要素，实现了资源互补、产业互动、劳动就业互助、财政收入互增、生态环保互建，2008 年全县工业产值增长 35%，高于全市 15 个点。

2. 特点

（1）政策集合。将国家三峡库区产业扶持政策、国家对口支援政策（江苏省对云阳县）、地方对口帮扶政策（重庆主城九龙坡区对云阳县）有机整合，创造出“三策叠合 + 三方联动”扶贫开发新思路。“园中园”企业用工优先安排云阳移民工，云阳“九龙坡工业园”税收留县部分归云阳，九龙坡“云阳工业园”税收留区部分归九龙坡，归市部分由双方向市政府争取按库区政策返还云阳。

（2）土地集约。按照“发挥优势、整合资源、市场配置、互利共赢”的原则，九龙坡与云阳两地政府签订互建工业园中园框架协议，各划出 1 平方公里工业用地，用于 2 个“园中园”建设。项目筹建、土地出让、债权债务及建设中的管理工作按属地原则，由当地政府和工业园区负责，另一方协助。

（3）产业集聚。双方分别负责本辖区内的“园中园”定位核心产业，策划、引进关联产业项目，打造特色产业链。为帮助云阳增强招商吸引力，九龙坡出资援建的云阳工业园区 2 万平方米标准厂房已开始建设。九龙坡支持云阳引进的摩托车轮胎生产线、降鑫工业等汽摩零部件生产项目，养蜂及深加工、油菜基地等农业产业化项目相继投产见效。

3. 示范

逆向“飞地经济”使欠发达地区的优惠政策、丰富资源等比较优势与发达地区的资本、技术、管理等竞争优势有机对接，突破行政区划限制，建立起规划、建设、管理和税收分配等新型合作机制，为招商项目落地、产业培育和城乡就业增加提供了平台，为转移农村富余劳动力提供了机会，为产业集聚提供了空间，是实现生态修复、经济发展、移民安稳、社会和谐的有效途径。

（三）唤醒生态资源价值——“旅游兴业”模式

1. 背景

库区因长江三峡和众多人文胜迹而蜚声海内外，但腹地多数区县丰厚的旅游资源却长期养在深山，开发利用严重不足。旅游总收入占 GDP 比重不到 5%，低于国家《长江三峡区域旅游发展规划纲要》确定的 2005 年 12.5%、2010 年 15% 的目标。旅游业发展滞后，也制约了服务业发展，1992～2008 年服务业比重年均仅提高 0.4 个点，远低于第二产业 1.1 个点。为此，各区县纷纷实施旅游振兴战略，巫山展开新三峡旅游攻势，奉节以白帝城为重点加快景区开发，武隆打造芙蓉仙山、梦幻武隆，万州渝东文化街和移民文化村、开县雪宝山景区、丰都鬼城文化和雪玉洞、巫溪红池坝风景区等也加快产业开发步伐。以巫山县为例，该县是距重庆较偏远的国家级贫困县，近年旅游业渐成“反贫困”重要力量，旅游总收入增速在 25% 以上，旅游业直接从业人员 1 万人，间接从业人员 5 万人，直接从业人员收入较当地城乡居民收入高 60%。

2. 特点

（1）旅游事业向产业跃升。依托市场主体激活旅游资源的经济功能，促进生态、人文等旅游要素裂变和扩张。如巫山县 2007 年引进重庆交旅集团，在 3 年内投入 10 亿元以上，集约开发国际旅游精品，打造小三峡精品线、县城旅游圈和大昌旅游圈、神女峰片区、梨子坪片区、龙骨坡片区；立体开发宁江半岛、大昌古镇、梦幻小三峡夜景、神女溪等景区，全面提升生态游、文化游、休闲游附加值。强化品牌营销，每年举办长江三峡红叶节、神女文化节、龙舟赛等大型活动，知名度和影响力迅速提升。

（2）观光型向消费型跃升。扭转“资源导向”的传统惯性，延伸景区景点内涵，突出文化提升和个性化设计，推出以神女峰为核心的巫峡十二峰世界级自然景观游，以小三峡为核心的“最美峡谷”游，以 200 万年前龙骨坡文化遗址、5000 年前母系氏族部落大溪文化遗址为核心的“文化寻根游”等系列“黄金旅游链”。打破体制障碍，聚合周边地区旅游资源打造三峡大坝—神农架—小三峡旅游“金三角”。旅游品质和竞争力的提高，使产业链条由景点观光向度假消费拓展，旅游产品供给与消费规律的契合更紧密。

3. 示范

旅游业是全球公认的朝阳产业，对城乡经济的推动、社会就业的拉动、生活品质的带动日益突出。据测算，中国2012年旅游总收入占GDP比重将超过10%，2020年将成为世界第一大旅游目的地和第四大客源输出国。库区“旅游兴业”实践，对于迫切需要培育支柱产业、实现繁荣稳定的西部地区，不失为上乘之选。

（四）化劳动力资源为人力资本——“劳务经济”模式

1. 背景

库区区县多数为百万以上人口大县、经济穷县，移民就业压力巨大。产业空虚又滋生出就业无门、财税无源等“次生病”，农村后靠移民因人均耕地减少形成大量富余劳动力，淹没企业“关破潮”导致城镇移民大批下岗失业，政府财力薄弱使救济力度有限等问题叠加出现，城镇调查失业率一度高达23%，移民的安稳致富成了各地的心病。为使移民走出去“换脑子、进厂子、挣票子”，重庆市提出把劳务经济打造为“第一经济”，各区县也纷纷探索，把劳动力转移列入经济社会发展规划，有序推进，劳务经济渐成规模，对农民增收贡献超过60%。如外出务工人员开县已达47万人、云阳38万人、奉节20万人、丰都18万人，云阳“拆迁大军”、开县砖工、奉节“夔门技工”、江津“富侨保健”等成为全国知名劳务品牌，库区城镇调查失业率逐年降至8.5%左右。

2. 特点

（1）品牌化。品牌是无形资产，是竞争力。如开县以劳务培训为核心环节，构建职教中心、24所民办职校、农广校和卫校“三驾马车”职教培训体系；统筹农业、移民、扶贫、就业再就业、建设等培训项目；培育出金开家政、开州厨师、开县砖工等五大劳务品牌，“金开家政”成功注册劳务商标。开县已成为人力资源和社会保障部全国流动就业管理监控县、农村劳动力开发就业试点县，农业部等六部委“阳光工程”跟踪联系县。

（2）集团式。打造农民工输出平台，变农民工自发流动为有组织、有技能输出。推行长短结合、校企结合、中介＋培训＋就业等订单式培训输出模式，如开县建立起北京餐饮、上海拆房、广东服装、新疆农场、成都家具五大就业基地。加强异地“配套服务”，如开县在上海、广东、新疆等外出务工人员相对集中地设立政府办事处，创建打工仔之家，并专设律师服务机构提供法律咨询和维权“保护伞”，农村劳动力输出比重占60%，劳务收入超过30亿元，劳务经济演绎成“第一经济”。区域经济相对紧密的万州、开县、云阳等区县签署劳务开发合作协议，共同打造劳务经济。

（3）促返乡创业。秉持“输出劳动力、引回生产力，培训劳动力、提升发展力”思路，搭建“归雁经济”平台，如开县采取建设返乡创业园区、举办返乡务工人员座谈会、成立返乡创业者协会、开通返乡创业“绿色通道”、土地托管、留守儿童和空巢老人关爱等方式，扶持外出务工和回乡创业，返乡创业人员累计超过2000人，投资超过1亿元。

3. 示范

中国是人口大国，特别是农民存量极大，如何把资源优势转化为经济优势，是中国破解“三农”困局和实现全面小康的重大课题。劳务经济是相对贫困地区的新型经济形态，是我国在改革开放和工业化、城镇化、农业产业化进程中的经济现象，推动着资源要素的有效配置和国民财富的动态平衡，是欠发达地区农民增收的驱动器。库区劳务经济发展历程，经历了从打工者无序流动到有序输出、从体力型到技能型、从打工潮到返乡创业流“三大转变”，为西部地区农民脱贫致富奔小康闯出了一条新路。

（五）开辟农业产业化新路——“合作经济”模式

1. 背景

作为农业产业化的组织载体——农业合作社对农村经济发展的影响日益明显。美国由合作社加工的农产品占80%，供应的化肥、石油占40%以上；法国农业合作社粮油年收购额占75%，猪肉占

89%，饮用葡萄酒占60%；荷兰农业合作社奶制品市场占有率83%，园艺花卉70%，水果蔬菜57%；肯尼亚农民种植的咖啡都交给合作社加工、销售后再与农民结算。随着经济全球化背景下市场竞争的加剧，合作社之间开始联合、合并或与资本结合，呈跨国化经营新趋势，被称为合作社发展的第二次浪潮。十六届三中全会明确提出支持农民发展多种形式的农村专业合作组织以后，农村合作经济蓬勃发展，既扩大了农业产业化规模，也有效增加了农民收入。在资源约束和转型发展之期，库区农业开始走上合作经济之路，如江津区将现代农业意识、商品经济思维、企业管理机制引入农业发展，形成以龙头企业、特色产业和品牌产品为核心的“三位一体”农业产业化模式，被誉为重庆农业的“江津模式”，先后成为中国花椒之乡、全国农业标准化示范区、九叶青花椒标准化示范区、全国科技进步先进区县。2007年、2008年农民人均纯收入分别增长23%和19%，位居重庆区县前列。

2. 特点

（1）合作组织与特色产业相融。出台扶持龙头企业的政策和管理办法，鼓励各龙头企业对外按市场需求开展精深加工和组织营销，延长产业链；对内发展订单农业，建立农户与企业利益共同体，使每个产业都有“龙头企业+合作组织”来带动，带动60%以上的农户参与农业产业化经营，培育出注册农产品商标66个，江津花椒获国家地理标志产品保护认证，江津锦橙被评为“中华名果”，富硒金银花等13个产品被评为重庆市名牌农产品，“玫瑰”米花糖等获“中华老字号”。

（2）合作组织与龙头企业相融。业主制、合作制、协会制三种模式并进。业主制，突破分户经营模式，引进和培育农业企业（大户），发展订单农业，切实发挥“业主+基地+农户”产业化经营优势；合作制，组建以农村专业合作社、村级综合服务社为主的农村新型合作经济组织，促进集约化、标准化生产；协会制，在重庆市率先成立农业产业化龙头企业协会，从单打独斗走向互享信息，联合开拓市场。耕地流转面积27万亩，占30%，规模经营度27%，农业龙头企业72家，合作经济组织278个，形成津北片区等5大农村新型合作经济组织群。

（3）合作组织与现代企业制度相融。以国家开发银行支持晚熟柑橘产业发展为突破口，对专业合作社进行体制再造：由每户出10~20元作股本到自愿以土地使用权入股；由一家一户分散经营到统一在公司领导下进行；领导层选举由一户一票到一股一票；各成员按劳分配和按股分红相结合得到合理利润，并按比例承担风险。体制再造，更接近于现代企业制度，为嫁接信贷资本创造了条件。

3. 示范

中国是农业大国，把农业发展与资源优势充分结合，因地制宜选择和发展特色农业，以现代农业生产方式，走产业化道路；以大农业与二、三产业相结合，种植业与林、牧、渔业和服务业相结合，发挥传统农业和现代科学技术的双重优势，走生态农业道路，实现资源的合理利用，带动广大农民安稳致富。

（六）重构新型城乡关系——“城乡资源对接”模式

1. 背景

一直以来，城乡之间的二元分割是造成城乡差距的主要原因。城乡间资源的相互屏蔽严重阻碍了农村产业发展的革新。在库区，这种现象尤为普遍，由于城乡之间资源不能互通，缺少城市先进理念和先进发展方式的带动，单纯依靠库区自身发展，已远远不能适应现代市场的需要。为实现城乡资源的优势互补，重庆市在统筹城乡综合配套改革试验中，把城乡资源对进作为重要举措，依托企业主体，政府筑巢引凤，一方面引导城市资金、技术、管理、品牌等资源下乡，推动农村产业革新和新村建设，另一方面促进农村资源有效整合配置，引导农村剩余劳动力转为产业工人，实现双向共赢。如涪陵区2008年打造蔺市镇美心统筹城乡发展示范项目、金科现代农业生态园、桂楼农业生态园等重点项目，完成投资4亿元，带动了城乡资源互流和居民增收。

2. 特点

（1）创新了机制，盘活了土地。在不改变土地性质和用途的情况下，以公司出资，农民以第二轮土地剩余承包期经营权折价入股或以现金入股方式，实现土地规模经营与有效利用。以桂楼农业生态园东江养殖公司为例，企业为保护农民权益，一是确定土地最低收益标准，与入股农民签订《联合经营入股协议》，不论公司经营盈亏，农民土地入股不低于每亩800斤稻谷、现金入股年回报率不低于10%的前提下，根据养殖公司经营业绩参与利润的再分配；二是签订《土地经营权流转协议》，承诺不用农户的土地经营权为本公司的经营和财务活动担保，公司按法定程序结算解散后，土地经营权无条件归还原农户，最大限度保护农民权益不受侵害；三是引进农业保险，在生猪养殖中，保险公司按每头猪8元标准收取保费（其中政府补助7元、东江公司承担1元），为每头猪提供最高600元的保险，将农业生产的自然风险减少到最低；四是与农户签订“五统一”合同，即对农户实行统一供应优质仔猪、统一配售饲料、统一防治疫病、统一免费培训技术、统一收购产品，带动农户致富。2007年7月，运行一年的东江养殖公司开始实现分红，以土地经营权入股的农民，每亩土地当年收益达2735元，比当地当年的土地租赁价高3.55倍；以现金入股的农户，年回报收益率22.3%。

（2）资本下了乡，农业升了值。为解决养猪的生态污染，桂楼公司引入“猪—沼—菜（果）”种养循环模式、建立生态农业园的科学思路。公司2008年投资2500万元，完善东江农业园厌氧沼气池、沼液储存池、沼液管网、渠堰灌溉和道路等基础设施建设，预计项目投产后，年均可实现销售收入3000万元，利税1050万元，农民务工收入250万元，户均增收3375元。

（3）农民鼓了“口袋”，又富了“脑袋”。桂楼公司一方面通过企业自身扩大农村就业；另一方面引导富余劳动力有序转移，尤其是土地流转后的农民有序转移。公司从提高农民就业技能出发，对富余的青壮年劳动力开展技能培训，并聘请到企业务工。还特别针对土地流转后的留守妇女和老人，有针对性地开展现代农业技能培训，使其也能参与到现代农业园的种植中去。

3. 示范

党的十七届三中全会《决定》指出，在我国现代化进程中，要始终坚持工业反哺农业、城市支持农村和多予少取放活的方针，把建设社会主义新农村作为战略任务，把走中国特色农业现代化道路作为基本方向，把加快形成城乡经济社会发展一体化新格局作为根本要求。重庆城乡资源对进模式有利于构建城市支持农村、工业反哺农业新机制，在农村土地流转、农业规模经营、农村公共服务供给和新农村建设等方面具有较强复制性，对全国特别是西部地区统筹城乡发展具有重要示范意义。

（七）内外开放破解产业空虚难题——“创业绿洲”模式

1. 背景

受自然和历史等原因影响，库区产业空虚问题长期存在并十分严重。重庆市多次研究库区产业发展，把扩大开放作为主攻方向，承接沿海和国外产业扩散转移，主动吸引外来资本，促进产业升级。如忠县不断创新开放策略，“产业荒漠”变身“创业绿洲”，带动 GDP 增速从 2003 年 10.6% 提高到 2008 年 18.9%。

2. 特点

（1）创新招商引资方式。变被动接商为主动应商，以专业水准和办事效率为招商法宝，研究企业个性化需求，主动承接珠三角产业转移、长三角产业梯度布局，推进对口支援由资金捐助转向产业扶助，形成山东、江浙和重庆主城三大平台。变招一般项目为优质项目，集中人力、财力和物力在优质项目的引进和突破上做足文章，不仅盯紧大型项目的跟踪服务，而且注重有发展潜质的中小项目的培育，改变只重招大引强的思路，突出对企业发展前景和产品生命周期的重视。变大兵团考察招商为小分队招商、重点城市驻点招商，组建招商引资小分队，分批次走访重点接洽企业，强化上海、浙江、广东等重点城市的驻点招商。变单一项目引进为产业链引进，以国际国内大企业为依托，加快为企业引进上下游产品配套项目。

（2）打造优势产业。利用丰富的矿产、农产品等资源，以农副产品加工、机械加工、生物制药、能源化工、建筑建材 5 大产业为核心，最终形成产业集群优势。腾出黄金地盘建工业园，搭建投融资平台，激活民间资本全民创业，简化行政审批程序，实施企业帮扶，初步实现从产业空虚到产业隆起的新跨越。美国博富文、南方同正、山东黑豹、中国重汽、金龙控股、东北特钢、东方模具、金龙船业等集团相继投资忠县。

3. 示范

欠发达地区用热诚的开放姿态、良好的发展环境等综合要素集聚大量外来投资者，在招商引资突破中破解产业空虚难题，是西部大开发由基础设施建设转向产业培育和基础设施完善并重新阶段的必然选择，是符合区域经济规律的科学发展之路。

（八）城市规划建设催生重庆第二极——“万州崛起”模式

1. 背景

库区城市建设长期滞后，远远落后于经济发达地区，1994 年以前库区平均城镇化率为 10.1%，比全国低 16.5 个点。三峡工程上马以来，伴随移民迁建工程推进，城市建设以一日千里之势迅速发展。至 2008 年底，重庆三峡库区完成移民项目投资 499 亿元，复建各类房屋 3411 万平方米，6 个县城异地新建，600 多公里的三峡库区已经形成一个规模空前的新城建设带。城市建设的提速带来的不仅是城市的焕然一新，以城市建设为契机，库区各类基础设施建设实现飞跃，产业发展赢得更广阔平台。如万州作为三峡库区的经济中心，以建设宜居万州为支点，推动城市建设的飞速发展，并发挥了巨大的带动作用。

2. 特点

（1）科学规划布局。以打造长江上游一流的滨水宜居城市为目标，围绕建设“500 亿万州”，借库区移民重建机会规划“一江两岸、三大片区、八大组团”的大城市格局。十多年时间，初步形成了申明坝、周家坝、枇杷坪、观音岩、百安坝、龙宝场组团框架，新建的万州大桥、万安大桥和万州长江大桥把几大组团连为一体。

（2）集约建设管理。为真正发挥万州的库区中心作用，把推动大型基础设施建设作为重要抓手。2001 年达万铁路投用，成为三峡库区第一条铁路。2009年底万宜铁路通车，圆了孙中山先生川汉铁路之梦。渝万城际铁路即将开工，万州至郑州铁路前期工作加快，直通华北的郑渝昆大通道振翅欲飞。作为库区最重要的水路中转站，万州红旗沟港区复建完工，万州港成为1500万吨的深水良港和库区航运主枢纽。万利、万达、渝万等高速通道进一步拓宽了万州时空格局。

（3）增强产业支撑。在推进大城市建设的同时，坚定不移加快推动工业经济发展，精心扶持骨干龙头企业，发展壮大一批成长性好的中小企业，大全多晶硅、兰花单晶硅及切片、科华水泥、中船重工船舶配套工业园等一批重大项目成为经济增长点。着力打造“高笋塘100亿级商圈”，引入并重点扶持1~2家有发展潜力的实力房企扎根万州，提升开发品质；引进国内外知名企业、著名品牌入驻，抓好三峡福斯德广场、沃尔玛购物广场、颐高数码城、老万州不夜城等重点市场培育，注重业态的高端化、多样化、中心化；大力发展综合专业市场，抓好小天鹅、商贸城、宏远、银河等结构调整，推动三峡中药材物流中心、光彩大市场、鄂渝钢铁等上档升级。

3. 示范

万州充分发挥渝东北及三峡库区经济中心的功能作用，实现了城市建设与产业培育、居民增收、城乡面貌改善的结合。2000~2008年城镇化率从36%提高到51%，失业率从高点的30%左右降为8.8%，人均工资突破2万元，GDP增速从全市中游跃居冠军，成为名副其实的重庆第二极。万州之路的启迪是，西部大开发历经10年，成就斐然，但缺乏重点地区的重点推进，西部开发在区域发展上缺乏支撑点。胡锦涛总书记在2009年中央经济工作会上也特别强调“加强西部重点地区开发建设”，国家西部开发“十一五”规划提出“以线串点、以点带面”，为此，新阶段的西部大开发要加快打造成渝、关中、北部湾等战略高地，带动西部最广大地区共同发展，实现西部大开发新阶段的新突破。

（九）百万移民迁建——世界工程性移民新示范

1. 背景

新中国成立以后，整修、新建了以丹江口、新安江、三门峡等为代表的大型水利设施，这些水利工程保护了大面积耕地，全国灌溉面积从20世纪50年代初期的2.4亿亩发展到近8亿亩，粮食总产量净增3倍左右，但也造成了巨大的淹没损失，水库移民累计上千万，未能妥善安置，后续问题不断，如1981年三门峡水库外迁移民大规模返库。三峡工程作为当今世界最大水利枢纽，超过140万人的大移民也是世界工程移民史上绝无仅有的。重庆作为移民工作的主要承担者，在国家的坚强领导和大力支持下，舍小家为国家，为移民工作的顺利推进创造了许多经验。

2. 特点

（1）创新移民搬迁安置方式。移民搬迁过程中，既重视搬迁，更重视安置，把保证移民有足够的生产资料、有稳定的生活来源、有尽快致富奔小康的条件等方面，作为农村移民搬迁的目标和标准，探索出了多种安置模式。一是后靠安置。主要包括“线上（水位线）一条路、沿路一排房、房后一片园”的农民一条街安置模式；“一户一个院，一人一亩田，统建水电路，自然连成片”的庭院安置模式；“线上（水位线）承包，线下转包，分户调补，一步到位”的调补责任田安置模式；“靠路安置城镇化，靠山乐业基地化，靠城发展现代化，靠港致富小康化”的城乡一体化模式等。二是外迁安置。一种是“选定外迁点，集中开发配套，城建整体外迁”；一种是“政府牵线搭桥，移民自主自愿，分户分散外迁”。三是自谋职业安置。对本人自愿要求、又有能力和条件从事二、三产业的移民，按照国家补偿政策，将移民个人补偿部分兑现给个人，并借给搬迁安置费，作为移民自谋职业的周转金。四是养老保险安置。对移民中的“五保户”和男满55周岁、女满50周岁以及丧失劳动能力的移民，在坚持社会安置与移民安置相结合的前提下，用生产安置费给予其养老保险。

（2）活用对口帮扶，利用全国资源。按照国家提出的“国家补偿，政策倾斜，自力更生，对口支援”筹资思路，争取全社会支持和援助，累计实施对口支援库区经贸合作类项目2000多个，到位资金300亿元。2008年开展了承接“长三角”、“珠三角”产业转移和引入主城优势企业，成功举办全国对口支援重庆库区经贸洽谈会，积极探索对口支援省市、主城区与库区共建园区发展模式，对口支援从单向援助逐步转向合作共赢，全年签约经济合作项目211个，直接利用内资246亿元、外资6亿美元。

（3）运用产业发展基金，扶持产业发展。三峡库区产业发展基金按照向库区重点区县、重点产业和重点项目倾斜的要求切块到区县；市级工业结构调整资金、商贸结构调整资金、旅游结构调整资金、“三农”投入等市级资金加大用于库区的比重，按项目安排；支持库区发展的政策，对移民任务重、移民就业压力大的万州、开县等8个区县给予重点支持，累计安排三峡库区产业发展基金17亿元，带动产业项目投资222亿元，提供就业岗位4万多个。

3. 示范

时间是最伟大的评论家。古老三峡的20年巨变，向世人证明：中国人不仅能修建世界一流的水利工程，还能够实施世界上难度最大的水利移民工程。“搬得出、稳得住，逐步能致富”是三峡移民工作的总体目标，坚持开发性移民的方针，解决好三峡库区移民生产生活问题始终是重中之重。但是，移民规划缺乏前瞻性、政策缺乏系统性、产业培育滞后等教训亦弥足珍贵。

二、三峡库区已经进入创新发展新阶段

（一）移民安置由“搬得出”转向“逐步安稳致富”

三峡工程成败的关键取决于移民安置。三期移民之前，移民安置侧重点在如何使库区居民搬得出，在三期移民启动之际，移民工作适时转向“既要搬得出，更要稳得住，逐步能致富”。但是，由于库区近80%移民属后靠安置，加上库区存在十分突出的经济社

会发展矛盾和问题，移民安稳致富将比搬迁更困难。为此，从发展产业、增加就业岗位入手，加大安稳致富工作力度。一是把解决库区产业支撑能力弱的问题摆在最突出位置，提高自我积累、自我发展的能力，库区产业空虚问题开始破题，初步形成了柑橘、榨菜、花椒、瘦肉型生猪、中药材等优势农业产业带和以万州盐气化工、长寿天然气化工、涪陵化肥工业等为支撑的工业产业体系，新的产业格局加快形成。二是展开移民就业“两个零目标”问题攻坚。解决移民就业，关键在于提升就业和创业的竞争能力。通过加强移民职业技能培训，促进移民走上素质化就业道路，逐步缓解产业和就业两大难题。同时，通过制定出台一系列后扶政策，实行移民后期扶持常态化、规范化管理，严格执行调整后的农村移民后期扶持政策，兑现农村移民后期扶持资金，移民生活水平明显提高、生活质量明显改善，开始走上稳得住、逐步安稳致富的道路，“三有一新”目标正在逐步实现。

（二）建设投入由基础设施为重转向特色产业与基础设施并重

基础设施是区域经济发展的前提和基础，具有明显的超前性要求，但三峡库区基础设施“瓶颈”制约十分严重。表现为：①缺乏贯穿区域的快速通道，特别是万州以东区域尚无畅通周边省市的大通道，铁路运输能力不足，港口设施落后，乡镇公路通畅水平低。②农村电网建设落后，人均用电仅为全国的18%左右。③缺乏骨干水源工程，尚有300万左右农村居民存在饮水安全问题。④三峡工程蓄水后，地质灾害风险增大，受淹没的基础设施复建按“三原”标准补偿，标准普遍偏低。三峡工程实施以来，在移民开发、库区企业和城镇迁建、西部开发和积极财政政策等多重因素推动下，加大了对库区基础设施的投入力度，建成投用了渝怀铁路、渝万高速公路、万州机场等一批交通重大项目，高等级公路里程达3360公里，通航航道总里程达2162公里，电力装机容量达518万千瓦，水利工程蓄引提水能力达30亿立方米。

没有足够的产业支撑。近年来，三峡库区产业结构虽然发生了较大变化，但产业空虚仍是不争的现实。由于各地均把开发投资的重点放在基础设施和生态环境建设等领域，而对特色产业特别是制造业没有足够投入，导致工业化推进缓慢，工业竞争力和市场份额萎缩，使库区发展缺乏必要的产业支撑。

基础设施建设适度超前，与产业基础薄弱、体系不完善的现实形成巨大反差。现在，搬迁任务已然结束，库区坐拥廉价劳动力优势，又正逢沿海产业加快转移，再加上库区产业发展基金的扶持，产业加快发展机遇空前。库区已由以往的基础设施建设为重点转向产业发展和基础设施建设并重的新阶段。在继续加强基础设施建设的同时，进一步加快特色优势产业发展，培育区域主导产业群，优化区域产业结构，是库区相当长时期的重要任务。

（三）历史使命由工程建设保障地转向全国性公共产品提供区

由于人口严重超载，库区生态环境脆弱，生态系统抗逆性差，移民安置加大环境保护压力，生态承载能力面临严峻考验。主要表现为：①移民开发对库区的自然环境产生了强压力，加剧库区的水土流失和生态恶化。②移民安置中开发工业项目、扩大城镇规模，加重了大气和水质污染。③大规模工程建设，诱发地质灾害。④资源消耗型项目扩张加速，部分项目对环保造成了巨大压力。为此，在三峡工程建设中，库区承担起工程建设保障地的重要作用。开展了大规模的水污染防治、地质灾害治理、生物多样性保护等生态工程。三峡库底清理全部完成，移民安置区基本具备生产生活条件，地质灾害防治和水污染防治能够满足试验性蓄水要求。三峡水库开始试验性蓄水以来，库区各地采取全面排查、重点监测、应急处置等综合措施，及时妥善处置蓄水过程中出现的突出问题，为三峡水库最终实现正常蓄水位运行奠定了基础。

三峡工程启动以来，库区生态环保建设成效明显，水环境质量保持稳定，“三江”干流 8 个国控断面均满足Ⅱ类水质标准，8 个国控点饮用水源地和 55 个城镇集中式饮用水源地水质满足功能比例均为 100%。森林覆盖率由直辖前的 22% 提高到 34%，水生和陆生珍稀动物、植物有效保护。累计建立森林野生动植物类型自然保护区 19 个，湿地类自然保护区 2 个，建成森林公园 39 个、国家级风景名胜区4个。库周绿化带工程使两岸形成绿色走廊，成为三峡旅游新亮点，有力地促进了新三峡旅游发展。

三峡工程建设，对于长江中下游地区具有重要意义，三峡人民在此过程中，部分或全部丧失已有的生产生活条件，付出了巨大的损失，经受了艰难的迁徙，承担着重建家园的艰苦重任。随着三峡库区成为长江流域重要生态屏障和全国水资源储备基地，其历史使命亦由工程建设保障地转向全国性公共产品提供区。

（四）政策设计由城乡分割转向城乡统筹

三峡库区同全国一样具有城乡二元结构的共性特征，受城乡二元结构的影响，一度在三峡库区政策设计上采取城乡分割的方式，在一定程度上忽视了农村和农民的发展。主要矛盾：一是在移民搬迁中存在户籍歧视。城乡户籍的区别对待，客观上导致了社会福利的排农性，农村移民只能复归于土地。二是缺乏规范的土地流转机制和操作程序，加之信息不对称和土地利益寻租，在很大程度上损害了移民群众的利益。三是失地农民成为农民工，普遍与城里人同工不同酬，其中部分农民工较长时间置身于城市，但受相关政策限制，“身份”难以转换。四是城乡基本公共服务不均衡，库区农村面临公共需求全面增长与公共服务供给匮乏的突出矛盾，农村移民公共服务方面受到不公平待遇。五是公共财政不健全，政府资源过度向城市集中，使农村发展资金捉襟见肘。六是规划拟制往往就城市论城市、就乡村论乡村，导致城乡规划脱节。城乡二元结构问题如果不从根本上解决，不但会造成城乡社会断裂，甚至连城市本身的发展也会失去支撑和依托。

我国已经进入城市反哺农村、工业反哺农业的新阶段，城乡统筹发展的条件已经具备，重庆正加快推进统筹城乡改革试验，三峡库区也因此进入了由城乡分割转向城乡统筹的新阶段。推进城乡统筹，是三峡库区实现移民安稳致富最有效、最根本的途径，而城乡统筹的关键在于改革，在于破解城乡二元结构难题，破除制约城乡联动的体制机制障碍。因此，三峡库区统筹城乡发展将在户籍、土地、公共财政、社会保障等领域加快改革步伐。

（五）发展意识由被动依赖型转向主动自觉型

三峡库区移民带有极强的政府行为色彩，移民的全过程都是行政推动，移民不能事先谋划自己的迁移目标和从业去向，处于被动地位，突出表现为非自愿性特征，不愿承担风险和责任。

由于三峡工程是国家重点工程，需要扶持的移民将政府视为无限责任的承担者。在部分消极的移民心态支配下，移民对搬迁未来的期望值过高，养成了对政府的依赖心理和行为习惯，致富创业思路不活、勇气不足。主动参与意识不强，缺乏敢为人先、破旧立新的开拓精神，存在不思进取、自我封闭的思想障碍和等靠要的思维定式，对加快地方经济社会发展缺乏动力和和激情。

随着三峡工程的加快实施，在开发性移民方针指引下，通过加大政策宣传、引导，三峡库区建设取得积极进展，“功在当代，利及千秋”的伟大意义深入人心，工程建设也给库区发展和人民脱贫致富带来了机遇，移民心态正朝着积极的方向悄然演变，开始由被动、依赖转向主动、自觉。据最新一项调查显示，农村移民对“三峡库区的移民迁建为库区的经济发展提供了重要机遇”的表述持“非常同意”和“同意”看法的占78%，而持“不同意”的仅占8.8%，这表明三峡移民心态从总体上看是积极的、合理的。

三、支持三峡库区创新发展的政策设计

三峡工程实施以来，中央和重庆市出台了一系列政策措施，但加快库区发展和促进移民安稳致富是一项长期而艰巨的任务，尚需更大力度、更加系统的支持政策。2007年3月8日胡锦涛总书记在参加十届全国人大五次会议重庆代表团审议时也提出“三有一新”目标：“使库区群众基本生活有保障、劳动就业有着落、脱贫致富有盼头，同心同德建设和谐稳定的新库区”。国务院3号文件从落实移民扶持政策、支持库区产业发展和加强库区生态环境建设等三方面进行了专章论述。特提出以下政策建议：

（一）明确大中型水利建设基金中用于三峡库区的份额

为筹集三峡工程建设资金，国家从1992年1月1日起，在全国范围每千瓦时电价外征收3厘钱，1994年提高到4厘，作为三峡工程建设基金（简称“三峡基金”），专项用于三峡工程建设。国务院已决定将三峡基金更名为大中型水利建设基金，征收年限延至2020年。虽然2009年后，库区移民搬迁安置任务基本完成，但库区发展尤其是产业发展严重滞后，移民就业和民生问题突出，社会稳定压力大，水库管理、库区生态环保建设任务都很重。为此，国家宜将大中型水利建设基金50%切块用于支持三峡库区发展（按国务院三峡办委托水利部长江委编制完成的《三峡水库可持续利用综合规划研究报告》（送审稿），投资规模约990亿元），其中除用于三峡工程对长江中下游影响的部分外，其余资金按重庆、湖北两省市的综合实物淹没比例进行分配。

（二）建立长江流域生态补偿机制

鉴于三峡库区对三峡工程运行安全、长江中下游防洪与生态安全、南北水资源跨区域调配等作出了巨大贡献，同时又面临生态环境保护、百万移民安稳致富等沉重压力，国家宜按照“谁利用谁补偿、谁受益谁补偿”的原则，建立长江流域生态补偿机制，设立生态补偿基金。基金来源可包括：从三峡发电收入中提取一定比例资金，从长江中下游及南水北调受益地区上缴税收中提取一定比例资金，中央财政补助一定资金。基金由中央财政统一提取、统一划拨、专款专用，对库区的生态建设与环境保护、替代产业发展、地质灾害防治、移民安稳致富等进行扶持。

（三）开征三峡电站水资源费

《中华人民共和国水法》第五章第四十八条规定：“直接从江河、湖泊或者地下取用水资源的单位和个人，应当按照国家取用水许可制度和水资源有偿使用制度的规定，向水行政主管部门或者流域管理机构申请领取取水许可证，并缴纳水资源费”。三峡电站是我国特大型取水工程，水库库容为393亿立方米。国家宜尽快开征三峡电站水资源费，将征收权委托重庆市行使或湖北、重庆两省市分别行使，由三峡总公司按两省市的水资源费征收标准解缴。征收的水资源费按两省市的综合实物淹没比例进行分配，并坚持“征于三峡、用于三峡”的原则，主要用于三峡库区的水资源涵养保护、节约管理和重点水利工程建设等。

（四）明确三峡水库管理的法律支撑和管理体制

三峡工程建设任务基本完成，三峡水库将全面进入运行期，水库管理任务日益繁重，国家宜尽快制定《长江三峡水库管理条例》，进一步明确水库管理权限，实行依法治库。鉴于三峡工程建设期移民部门一直在牵头负责水库管理工作，具有一定基础，同时为保持移民后续管理的连续性，妥善解决移民搬迁安置的遗留问题，促进移民安稳致富，建议沿用“中央统一领导、分省市负责、县为基础”的三峡移民管理体制，在国务院三峡办的基础上组建国家三峡水库管理机构，负责三峡移民安置后续工作和水库运行管理，相关省市和区县设置相应机构。

（五）支持库区生态环保建设

近年来，重庆市在国家支持下大力开展生态环保建设，大大改善了生态环境、确保了库区生态安全，促进了库区发展，但生态环保压力依然严峻。国家宜加大对库区生态环保建设支持，加快编制三峡库区水土保持规划，相关部委尽快审批规划并立项，从2009年开展实施；加大荒山造林任务安排力度，每年安排造林任务120万亩以上；继续推进退耕还林工程，支持25°以上坡耕地退耕还林，有效改善生态环境，保证三峡工程长期安全运行。

（六）支持库区基础设施建设

由于历史欠账大，经济发展水平低，库区基础设施建设任务十分繁重，国家宜给予大力支持。交通方面，鉴于郑渝昆铁路对勾通华北与西南地区，支撑重庆综合交通枢纽具有重要战略意义，应及早开工建设；支持三峡库区巫山旅游支线机场建设。能源方面，从国家层面加快形成核电的区域合理布局，并考虑重庆一次能源匮乏，吸纳西南地区水电后缺口较大，将重庆核电项目纳入国家核电规划，并及早开工建设；及早批准建设小南海水电站、奉节电厂、石柱电厂等电源项目。水利方面，支持库区小城镇饮水设施建设，尽快审批巴南观景口水库等项目并安排中央补助。

（七）支持库区移民就业和解决社会保障问题

为促进库区移民就业，重庆市参照下岗失业人员再就业扶持政策，制定了一系列促进移民就业的政策，发挥了重要作用，落实这些政策，每年还需要中央在安排就业再就业专项资金外，再安排用于移民就业专项资金 2 亿元，5 年共计 10 亿元。对库区关闭破产企业实行提前退休产生的养老保险基金缺口每年 1.25 亿元，连续 5 年给予补助，共需资金 6.25 亿元。拟通过一次性缴纳医疗保险费的办法（每人 2.55 万元），解决库区关破搬迁企业 8.9 万退休人员的基本医疗保险问题，共需资金 22.69 亿元。通过社会保险参保缴费补助的办法，解决库区关破搬迁企业的失业职工及其他移民失业人员 11.1 万人的基本养老和医疗保险问题，每年约需资金 6.53 亿元，5 年共需 32.65 亿元，扣除就业扶持资金中已安排的 8.41 亿元，尚需 24.24 亿元。鉴于重庆财力薄弱，改革发展任务繁重，国家宜安排专项资金，对上述资金缺口 63.18 亿元分年给予专项补助，以帮助解决库区移民就业和社会保障问题。

（八）加大金融创新支持力度

随着库区工作重心转入安稳致富，资金短缺制约日渐显现，支持库区金融市场建设，加大金融改革与创新至关重要。把三峡库区列为全国金融改革与创新的综合试点区。国家根据库区的特殊区情，适度扩大库区区县金融机构的审批权限和授信额度，简化贷款审批程序。支持重庆三峡银行、重庆三峡库区产业信用担保公司等库区金融机构做大做强。开发面向库区企业的金融产品，实行各类收益权、收费权、农村土地经营权等质押贷款业务。建立风险担保体系，构建库区信贷业务的风险分散机制。

（课题负责人：杨庆育、黄朝永、张银政，课题组成员：马永利、李凡锦、潘相麟、金华、许可、覃昌德、赵骅）

推进节能降耗，促进经济发展方式转变研究

陕西省发展改革委学术委员会课题组

加快转变经济发展方式是贯彻落实科学发展观、促进经济社会又好又快发展的必然要求，关系到我国全面建设小康社会、加快推进社会主义现代化建设全局。当前转变经济发展方式，最迫切的任务是实施节能降耗。抓好节能降耗工作，就抓住了当前转变经济发展方式的关键。陕西省是能源资源大省，节能降耗的任务十分艰巨。要以更加自觉的态度和更加扎实的措施，认真落实党中央、国务院的一系列重要部署，把节能减排作为实现科学发展，转变经济发展方式的基础工程和重大任务，贯穿于建设西部强省的全过程。

一、推进节能降耗的战略意义

重视和抓好节能降耗，体现了“好”与“快”的辩证统一，蕴含着发展理念、发展路径、发展模式的创新和提升，对于加快转变经济发展方式、实现科学发展具有重大意义。

（一）节能降耗是促进经济发展方式转变的本质要求

节能降耗，一是促进经济增长由主要依靠增加物质资源消耗向主要依靠科技进步、劳动者素质提高、管理创新转变的抓手和内在要求。能源消耗是企业物质资源消耗的主体，占企业物耗成本的60%以上，扭住节能不放松，就是抓住了企业降耗增效的牛鼻子，就可以以尽可能少的资源投入实现经济增长。技术进步可以降低单位GDP能耗水平，缩短资源消耗持续增长时间，实现经济增长主要依靠资源投入向主要依靠技术进步的转变。技术节能的贡献约

30% ~40%。要提高能源利用效率，缩小与国际先进水平的差距，必须依靠科技进步，不断增强自主创新能力。二是促进经济增长由主要依靠第二产业带动向依靠第一、第二、第三产业协同带动转变的抓手和内在要求。产业结构是影响能源消耗的重要因素，通过优化结构对实现节能目标的贡献率一般为60% ~70%。因此，要实现节能降耗的目标，首先要大力调整和优化经济结构。从一定意义上说，产业结构调整的目的就是以更少的资源消耗和环境代价创造出更多的财富。

（二）节能降耗是应对资源稀缺与环境承载能力有限挑战的必然选择

近年来，我国的资源环境问题日益突出，节能减排形势十分严峻。我国人均水资源占有量仅为世界平均水平的1/4，到2030年将成为世界上严重缺水的国家。我国的石油、天然气人均占有储量只有世界平均水平的11%和4.5%，45种矿产资源人均占有量不到世界平均水平的一半。我国人均耕地面积不足1.5亩，不到世界平均水平的1/2。环境形势更加严峻，主要污染物排放量超过环境承载能力，流经城市的河段普遍受到污染，土壤污染面积扩大，水土流失严重，生态环境总体恶化的趋势仍未得到根本扭转。发达国家上百年分阶段出现的环境问题，近20多年来在我国集中出现。由于我国已经进入工业化和城镇化加速发展时期，重化工业较快增长还会持续一段较长时间，这一过程中能源资源消耗和污染排放与经济增长一般呈现正向关联。因此，在资源稀缺与环境承载能力有限的情况下，不加快推进节能减排降耗，资源难以支撑，环境难以容纳，社会难以承受，科学发展难以实现。

（三）节能降耗是遵循人类社会发展规律和顺应当今世界发展潮流的战略举措

工业革命以来，世界各国尤其是西方国家经济的飞速发展是以大量消耗能源资源为代价的，并且造成了生态环境的日益恶化。有关研究表明，过去50年全球平均气温上升的原因，90%以上与人类使用石油等燃料产生的温室气体增加有关，由此引发了一系列生态危机。节约能源资源，保护生态环境，已成为世界人民的广泛共识。保护生态环境，发达国家应该承担更多的责任。发展中国家也要发挥后发优势，避免走发达国家“先污染、后治理”的老路。对于我国来讲，进一步加强节能减排工作，既是对人类社会发展规律认识的不断深化，也是积极应对全球气候变化的迫切需要，是树立负责任的大国形象、走新型工业化道路的战略选择。

（四）节能降耗是增强国民经济整体竞争力的有效手段

长期以来，我国经济发展主要靠铺摊子、上项目、高积累、高投入来支撑，致使经济建设在取得巨大成就的同时，也经受着能源及原材料消耗大、生产成本高、经济效益差、产品市场竞争能力弱等一系列深层次矛盾的困扰。节能是降低成本、提高效益、提升企业国际竞争力的重要途径。我国经济社会发展对能源的依赖比发达国家大得多。从能源利用效率来看，我国单位产品的能耗水平较高。目前，我国钢铁、化工、建材等8个传统高耗能行业的单位产品平均能耗比世界先进水平高47%，而这8个行业的能源消费占工业部门能源消费总量的73%。按此推算，与国际先进水平相比，我国工业部门每年要多用约2.3亿吨标准煤。实践证明，较低的资源利用水平，已经成为企业降低生产成本、提高经济效益和竞争力的重要障碍。大力推进节能降耗，提高资源的利用效率，增强国际竞争力，已经成为我们面临的一项重要而紧迫的任务。

（五）节能降耗是解决我国能源供需矛盾的最有效途径

解决我国能源问题的根本出路是坚持开发与节约并举，节约优先的方针。在国外，节能被形象地称为继煤、油、气、电后的“第五种常规能源”。“节能”已不再是简单意义的节约或少用能源，而是一种综合性的战略举措，是通过加强管理，采用技术可行、经济合理以及环境和社会可以承受的措施，减少从能源生产到消费的各个环节中的损失和浪费，提高能源效率。据国内有关专家初步测算，如果不实行节能，2010 年我国仅常规能源消费量的缺口就将达到 10.7 亿吨标准煤，电力缺口将达到 3206 亿千瓦时。有关 2020 年我国能源需求状况的研究表明，在实现相同经济增长目标的前提下，如采取正确的能源战略和包括节能在内的一系列政策措施，2007～2020 年我国能源需求将有可能保持相对较低的增长速度，能源消费总量可以减少 15% 到 27%，预计累计节能 10.4 亿吨标准煤，同时，单位 GDP 能耗将每年下降 2.3%～3.7%，从而有效缓解中长期发展所面临的巨大能源供应压力。从这个角度来讲，节约能源就是生产能源。

（六）节能减排是构建和谐社会的重要保障

人与自然、经济与社会的和谐是和谐社会的重要方面。没有这些方面的和谐，就不可能实现社会的全面和谐。浪费能源不仅浪费了未来发展的动力，而且必然污染和破坏环境，造成人与自然、经济与社会的不和谐。推进节能减排，必然促使节能服务业得到发展，从而提供更多的工作岗位安排就业，增加居民收入。节能降耗能够切实保障人民的切身利益，维护社会稳定与和谐。

二、陕西省能源生产与消费的基本情况

（一）陕西能源资源储量丰富

全省含煤面积在 5 万多平方公里，保有储量 1659.64 亿吨，居全国第三位；石油储量 14 亿吨，居全国第五位；天然气储量 1.02 万亿立方米，居全国第一位；水能理论储藏量 13651MW；风能资源总储量 38079.8MW。国家规划建设的 13 个大型煤炭基地中有 3 个在陕西境内，分别为神东、陕北和黄龙煤炭基地。陕北神府煤田是

世界上少有的低磷、低硫、低灰、高热量的优质环保动力煤田，已被列为国家级的能源化工基地，成为我国本世纪现代化建设一个重要的能源接续地。

（二）陕西省是我国的能源生产大省

近年来，陕西能源化工产业蓬勃发展，一次能源开发初具规模，一批能源深加工转化项目正在大力推进。煤炭采选业、石油天然气开采业、石油加工及炼焦业、电力生产供应业、煤气生产与供应业等五个行业，成为拉动陕西经济增长的重要产业。“十五”期间，陕西能源工业总产值年均增长 31.2%，2001 年至 2005 年，5 年共生产能源 53518.41 万吨标煤，其中：原煤产量 56700 万吨，折标煤 40500.81 万吨，占 75.68%；原油产量 6552.69 万吨，折标煤 9361.17 万吨，占 17.49%；天然气产量 282.45 亿立方米，折标煤 3427.8 万吨，占 6.4%；水电发电量 185.94 亿度，折标煤 228.53 万吨，占 0.43%。在煤炭产量较快增长的同时，石油、天然气产量也同步较快增长。能源生产总量是全省能源消费总量的 2.6 倍，不仅保证了全省经济社会发展对能源的需求，而且为全国能源和经济社会发展作出了重要贡献。2005 年，全省原煤产量 1.55 亿吨，占全国 7.08%，居第五位；原油产量 1778.16 万吨，占全国 9.8%，居第四位；天然气产量 80.59 亿立方米，占全国 16.1%，居第三位；发电量（含火电）504.94 亿千瓦时，占全国 2.1%。

（三）煤炭是陕西能源消费的主体

“十五”期间，陕西省能源消费总量为 20447.88 万吨标煤，其中，煤炭消耗量折标煤达 14419.65 万吨，占总量的 70.52%；石油消费折标煤达 4738.74 万吨，占总量的 23.17%；天然气消费折标煤达 1076.06 万吨，占总量的 5.26%；水电消耗量折标煤达 213.43 万吨，占总量的 1.05%。煤炭、石油、天然气在能源消费中所占比重基本保持稳定。

三、陕西省节能的成效、问题及成因分析

（一）节能降耗取得的主要成效

改革开放以来，特别是进入“十一五”以来，陕西把建设绿色生态省放在重要战略地位，把节能减排作为转变经济增长方式的切入点和突破口，严把准入关，加大淘汰落后产能力度，通过建立和落实节能减排目标责任制，制定能耗限额标准，省政府与各设区市、重点企业签订节能目标责任书，实行能源消耗与污染物排放公报制度和督察考核制度等一系列政策措施，并取得了显著的成效。

1. 以较少的能源投入支撑了经济的持续稳定快速增长

1980～2000年期间，陕西GDP增长了18倍，而能源消费量仅增长7.6倍，能源消费弹性系数为0.42。按环比节能量计算，22年累计共节约和少用能源近2400多万吨标准煤，实现了以较少的能源消费，支撑了经济较快增长的目标。如此低的能源消费弹性系数，不仅在发展中国家罕见，在经济发达国家也少有。2007年全省实现生产总值5465.79亿元，增长14.6%，全省能源消费总量约6600万吨标准煤，较上年增长10.5%，能源消费增速比生产总值增速低4.1个百分点。

2. 单位GDP能耗不断下降，能源利用的经济效益大幅提高

按2000年不变价计算，陕西每万元GDP的能耗从1978年的8.53吨标准煤下降到了2000年的1.55吨标准煤，2005年进一步降到1.48吨标准煤，2006年再下降到1.42吨标准煤。2007年为1.36吨标准煤，比上年下降4.54%，在全国由高到低排列居北京、天津、上海之后，与山东并列第四，居西部第一位。工业部门的节能成效也是显著的，2007年陕西省规模以上工业万元产值能耗为0.75吨标煤，比1978年减少6.44吨标准煤。

3. 能源利用效率日益提高

2007年全省统计的27种主要产品综合能耗下降的有19种。其中火力发电煤耗同比下降1.9%；吨钢综合能耗下降5.5%；吨

水泥综合能耗下降 7.36%；单位电解铝下降 2.6%。合成氨、机制纸、水泥熟料等主要耗能产品综合能耗也呈现持续下降趋势。供热、炼焦、炼油效率都有所提高。2007 年全省供热效率比上年提高 8.1 个百分点，炼焦效率提高 3.3 个百分点。

4. 节能促进了生态环境改善和温室气体排放减少

据测算，1980～2003 年期间，陕西由于能源节约和少用能源累计减少二氧化碳排放 1280 万吨左右，减少二氧化硫排放 30 万吨以上。截至 2008 年 6 月底，陕西省推进节能降耗使化学需氧量排放量比 2005 年下降 2.63%，二氧化硫排放量比 2005 年下降 1.1%。

（二）当前陕西推进节能降耗存在的主要问题及潜力

1. 能源资源开发过程中浪费严重

陕西省煤矿回采率一般在 30%～50%，远低于原煤炭部规定的 75% 的标准。如神东公司石圪台煤矿近 5 年矿井回采率仅有 35%，榆家梁煤矿的采区回采率也只有 50%。按储量计算，神东公司的煤矿可以开采 70 年以上，实际仅能开采 20 多年。油田平均采收率只有 20%～25% 左右，低于我国 34% 的平均水平。此外，原油的开采、运输和提炼过程中的跑冒滴漏现象也比较普遍。

2. 能源消费过程中高消耗低效率问题突出

从能源总量消耗来看，2006 年陕西省万元 GDP 能耗为 1.426 吨标煤，比全国平均水平的 1.206 吨标煤高出 18.2%，比东部发达地区的广东和北京分别高出 85% 和 88%。陕西与国际水平相比差距更大，消耗每吨标煤实现的 GDP 不到世界平均水平的 30%。以 2000 年为例，陕西每万美元 GDP 能耗为 13.04 吨标煤，与国际平均水平的 4.84 吨，发达国家的 2.90 吨相比，分别高出 1.7 倍和 3.5 倍。

从单位产品能耗来看，与国内先进水平相比，火力发电煤耗每千瓦时高出 55 克标煤，水泥每万吨综合能耗高出 700 吨标煤，合成氨每吨综合能耗高出 475 千克标煤，钢铁吨钢可比能耗高出 30 千克标煤。而我国的钢铁、有色、电力、化工等 8 个行业的单位产品能耗比世界先进水平高40%，单位建筑面积采暖能耗是发达国家的2~3倍。陕西的单位产品能耗水平与国际先进水平相比差距更大。

从能源利用效率看，与国内平均水平相比，陕西省工业燃煤锅炉平均运行效率为60%，低5个百分点；中小型电动机运行效率低10个百分点；风机水泵平均运行效率40%~70%，低5~10个百分点。与国际先进水平相比，差距更大。能源利用效率低下，将会造成一次能源和二次能源的损失增加。初步测算，陕西省每年由于热机和电机运行效率低造成的能源损失约占全省能源消耗总量的2%左右，相当于120万吨标煤。

3. 煤炭资源的粗放式开发和过度消费给环境保护带来巨大压力

一是煤炭资源开发引发的局部生态环境问题突出。据2006年调查，全省矿山开采引发地质灾害663处，其中地面塌陷299处，塌陷面积2.68万公顷；地裂缝132处，滑坡111处，崩塌43处，泥石流78处。近年来陕北采煤塌陷区所造成的水土流失最为严重，年增加约45平方公里。仅神木县采空塌陷面积已达46平方公里，损毁房屋2264间，损毁耕地9883亩，数十条地表径流断流，20多个较大泉眼干涸，地下水下降3~12米，5000多居民失去居住和生存条件。二是大量燃烧煤炭导致大气污染严重。主要污染物排放总量超过或接近环境容量，局部环境质量呈下降趋势。全省15个列入考核的城市（县区）中，仅有汉中、商洛和兴平的环境空气质量达到国家二级标准；西安、咸阳、宝鸡、铜川、渭南、延安、安康为三级；榆林、韩城、耀州、三原、略阳为劣三级。其中，榆林市由二级降为劣三级。全省达到二级标准的城市所占比重远低于全国的平均比例，而劣三级的比例又高于全国的平均比例。全省城市环境空气污染整体表现仍为煤烟型污染，主要污染因子是可吸入颗粒物和二氧化硫，污染负荷分别为51%和34%。煤烟型污染导致人体发生呼吸系统疾病甚至癌症几率明显增加。

4. 节能降耗的基础工作落后

部分重点用能企业能耗统计制度不完善，没有按照要求配比符合标准的能源计量器具，统计台账不健全、保管不善，统计数据准确性、时效性较差。一些企业的能源管理体系尚未建立，缺少专门的节能管理人员，节能器具和统计台账基本是空白，节能管理基础非常薄弱。有的地区统计部门对能源统计指标、口径、采用标准不一致。与国家的节能降耗指标衔接不上。这些都对陕西的节能工作产生不利影响。

5. 能耗水平与国内外先进水平差距大

按照陕西目前的能耗水平与全国先进能耗水平相比测算，火力发电，到2010年全省规划新增装机1820万千瓦，要多耗538万吨标煤；水泥行业，到2010年按照规划淘汰落后产能800万吨，水泥总产量由2005年的1972万吨增加到4000万吨，其中新型干法水泥占到70%以上，要多耗70万吨标煤。

进一步测算，如果陕西万元GDP能耗达到全国1.206吨标煤的平均水平，每年可以减少能源消耗964万吨标煤。这些煤炭如果直接销售到省外可增加净收入约30亿元，如果用于本省发展生产又可支撑800亿元GDP的增长。2010年，如果陕西万元GDP能耗按国家目标要求下降20%，为1.18吨标煤，可节约能源1800万吨标煤；如果达到全国1.02吨标煤的平均降耗水平，则可节约能源2760万吨标煤，相当于目前陕西全年消费量的46%。

（三）当前陕西节能降耗的主要制约因素分析

陕西省节能降耗面临的压力和问题，是多种因素共同制约的结果。认真分析这些因素，对于找准节能降耗的症结所在，有针对性地做好今后工作具有十分重要的意义。概括起来，制约陕西节能降耗的主要因素有：

1. 资源节约集约利用的有效机制尚未建立

主要是市场配置资源的基础性作用没有得到充分发挥，促进节约资源的价格机制不完善，鼓励节约资源的政策措施不健全，对浪费资源的行为处罚不力，从而形成节约资源成本高、浪费资源代价低的不合理的利益导向。从资源配置方式来看，目前土地、矿产资源主要以无偿划拨和低价转让的方式配置，这必然带来资源使用过程中的过度消耗和浪费。在矿产资源方面，目前虽然可以实行招拍挂方式配置资源，但现有的大量矿产资源，相当部分已经以划拨方式配置给大型国有企业，还有部分仍须以协议方式配置，真正可以用招拍挂方式配置的十分有限。从资源价格来看，现有资源价格严重偏低，没有反映资源的稀缺程度和付出的环境成本，对节约资源的调节作用难以发挥。从税收来看，杠杆调节作用不够充分，企业税收成本应当正确反映由于企业生产给环境带来的损害，从而促使企业主动提高资源利用效率，降低污染排放。从政策导向来看，缺乏鼓励节约资源的具体政策措施。在资源开发方面，由于没有建立起“奖励节约、惩罚浪费”的利益机制，导致一些资源开发企业和经营单位只注重自身经济效益，漠视社会效益，开采过程中滥采滥挖、采厚弃薄、采易弃难，造成资源的严重损失和浪费。

2. 产业结构重型化是能源消耗高的主要原因

陕西省正处在工业化的中期阶段，以能源化工和装备制造为重点的工业经济的快速发展，是全省经济增长的主要推动力。这种重型化的产业结构，对能源资源的依赖程度高，必然会使陕西现阶段的经济增长呈现出高耗能的特征。在三次产业中，2006 年第二产业增加值占全省生产总值的 52.9%，比全国平均水平高 4.2 个百分点；而第三产业只占生产总值 36%，比全国低 3.5 个百分点。第二产业能耗占全省能源消费总量的 64%，其中工业能耗占到第二产业能耗的 97.5%，是能源消费的主体。在工业内部结构中，重工业增加值占规模以上工业增加值的 83%，其能耗又占到工业能耗的 90% 以上。在规模以上工业中，黑色金属矿采选业等 9 大高耗能行业综合能源消费量达到 2870.12 万吨标准煤，占工业能耗的 75%；万元产值综合能耗 2.45 吨标准煤，是全省规模以上工业的 2.8 倍。其中，钢铁、有色、煤炭、化工、建材等行业的 200 家耗能大户的能耗占到全省总能耗的 49%。值得重视的是，近年来 9 大高耗能行业受市场拉动，仍然呈现快速发展态势，工业总产值以 20% 左右的速度增长，高于全省工业增长的速度。高耗能行业的快速扩张，使陕西节能降耗任务更加艰巨。

3. 企业工艺技术装备水平低，落后产能比重大，导致能源消耗水平居高不下

陕西省高耗能企业技术装备总体水平不高，特别是数量众多的小企业，工艺技术落后，单位产值能耗明显高于大企业。目前，全省火力发电装机在5万千瓦以下的企业就达48户，占全省电力装机的18.6%，每度电耗能比60万千瓦机组多272克标煤，一年多耗能48万吨标煤；水泥机立窑小企业有160户，生产能力占全行业的40.61%，每吨熟料耗能比新型干法高64千克标煤，一年多耗能83.2万吨标煤。此外，炼铁小高炉、机焦小型焦化炉、电石开放炉和小型炉的生产能力，也分别占到本行业的60%、55%、33%以上。可见，高耗能行业中先进工艺技术运用不足，落后生产能力所占比重大，是造成我省能源消耗高的主要因素。

4. 节能法律法规不完善，配套法规政策跟不上

监督管理不够有力，有法不依、执法不严和操作措施乏力的现象普遍存在。能效标准制定工作严重滞后，许多节能降耗要求无标准可依，难以落实。节能降耗技术研发推广滞后，通过技术进步和工艺改进节能的潜力远未挖掘出来。节能降耗监管服务不到位，陕西省多数节能监测机构能力建设滞后，监测装备落后，信息缺乏，人才短缺。尤其是节能降耗监管机构还不健全，监管手段不够有力，难以适应节能降耗工作新形势的需要。

四、陕西节能降耗面临的形势分析

从科学发展观的视角来审视，未来一个时期，陕西抓好节能降耗工作既有挑战又有机遇，总的看是机遇大于挑战。

（一）能源、装备制造等支柱产业的加速发展，决定了节能减排的艰巨性

作为能源资源大省，如何在大开发的情况下做到集约节约利用

资源，使资源发挥最大效用，成为摆在陕西省面前的一个严峻课题。陕西又是国家重要的装备制造业基地，钢铁、有色金属、煤炭、化工、建材等行业的200户耗能大户能耗占规模以上工业企业能耗的80%和全省总能耗的49%，而且这些企业多数又是排污大户，实现节能减排的任务十分艰巨。陕西经济所处的阶段性及产业结构的重型化特征，特别是能源重化工工业增长的内在动力仍然强劲，加上一批石化、钢铁等高耗能项目的陆续投产等，这些都决定了陕西实现节能减排的目标任重而道远。

（二）脆弱的生态基础和局部恶化的生态环境，增加了节能减排的紧迫性

生态环境相对脆弱，是陕西的一个基本特征。以水资源为例：陕西人均水资源量仅为全国平均水平的一半，而且时空分布极不均衡，水资源70%集中在汛期，70%分布在陕南。更令人担忧的是，水质污染严重，特别是渭河以占全省16%的水量接纳了全省80%的污水，干流河段常流量基本丧失使用功能。从对全国的影响看，黄土高原是黄河泥沙的主要输出地区，治理水土流失直接关乎黄河中下游的安全；秦岭作为南北气候的分界线，其生态屏障地位对我国气候稳定和生态安全的影响举足轻重；汉江、丹江流域是国家南水北调中线工程的水源地，保护好这一地区的水质是党和国家赋予我们的重大责任。因此，抓好陕西的节能降耗减排，不仅关乎陕西自身发展，而且关乎全国大局。

（三）指导思想转变滞后，增加了节能降耗的难度

以GDP为导向的发展惯性还相当强烈地影响着一些地市领导的思想观念和作为。有些地市仍然把发展GDP当作硬任务，把节能减排当作软指标，不计资源环境代价发展经济。对如何推动节能减排工作没有具体想法，责任不够明确，措施不够具体，淘汰落后产能态度不够坚决 。特别是一些地区节能减排“讲起来重要，做起来次要，忙起来不要”的现象还很突出。

（四）立足自身优势优化产业结构，为节能减排提供了机遇

节能减排的根本途径在于调整结构，陕西的诸多优势为调整产业结构提供了广阔空间。一是科教优势。陕西科教实力雄厚，自主创新能力较强。我们必须发挥这一优势，做大做强科技型企业和高新技术产业，提升经济增长的科技含量，提高低耗能、无污染行业在经济中的比重。二是人文优势。作为中华文明的重要发祥地，陕西拥有举世瞩目的人文资源。按照基础在文物、关键在文化、扩展在旅游的思路，推出一批精品力作和特色品牌，潜在的文化资源优势就能充分转化为现实的产业优势，构建起文物、文化、旅游一体化的现代服务业格局。三是区位优势。陕西地理位置居中，以西安为中心的关中城市群辐射作用明显，为培育壮大会展、物流、金融等新兴产业提供了巨大机遇。四是产业优势。陕西能源化工、装备制造等支柱产业具有产业链较长的特点。通过研发和采用新技术、新工艺，加快技术改造并向上下游延伸，实施集群化、园区化发展战略，积极发展清洁生产和循环经济，就能够在结构调整中推进节能减排，通过节能减排促进产业升级。

（五）党和政府高度重视，为节能降耗提供了有利的条件

近两年，党中央、国务院把节能减排摆到了前所未有的突出位置。在今年的政府工作报告中，温家宝总理再次强调了节能减排的重要性，并指出今年将从十个方面加大工作力度。他还强调，节约资源和保护环境要一代一代人持之以恒地进行下去，让我们的祖国山更绿，水更清，天更蓝。值得注意的是，国家已决定把节能减排指标的完成情况纳入各地经济社会发展综合评价体系，作为政府领导干部综合考核评价和企业负责人业绩考核的重要内容，实行“一票否决”。陕西省政府也建立了节能减排领导机构和协调机制，落实责任制和政策措施，各市政府推动节能减排的工作力度进一步加大。一个以政府为主导、企业为主体、全社会共同推进的节能减排工作格局逐步形成，为绿色生态陕西的建设打下了坚实基础。

（六）国际金融危机为我们利用倒逼机制，加快技术进步，提高自主创新能力，淘汰落后产能，推动产业升级，促进产业向高端化发展，实现节能降耗目标提供了良好的时机

这次国际金融危机淘汰了许多高耗能、高污染的“五小”企业。由于全球能源需求减少，促使许多没有市场的企业放弃了原本要建设的“两高一资”（高耗能、高污染和资源型）的项目。在经济景气的时候，“萝卜快了不洗泥”，大多数企业忙于扩大生产规模赚取市场利润，不愿为推行节能技术影响生产。而金融危机致使市场缩减，国际国内市场竞争日趋激烈，促使企业依靠技术改造等手段节能降耗，降低成本，开拓新的市场。

五、节能降耗工作的基本思路

今后几年是节能降耗加快推进的重要时期。要紧抓机遇，充分利用有利条件，化解不利因素，一鼓作气，乘势而上，再创节能降耗新辉煌。继续把节能降耗作为转变经济发展方式的突破口，把节能任务完成情况作为检验科学发展观是否落实的重要标准，真正把节能作为硬任务，使经济增长建立在节约能源资源和保护环境的基础上。加快推动经济发展由主要依靠增加物质资源消耗向主要依靠科技进步、劳动者素质提高和管理创新转变，努力形成节约能源资源和保护生态环境的产业结构、增长方式、消费模式，实现速度和结构质量效益相统一、经济发展与人口资源环境相协调，使人民在良好生态环境中生产生活，实现经济社会永续发展。

（一）把住增量，做好减量，管好存量

“把住增量”就是以增量优化带动存量调整。优化增量是加快产业结构调整、推动节能降耗的关键所在。从现在起，必须把好新上项目关，确保固定资产投资坚持高起点、高标准，符合新型工业

化的要求，符合国家产业政策和行业发展需求，优化投资方向和结构。在此基础上，优化新项目的生产力布局，使新项目的选址布局与环境容量、资源要素、基础设施等相匹配。“做好减量”就是压缩落后生产能力。实践证明，落后产能是造成资源过度消耗、环境严重污染的主要原因。其中，技术和工艺最落后、处于本行业末端的那部分产能，消耗资源更甚，污染环境更重。对这些企业要实施末位淘汰，把压缩落后生产能力作为节能降耗的重中之重。“管好存量”就是狠抓重点用能企业的节能管理。200户重点用能企业的耗能量占陕西规模以上工业企业耗能量的80%，占全省总耗能量的49%，要将这些企业作为节能管理的重点，建立重点耗能企业能源消耗监测和指标考核体系及能耗通报制度，促进重点耗能企业的节能降耗。

（二）软硬结合，两手并用，多管齐下

节能降耗是一项重大战略任务，是全社会的共同责任，要多措并举，全民参与，扎实推进。一是“软硬结合”。节能降耗不仅采取具有强制性作用的“硬”措施，也要注意运用发挥引导作用的“软”措施。在推进节能减排过程中，一方面要强化责任、引逼结合、加大力度，加快实施一批“硬”措施，淘汰落后产能，实施电厂脱硫工程等；另一方面，加强引导，积极营造节能降耗的“软”环境。强化节能政策与规划引导。二是“两手并用”。不仅要发挥政府“看得见的手”的主导作用，而且要依靠市场“看不见的手”在资源配置方面的基础性作用。充分利用价格机制和财税杠杆，调动和发挥企业在节能降耗中的主观能动作用。三是“多管齐下”。节能降耗是一项综合性任务，需要综合运用产业、价格、财税、法律等手段，推进实施综合性节能降耗措施。通过加大产业结构调整力度，加快发展循环经济，建立能源专项资金，加快推进节能技术进步和加强管理等多种措施推进节能降耗。

（三）提高认识，加强领导，夯实责任

一是提高认识。把各地区、各部门、各单位的思想和行动统一

到党的十七大精神上来，统一到党中央、国务院和省委、省政府关于节能降耗的决策和部署上来，真正把加强节能减排工作作为全面落实科学发展观、转变经济发展方式的关键举措，作为资源节约、环境友好、生态文明建设的攻坚任务来完成。使节能降耗不仅要成为全省各级政府的行政责任，而且要成为每一家企业的社会责任，每一位公民的道德责任，成为全社会的普遍共识和行动。二是加强领导。省政府已成立了节能降耗工作领导小组，各市、县、区政府也要尽快确定相应机构，切实加强对本地区节能减排工作的组织领导，把节能减排工作纳入重要议事日程，确保责任到位、措施到位、投入到位。三是夯实责任。要把节能减排各项工作目标和任务逐级分解到各地和重点企业，并制定出具体的节能减排日程表，接受社会和群众监督。省政府有关部门要进一步加强对节能减排工作进展情况的考核和监督，定期公布各地节能减排指标完成情况；强化对重点行业、重点企业、重点区域的执法检查，加大对违法行为的惩处力度。

六、促进节能降耗的主要政策措施及建议

（一）提高重点行业准入门槛

煤炭、电力、建材、冶金、焦炭、能源化工等高耗能工业是陕西的支柱产业，但这些行业和企业普遍存在规模过小、产业集中度过低、数量较多、能源浪费过大的问题。因此，要抓紧建立和完善这些产业领域内重点用能行业的节能强制标准，提高行业准入门槛。新上项目必须坚持大型化、国际化和可持续发展原则，把好项目入口关。制定区域项目限制目录，根据不同城市和区域，鼓励上一些项目，限制上一些项目，在土地、环保、节能、技术、安全等方面采取不同的政策。尽快建立开工项目管理部门联动机制和项目审批问责制，实行新开工项目报告和公开制度。严格执行项目开工建设“六项必要条件”（必须符合产业政策和市场准入标准、项目

审批核准或备案程序、用地预审、环境影响评价审批、节能评估审查以及信贷、安全、城市规划和水资源论证等规定和要求）。

（二）加大限制和淘汰落后生产能力的力度

落后生产能力是能源资源浪费、环境污染的源头。淘汰和限制落后产能是实现降耗减排的重要手段。针对陕西水泥、火电、钢铁、焦炭、电石、铁合金等行业结构性矛盾突出，技术、工艺、设备落后，能源资源浪费严重的问题，按照“关小上大”并重、“关小先行”原则，加快实施淘汰落后生产能力工作方案，每年向社会公布淘汰落后产能的企业名单和执行情况，接受社会监督。建立落后产能推出机制和专项资金，加大资金支持力度。今后两年要淘汰机立窑、中空窑、湿法窑水泥产能 390 万吨；关停小火电机组 32.8 万千瓦，新上热电联产机组 120 万千瓦，替代小锅炉 437 台；淘汰炭化室高度 4.3 米以下焦炉产能 110 万吨和落后产能 1150 万吨左右；关闭 18 万吨落后造纸产能。通过淘汰落后，每年可实现节能约 270 万吨标准煤。

（三）加快建设节能型产业结构

按照市场准入门槛的要求，陕北要坚持大型化、国际化和可持续发展道路，大量引进国际先进技术和工艺。关中要着力加强高新技术和装备制造等支柱产业发展，加大发展第三产业的力度，率先走在陕西省节能降耗工作的前列。渭北、彬长要促进能源加工产业升级，技术改造、新上项目必须高起点、高技术、高要求。陕南要继续加大绿色产业、环保产业的开发力度。要按照中央宏观调控的要求，对高耗能的行业依靠市场，控制增能，优化结构，扶优汰劣。电力行业要采用超临界大机组，并采用空冷技术和脱硫技术。冶金工业要抓好落后设备和生产工艺的改造，提升产业和产品结构，提高产品质量，提升陕西省钢铁工业的竞争力。有色金属行业要引进新技术、新工艺，实行资源开发与冶炼、加工一体化。石油开采和炼制要应用采油系统化配置技术，提高采收率，放空天然气回收利用技术。化工行业要从传统煤化工产业向烯烃等新兴化工产业转化。建材工业要继续关小建大，着重发展大型新型干法水泥及水泥制品等。焦化行业要提高准入门槛，使符合《焦化行业准入条件》的焦炭产能占总能力的80%以上，彻底淘汰土焦、改良焦。煤炭行业要提高回采率，开展煤气化、液化技术开发和矿井瓦斯的利用。机电工业要发展变频电机、稀土永磁电机等高效节能产品。

（四）完善节能减排政策促进机制

一是积极稳妥推进资源性产品价格改革。按照国家试点要求，全面推进煤炭资源有偿使用制度，深化煤炭价格市场化改革。完善电力峰谷分时电价办法，降低小火电价格，建立水电峰枯电价机制。落实可再生能源发电、煤矸石发电、城市垃圾发电以及余热余压发电相应的电价政策。抓紧研究制订能耗超限额加价政策。二是完善促进节能减排的财政政策。建立政府引导、企业为主和社会参与的节能减排投入机制。在争取国家专项资金支持的同时，省财政每年安排节能专项资金，采用贴息、补助、奖励等方式，支持节能重点工程、节能新技术新产品推广以及节能管理能力建设。进一步加大财政基本建设投资向节能环保项目的倾斜力度。市、县、区政府也应设立相应的节能减排专项资金。健全矿产资源有偿使用制度，改进和完善资源开发生态补偿机制。研究建立高能耗农业机械更新报废经济补偿制度。三是实行节能税收优惠和严格的排污收费政策。认真落实资源综合利用税收优惠政策，跟踪研究国家节能、节水和环保产品（设备、技术）的税收优惠政策，对生产和使用列入国家《节能产品目录》的产品，加大支持力度。严格落实高耗能、高污染、资源性产品出口政策。

（五）加强节能法制建设和执法监管工作

一是严格依法节能。认真实施《陕西省节约能源条例》和《陕西省建筑节能条例》，全面贯彻落实省政府加强节能工作的意见，以及行业用能限额标准，明确节能执法主体，严格节能管理制度，强化政策激励，加大惩戒力度，强力推进节能降耗。二是加快实施强制性能效标识制度。扩大能效标识在家用电器、电动机、汽车和建筑上的应用，逐步推行无能效标识耗能产品不得进入市场销售的制度，建立起政府监管、社会监督和企业诚信机制，不断提高能效标识的社会认知度，引导社会消费，促进企业加快高效节能产品的研发。三是加大节能减排执法队伍建设。建立健全节能执法监察机构。节能和环保监察机构要依据节能减排法规和管理办法，加强执法检查工作。

（六）大力推进循环经济发展

一是加快杨凌农业高技术产业示范区循环经济项目的建设实施，建成节水、节地、节约型绿色农业、特色农业和现代农业示范区。完成我省第二批国家循环经济试点单位“一市两企”实施方案的编制工作，推动我省工业循环经济上台阶、上水平，延长产业链，发展深加工，促进节能减排，实现可持续发展。二是积极推进省级5个循环经济示范园区和20个试点企业项目的启动实施工作，促进企业清洁生产、节约能源、保护环境，实现资源利用率最大化和废物排放最小化，努力创建一批“零排放”园区、企业。三是着力提高资源综合利用水平。推进粉煤灰、煤矸石、尾矿等工业废渣的综合利用，加大煤层气、焦炉煤气发电化工项目建设，推动垃圾资源化利用，鼓励垃圾发电供热项目。

（七）强化节能基础工作

按照节能减排统计、监测和考核体系的科学性、完整性和统一性的要求，建立健全多层次的能源统计制度，完善能源数据采集、传输、加工、使用等一体化统计信息系统，指导帮助有关部门、行业协会、能源产品生产经营企业做好各项节能指标统计工作。对节能统计中迟报、谎报、瞒报和不报行为，限期整改，依法严肃处理。杜绝数据中的弄虚作假行为，确保监测质量和考核工作的客观、公正和严肃。继续完善能源一级计量，逐步健全二三级计量，推进能源计量在线监测工作。

（八）对国家的政策建议

一是建立落后生产能力退出补偿机制。淘汰落后生产能力涉及地方、企业和职工等多方的利益，制定合理、有效的补偿机制是扎实稳妥推进此项工作的前提和保障。建议建立落后产能退出的补偿机制，将经济欠发达地区按关停后的实际节能减排量，通过转移支付的方式给予适当补助和奖励，重点用于对落后产能退出企业的职工安置和企业业主的补贴。二是加大对陕西省节能减排项目的资金扶持。鉴于陕西省为西部欠发达省份，财力偏紧，对节能减排重大项目支持力度不够，完成节能减排指标压力较大，建议国家在安排资源节约和环境保护专项投资及节能财政奖励资金时加大倾斜力度。三是加快建立完善有效的节能价格机制。目前，现有的资源性产品的价格还不能充分反映资源稀缺程度和市场供求关系，没有反映资源补偿和环境成本，市场配置资源的基础性作用没有得到充分发挥，促使节约能源资源的价格机制不完善，鼓励节约资源的财税政策不健全，对浪费能源的行为处罚不力，形成节约能源资源成本高，浪费能源资源成本低的不合理的利益导向。因此，建议尽快建立健全节约能源的价格机制。四是对重点用能企业的考核，不应以节能量绝对量为指标进行考核，建议用单位产品能耗来考核。这样，一方面体现了企业的技术水平，调动了企业发展的积极性；另一方面，又会促进企业不断提升技术水平，挖掘节能潜力，提高节能水平。

（课题负责人：李忙全、张智军，课题组成员：夏彩云、颜毓洁、赵养泉、张昭、沈亚龙）

加快可再生能源开发利用，促进新疆经济发展方式转变

新疆维吾尔自治区发展改革委学术委员会课题组

随着经济的快速发展和工业化城镇化进程的加快，能源需求不断增长，我国已成为世界上第二大能源生产国和消费国。但总体上说，我国优质能源利用相对不足，能源消费以煤为主，资源和环境压力大，能源供应体系面临着重大挑战。大力开发新疆可再生能源，是增加国内能源供应、填补我国能源供应缺口的重要途径，是保护生态环境、减少温室气体排放的重要措施，对促进经济发展方式转变、调整产业结构、推进经济和社会可持续发展意义重大，是我国能源支撑经济实现可持续发展的必由之路。

一、转变经济发展方式的现实意义

（一）解决资源和环境约束压力的出路在于发展方式的转变

目前我国正处于工业化发展中级阶段。这一阶段的结构性变化以及矛盾、挑战日益突出，如能源的生产和消耗增长迅速、环境压力空前增大等。在工业化不同阶段，资源消耗强度是不同的，大体上呈倒 U 型分布，工业化发展中级阶段上升速度较快的是重化工业增长加快、比重提高。尽管中央通过加大节能减排力度，使能耗技术指标有所下降，但由于高耗能产业比重增大，总的能耗水平还是在上升。

新疆虽然处于工业化发展初期，但耗能型产业结构特征明显，粗放型增长方式在短期内难以改变，经济增长中高投入、高消耗、高污染、低水平、低效益问题突出，造成能源利用率不高，浪费严重，污染严重，使得单位 GDP 能耗居高难下。和全国一样，新疆

也面临着经济发展中对能源需求的快速增长和节能减排、保护环境等多重压力。这些矛盾和压力，在已有的发展方式空间内是难以应对和消除的，转变经济发展方式势在必行。因此，加快新疆可再生能源开发利用，走低碳经济发展之路，构筑化石能源与可再生能源均衡发展、互为补充的多元化的新型能源产业结构，从根本上减轻经济增长对常规能源资源和环境的压力，缓解能源资源与经济发展和生态环境之间的矛盾，是转变经济发展方式，实现新疆经济社会可持续发展和全面建设小康社会的重要选择。

（二）加快可再生能源开发利用对促进新疆经济发展方式转变意义重大

新疆是我国欠发达的边疆少数民族自治区，经济增长在很大程度上依靠高投入、高能耗支撑。不仅经济发展效益较低，而且环境污染问题日益严重，经济增长的粗放特征极其明显：新疆工业增加值占 GDP 的比重不仅低于全国平均水平，更低于东部沿海省区；经济增长主要依靠资源型和原材料工业支撑，采掘业工业增加值占整个工业增加值的比重明显过大，而制造业、高新技术产业完成工业增加值的比重明显偏小；经济增长以投资拉动为主，且投资效益低下，每单位投资创造的 GDP 增量远低于全国平均水平；工业发展缓慢，效益不佳，扣除石油石化企业后的工业全员劳动生产率只有石油石化工业的 1/6，远低于全国平均水平；经济增长对能源的依赖程度不断提高，反映能源消费量增长与国民经济增长之间关系的能源消费弹性系数近几年逐年走高；能源利用粗放，创造单位价值的能源消耗水平是全国的 1.7 倍；由能源利用所造成的环境和资源压力逐步增大，城市大气污染以及河流和地下水污染、植被退化、沙漠化加剧等问题日益突出，生态环境面临更加严峻的局面。

在此情形下，积极开发新疆可再生能源，降低经济发展对化石能源的依赖，建立多元化的新型能源消费结构，提高经济发展中对能源资源的循环利用和集约化水平，对调整和优化能源结构、强化能源节约和高效利用、减少温室气体排放、发展循环经济和低碳经济，以及全面贯彻落实科学发展观和国发［2007］32 号文件精神，加快新疆经济发展方式转变都具有重要的现实意义。

1. 有利于发展循环经济，促进区域可持续发展

可再生能源是有利于人与自然和谐发展的重要能源。20 世纪 70 年代以来，可持续发展思想逐步成为国际社会共识，可再生能源开发利用受到世界各国高度重视，许多国家将开发利用可再生能源作为能源战略的重要组成部分。由于受资源型经济结构及工业发展初级阶段的制约，新疆发展循环经济的步伐明显滞后于内地省区。积极开发新疆可再生能源，将会对新疆发展循环经济起到重要的示范带动效应。

2. 有利于优化新疆能源结构，减轻资源压力

长期以来，煤炭、石油、天然气在新疆能源消费结构中的比重偏大，煤炭所占比重达到 56% 左右，石油所占比重达到 26% 左右，天然气所占比重达 14% 左右，而水风电所占比重长期徘徊在 4% 左右，可再生能源所占比重明显偏低。积极开发可再生能源，提升可再生能源在能源消费中的比重，可改善能源结构，建立多元化、可持续发展的能源系统；可在一定程度上改善和优化新疆产业结构；也可以使煤炭、石油、天然气资源用在其他能源无法替代的用途上，从而大幅度提高资源使用效率及效益，相对减轻资源压力与约束。

3. 有利于发展低碳经济，降低温室气体排放

据测算，利用煤炭生产每千瓦时电将排放 6 克硫和 730 克二氧化碳；1 升汽油完全燃烧将排放 2200 克二氧化碳。当前我国能源利用中对温室气体造成最大影响的是化石能源（主要是煤炭、石油），对温室气体影响达到 90% 左右。而在新疆目前的能源消费结构中，煤炭、石油、天然气合计所占比重达到 95% 以上。积极开发新疆可再生能源，充分利用水电、风电、太阳能、生物质能，可大幅降低碳排放量，相对减轻经济社会发展对生态环境的压力，促使新疆向发展低碳经济方向迈进。

4. 有利于提高自主创新能力

我国可再生能源主要富集于西部欠发达地区，这一地区自主创新能力整体水平低。借助于国家支持及自身积累，新疆在风机制造领域已取得国内领先地位，涌现出以金风科技为主的风电整机、零配件制造企业，成为自主创新的典范。积极推进新疆可再生能源产业发展，加大对风能、太阳能等领域开发利用的科技攻关力度，努力提升自主创新能力，将对提升新疆可再生能源产业整体水平起到很好的示范拉动效应，促进新疆经济由粗放型向集约型发展方式转变。

二、新疆可再生能源资源状况与特点

（一）资源状况

根据国家《可再生能源中长期发展规划》中初步资源评价，我国资源潜力大、发展前景好的可再生能源种类目前主要包括水能、生物质能、风能和太阳能以及浅层地源热能。而新疆风能、太阳能资源理论蕴藏量位居全国第二位，水能资源理论蕴藏量位居全国第四位，生物质能资源富集，极具开发潜力。

1. **水能资源**

新疆共有大小河流570条，水资源总量为832.0亿立方米，其中疆域内产水的地表径流总量为788.7亿立方米；计入国外入境水量之后的河川径流总量为879.0亿立方米。根据第四次《中国水力资源复查（新疆卷）》数据显示，按理论蕴藏量大于1000千瓦以上的河流统计，新疆水力资源理论蕴藏量为3817.87万千瓦。技术可开发量中，装机容量在500千瓦以上的电站518座，装机容量1656.5万千瓦，年发电量712.59亿千瓦时；经济可开发量中，装机容量500千瓦以上的电站495座，装机容量1567.05万千瓦，年发电量682.81亿千瓦时。其中，年径流量大于10亿立方米以上、理论蕴藏量大于500兆瓦以上的河流有18条，总理论蕴藏量为2139.68万千瓦。

2. **风能资源**

新疆风能资源极其丰富，主要分布在达坂城谷地风区、吐鲁番小草湖风区、十三间房百里风区、哈密东南部风区、三塘湖－淖毛湖风区、塔城老风口风区、额尔齐斯河谷风区、阿拉山口风区和罗布泊风区等九大风能丰富区。九大风区面积为7.78万平方公里。

在2005年由新疆气象局等单位组织编制的《新疆风能资源评价报告》中曾提出：新疆的风能储量为9.57亿千瓦，技术可开发量为2.57亿千瓦。而根据新疆风能公司对新疆风资源工程性普查项目的最新研究成果，在现实风能工程技术与常规设计水平情况下，在开阔平坦地形风区，每平方公里风电场面积可安装风电机组1万千瓦。如按照原统计九大风区面积15.58万平方公里，其中可用来建设风电场的面积约为70%，即10.9万平方公里估算，仅九大风区即可安装风电机组10.9亿千瓦。即使按照新疆气象局最新公布的九大风区面积为7.78万平方公里估算，也可装机约5.4亿千瓦。这都大大超出了原先的估计，而且更加符合风能工程开发的实际情况。

除九大风区外，新疆还有不少地区属于风能次丰富区，适于小规模开发或者安装户用小型风电机组。

3. 太阳能资源

新疆位于亚欧大陆腹地，四面环山，远离海洋，空气干燥，云雨量少，大气透明度高，晴天多，是我国太阳能资源最丰富的省区之一，太阳能资源蕴藏量居全国第二位，仅次于西藏。新疆全年日照时数为2550～3500小时，日照百分率为60%～80%，太阳能水平表面年辐射总量在54亿～67亿焦耳/平方米·年之间，年辐射照度总量比我国同纬度地区高10%～15%，比长江中下游地区高15%～25%；仅荒漠戈壁土地面积每年接受太阳辐射能即相当于4000亿吨标准煤。全年日照大于6小时的天数为250～325天，日照气温高于10度的天数普遍在150天以上，大气复合、透明系数0.72～0.79。太阳能资源优势极其明显，是我国利用太阳能资源最理想的地区之一。

新疆太阳能资源主要分布于天山南麓、天山北麓、东疆东部、北疆中部、北疆北部等五大区域。依据太阳辐射量可分为四个资源带：东疆东部为资源丰富带，太阳能年辐射照度大于660万千焦/平方米；天山南麓为资源次丰富带，太阳能年辐射照度为580万～

620 万千焦/平方米；天山北麓为资源较丰富带，太阳能年辐射照度 540 万～580 万千焦/平方米；北疆中部、北疆北部为资源亚丰富带，太阳能年辐射照度 500 万～540 万千焦/平方米。

4. 生物质能资源

新疆生物质能资源主要包括农作物秸秆、林业废弃物、畜禽粪便、能源植物、工业有机废水、城市生活污水和垃圾等。从资源总量来看，约折合标准煤 5577.8 万吨。其中农作物秸秆可利用实物量约 1600 万吨，折标准煤约 800 万吨；林业废弃物包括薪炭林、修枝打叉、木材加工废弃物等，大部分被农民直接燃烧，作为生活用能源。可利用实物量约 1500 万吨，折标煤 750 万吨；能源植物种植面积约 300 公顷，可满足年产 750 吨生物液体燃料的原料需求；畜禽粪便可利用量 3814 万吨，折标煤 1920 万吨；城市生活垃圾约 360 万吨，折标煤 108 万吨；新疆可用于种植甜高粱等耐旱植物、柽柳等耐盐灌木的土地面积约为 1640 万公顷，可生产能源植物 3.28 亿吨，折标煤 1.68 亿吨。

（二）新疆可再生能源资源的主要特点

1. 总量丰富，开发潜力巨大

新疆风能、太阳能资源理论蕴藏量居全国第二位，水能资源理论蕴藏量居全国第四位，生物质能资源量大，目前开发程度较低。水能开发仅为理论蕴藏总量的 4.7%，占经济可开发总装机容量的 10.66%，与世界平均开发利用程度 33% 及全国开发利用程度 22% 相比均有极大差距；太阳能资源利用率不足 1%；生物质能实际开发量只占总量的 3.59%；已建和在建的风电场装机约 75 万千瓦，仅为可开发量的 0.13%，风电开发规模较小，未来发展的空间巨大。

2. 空间分布相对集中

新疆水能资源主要集中于 18 条主要河流。南疆地区主要分布于塔里木盆地西部和北部，北疆地区主要分布在伊犁河和额尔齐斯河流域；风能资源空间分布相对集中，乌鲁木齐至哈密一线是风能资源主要富集区；东疆东部和天山南北麓是太阳能资源最主要分布区；生物质能资源空间分布相对集中，喀什地区、阿克苏地区、伊犁州、昌吉州、吐鲁番地区等五地州是新疆生物质能资源主要富集区。

3. 地域分布相互匹配

新疆可再生能源与常规能源之间、可再生能源相互之间分布具有一定匹配性，加上各能源利用有不同季节性的特点，为多能互补开发、集成利用创造了极好的条件。

4. 开发条件相对优越

新疆水能资源适于中等规模开发和发展农村水电电气化建设；风能资源品质优良，主要分布于电网通道经过的戈壁地区，具备建设百万、千万千瓦级风电站的条件，适于大规模集中开发和规模化外送；太阳能资源适于广泛应用、集中开发，特别对大型并网应用和解决农村用能意义重大；生物质能资源种类繁多，分布分散，宜因地、因需制宜，适度开发。

5. 季节利用不平衡

新疆水能资源最佳利用季节为夏季，在建有大型山区水库具备多年或年内水量调节的前提下，在冬季非灌溉用水季节也能发挥水电资源优势；风能资源最佳利用季节为冬春季；太阳能、生物质能资源最佳利用季节为夏秋季，但均可全年利用。

总体上看，新疆水能、风能、太阳能和生物质能四大可再生能源资源总量丰富，空间分布各自相对集中，地域分布又相互匹配，具有比较明显的资源互补性，开发条件相对优越，具备规模化开发、外送和互补利用。

三、新疆可再生能源产业发展现状

经过近30年的发展，新疆可再生能源开发应用取得长足发展，特别是“十五”和“十一五”期间，新疆进入了可再生能源的快速发展时期：水电建设大小并举，开发建设速度明显加快；风电发展规模小，但近两年发展速度较快，设备制造和研发水平国内领先：以送电到乡工程为契机，发展太阳能光伏发电、小型风电，推动分散式可再生能源发电技术快速发展；围绕改善农村环境卫生条件和增加农民收入，积极发展农村户用沼气；通过市场推动，大力推广普及太阳能热水器；以技术研发和试点示范为先导，积极推动了生物质液体燃料开发利用。

随着可再生能源产业规模的逐渐扩大，研究开发能力逐步增强，市场核心竞争力逐步提高，产业链初步形成。目前，新疆在可再生能源资源开发利用、设备国产化研制、光伏电源建设、运行维护等方面积累了一定的实践经验和技术储备，培养和聚集了一批专业技术人才，为改善新疆能源结构、保护生态环境、缓解局部地区能源供应短缺状况、促进社会主义新农村建设作出了贡献，同时为大规模开发利用可再生能源奠定了产业基础和技术支撑。

（一）水电产业

1. 发展现状

截至2007年底，新疆已建成水电站404座，开发利用水电装机容量196.41万千瓦，仅为理论蕴藏总量的4.7%，占经济可开发总装机容量的10.67%，占已建成电源装机总容量878.22万千瓦的22.36%；2007年水电发电量达63.06亿千瓦时，占新疆全社会发电量416.87亿千瓦时的15.1%；水电设备平均利用小时数为3501小时，约为火电设备利用小时数（5068小时）的69%。水能资源开发程度相对偏低，开发潜力巨大。

新疆径流式水电站所占比重较大，特别是在南疆，水电基本均为径流式电站。夏季丰水期水电可满发，冬季枯水期水电出力大幅下降，仅为装机容量的20%～30%。到“十五”期末，新疆已完成了21个初级电气化县和19个中级水电农村电气化县的建设。“十一五”期间，新疆继续建设18个小康水电农村电气化县和小水电代燃生态保护工程试点县。目前新疆70%以上的县主要靠中小水电供电，配套建设了县级电网和区域电网，形成了发供统一、功能齐全的地方电力系统。

水电资源的开发，促进了县域经济发展和社会进步，改善了农牧民的生活，加快了贫困地区脱贫致富的步伐。

2. 存在的问题

（1）开发程度相对较低，资源潜力没有得到有效发挥。目前，新疆已开发利用水能仅为理论蕴藏总量的4.7%，占经济可开发总装机容量的10.67%，与世界平均开发利用程度33%及全国开发利用程度22%相比均有极大差距。表明新疆水能资源开发程度相对较低，水能资源潜力远未得到充分有效发挥。

（2）河流水电规划工作不能满足全疆水电开发需要。近几年，新疆水能资源先后完成了伊犁河、额尔齐斯河一级支流，开都河、阿克苏河流域的库玛拉克河和托什干河及干流等一些大河流的水电开发专项规划，但一些中小河流的规划前期工作相对滞后，水电开发前期工作进度及深度不能满足全疆整体水能资源开发管理的迫切要求。

（3）政策不完善，支持措施不到位。目前，新疆尚未形成统一、完善的水能资源管理体系，由此造成相关各部门权限界定不清、职责不明、相互制约，水能资源管理政策及措施不到位，影响水能资源的科学管理和有效利用，在客观上制约了新疆水能资源优势向经济优势的转换。

（4）农村水电建设滞后。由于自治区及地方财政困难，中央电气化补助资金偏少，农村电气化建设地方配套资金能力弱，造成部分地区农村水电建设相对滞后，仍有部分农牧民无电可用或用不起电，影响农牧民脱贫致富和生活状况的改善，进而在一定程度上影响社会主义新农村建设进程。

（二）风电产业

1. 发展现状

风电场建设：风能资源目前国内外的主要利用方式是并网型发电。新疆在引进、消化、吸收国外风电技术的基础上，1989年建成国内第一座并网运行风电场，现已建成一批大型风电场，并在国产化风电机组研制、生产销售、风电场开发、建设与运营管理的专业服务咨询等领域处于国内领先地位。截至2007年底，新疆建成8座风电场，安装风电机组418台，总装机容量达32.7万千瓦，占新疆电网总装机容量的3.7%，占全国风电装机容量（605万千瓦）的5.4%。但近年来内地省区风电产业发展迅猛，新疆已从2005年位居我国风电装机容量第一位跌至2007年的第九位。

风电装备制造与技术：新疆金风科技经过多年持续高速发展，已稳居国内风电设备制造行业龙头地位。金风科技的600千瓦、750千瓦及1.5兆瓦风机已实现了批量生产，产品达到国际先进技术水平，正在研究开发2兆瓦、2.5兆瓦即以上机组；2007年已实现销售风机2000多台，部分风机供货合同已签至2009年，成为我国最大的风机生产基地；目前国内国产风机市场占有率超过60%，在全球同行业排名第八。金风科技的发展还拉动了一批相关企业成长，乌鲁木齐经济技术开发区的金风产业园区已经吸收了以风机零部件制造为主的企业如丹麦LM叶片公司等一批企业入园，初步形成一定风机零部件的生产能力。“中国风谷”的雏形已经显现出来，前景十分看好。

风电服务业：新疆风电服务业取得一定发展，已建立几个面向全国市场提供风电项目开发、前期技术咨询服务等风电开发综合业务的专业服务公司，在风电项目前期工作咨询和建设运营等方面形成了一定的专业优势，并且已面向全国承揽了一大批风电服务项目。

2. **存在的问题**

（1）与风电发展配套电网建设相对滞后。根据“十一五”新疆风电发展规划确定的目标，各风电开发企业积极开展测风、征地、环保等项目前期工作。但由于“十一五”后两年与风电开发相应的配套电网规划、建设滞后，影响了新疆风电的持续、快速发展。

（2）国家核定新疆风电上网电价偏低。目前新疆已投运风电场中，国家给华电小草湖风电场一期、国电天风达坂城风电三场三期等四个项目批准的上网电价最高，但也仅为0.51元/千瓦时。通过分析全疆不同风区风资源数据，并根据风电场建设有关参数，测算不同风区风电场电价看，国家核定新疆风电电价明显偏低，不能保证企业正常收益。而且，小草湖地区风电标准运行小时比达坂城地区低很多，但核定电价没有考虑不同地区风电标准运行小时的差异而执行同一电价，不尽合理。

（3）风电设备制造产能不足。虽然新疆风电研发与设备制造水平领先全国，但与国际先进水平相比，所产风电机组单机容量较小，控制系统和主轴承等关键零部件还依赖进口。兆瓦级以下的风力发电机组主要零部件已经实现了国产化，但生产规模满足不了市场需求。

（三）太阳能产业

太阳能光伏发电系统生产、利用：新疆太阳能光伏发电在新疆新能源股份公司、新疆太阳能科技开发公司等龙头企业的带领下，在太阳能多晶硅材料、小型光伏电源、光伏电站设备、太阳能热利用技术等领域研究、应用取得一定成果。新疆新能源公司研发的光伏电源控制器、逆变器、并网装置和太阳能直流照明电源技术水平与国内同步，其中太阳能扬水与照明综合应用系统、光伏电站核心技术处于国际先进水平，它也是中国第一个太阳能产业化示范基地。新疆太阳能光伏发电系统在解决边远地区农牧民生活用电和工程设施用电发挥了重要作用。全疆农牧区累计使用户用光伏电源系统约 10 万套左右，解决了 30 多万人口的基本生活用电问题；建成太阳光伏并网电站 3 座，光伏发电功率 80 千瓦；建成气象站、边防哨所、通信中继站等光伏发电系统 280 余座，发电功率约 1000 千瓦。

太阳能热水器开发利用：太阳能热水器已基本实现了商业化，热水器保有量约 31.5 万平方米，其中：户用太阳能器占 95%，大型热水工程系统占 5%。住宅普及率还不到 1%，主要分布在乌鲁木齐、库尔勒、阿克苏等大中城市。热水器发展经历了闷晒、平板、真空管、热管热水器等阶段，商业化程度不断提高，目前销售量以每年 20% 的速度递增，是太阳能热利用领域最具活力的新兴产业之一，产业链正在形成。生产企业大多数是中小企业，年产量约 10 万平方米，远落后于其他省区；生产真空管热水器的厂家有 9 家，年生产能力 6 万平方米，最大的企业是新疆太阳能科技开发公司，年产量仅为3万平方米，生产热管热水器的唯一厂家是新疆新能源研究所。

存在的问题：迄今为止，新疆仍未建成一条光伏电池生产线，没有建立光伏电池研发中心，光伏产业发展受自主生产与研发能力制约明显；光伏技术开发人才严重短缺，自主创新能力较弱；大量原材料、器件主要依靠进口或内地加工，设备生产成本较高；光伏电池、大功率光伏电站设备、光伏发电系统应用软件开发与国内水平仍存在一定差距。

太阳能热水器产品缺乏技术创新，忽视系统整体开发；热水器零部件的加工不能自给；热水器所需原材料大多需从内地购进，生产周期较长；热水器产业的研发投入少，后劲不足。在全天候热水器系统的研发、承压系统的研制，特别是应用软硬件开发方面与国内水平存在一定差距。

（四）生物质能产业

1. 发展现状

沼气工程：受资源、政策等多方面因素制约，利用人畜粪便和农作物秸秆生产沼气与发电是新疆生物质能利用的最主要、最普遍的方式。目前，沼气生产技术已经比较成熟并已在新疆农牧区得到广泛应用。据统计，截至2006年底，新疆已有118994户家庭使用沼气，占全区家庭数的5.73%，年产沼气量约为1050亿立方米，沼气池使用主要原料为人畜粪便和农作物秸秆。沼气技术已从单纯的能源利用发展成废弃物处理和生物质多层次综合利用，并广泛地同养殖业、种植业相结合，成为发展绿色生态农业和巩固生态建设成果的一个重要途径。

生物质能源工程：新疆利用甜高粱生产燃料乙醇及乙烯的生物质能源工程取得一定进展。自2002年起，自治区组织相关领域专家开展了“利用甜高粱生产乙醇、乙烯”研究项目，已完成种植品筛选和乙醇汽油试车等系列工业实验，取得了具有自主知识产权的科研成果。截至2007年底，在南北疆累计试种甜高粱新品种面积7.1万亩，完成固态、液态发酵生产63%（v/v）乙醇的中间试验，完成乙醇精馏、分子筛脱水制燃料乙醇、燃料乙醇驱动汽车试验；在种植试验和产品加工试验等方面取得了阶段性成果。研制出的燃料乙醇在汽车试驾中性能显示良好。

2. **存在的问题**

（1）资源利用率较低。从新疆生物质能资源总量来看，约折合标准煤5577.8万吨，而实际开发利用总量只占其中的3.59%。新疆70%的农作物秸秆被用于农村燃料、饲料、还田等方面，30%废弃，未能得到有效开发、利用。

（2）分散、非连续性利用特征明显。新疆生物质能利用规模化、产业化步伐缓慢。当前绝大部分沼气利用系统均为农户自用系统，大型沼气利用工程发展缓慢；主要城市生活垃圾无害化处理率仅为30%左右，城市垃圾处理方法以卫生填埋为主，未能有效利用。

四、新疆可再生能源开发前景与发展思路

总体思路：以科学发展观为指导，认真贯彻落实国家《可再生能源中长期发展规划》、国家《可再生能源发展“十一五”规划》和国务院32号文件精神，把加快可再生能源开发利用作为新疆全面建设小康社会、转变经济发展方式、实现可持续发展的重大战略举措。以制定落实激励政策为保障，通过“统筹规划、因地制宜、政策支持、示范推动、壮大产业”，结合新疆资源情况和产业发展特点，推动可再生能源产业规模化发展和集约化利用，同时积极促进并实现可再生能源电力规模化外送。

发展定位：

——大力发展水电；

——加快开发风电；

——积极推进太阳能示范推广和开发利用；

——适度开发生物质能。

发展目标：2010年之前初步建立适应可再生能源规模化发展的产业基础，建成我国可再生能源规模化利用示范基地；2010～

2020年，建立起完备的可再生能源产业体系，大幅降低可再生能源开发利用成本，实现风能、水能的大规模开发；为太阳能、生物质能大规模开发利用打好基础；积极构建以煤炭、石油、天然气和水、风电为主，太阳能、生物质能等综合利用为辅的多元化能源结构；可再生能源产业由发展初期过渡到中级阶段，建成全国重要的可再生能源生产和输出基地，成为全国可再生能源开发利用大省之一。

（一）大力发展水电

1. 开发前景

水电建设技术相对成熟，运营成本低，无环境污染，在满足电力需求、提高电能质量（调峰、调频功能），以及防洪防凌、农业灌溉等方面具有不可替代的、显著的经济和社会效益。

目前水电在新疆电力消费结构中的比重仅次于火电。随着新疆电力消费快速增长，水电装机规模将快速增长。新疆水资源技术可开发量为1656.5万千瓦，目前已建成水电站404座，发电总装机196.41万千瓦，占经济可开发总装机容量的11.85%，与世界平均开发利用程度33%及全国开发利用程度22%相比有较大差距，开发空间和潜力巨大。随着新疆电网建设逐步加强和完善，水电可实现较大范围调度。

新疆水能资源2020年以前规模化开发有一定的资源保证。国家和自治区积极鼓励和支持水电的大力开发和利用，所以水电开发前景看好。

2. 发展思路

认真落实国家建设水电的各项方针政策，按照自治区“十一五”国民经济发展纲要和自治区党委建设新型工业化的总目标，充分发挥市场在资源配置中的基础作用，优化能源结构，推进水电产业升级，加大水电开发力度，增大水电装机比重。在满足当地水资源供需平衡、保护生态环境的前提下，加快水电项目的实施，使新疆丰富的水电资源优势转化为经济优势。

在综合考虑河流发电、农业灌溉、生态环境保护、防洪等因素基础上，科学编制水能开发利用规划，合理选择开发方式；充分认识水电资源的优势和在电网中的独特作用，大力发展具有调控能力的大中型水库电站，调整电源结构。有条件的地区积极推进规模化水电替代分散小型火电厂，实行资源优势互补，提高水电在电网中的比重，减缓一次性能源的储备资源量开发，促进新疆水能资源有序开发与和谐发展；积极发展小水电及农村电气化建设，改善广大农牧民生产、生活条件，促进县域经济发展，确保城乡同步发展；努力协调解决好水电建设与环境保护、移民安置等社会矛盾，做好开发河流移民安置工作，加强河流生态环境保护，因地制宜谋求发展；进一步理顺水能开发建设管理体制，促进水电快速、可持续、健康发展。

3. 发展目标和布局

2010 年，新疆水电累计装机规模达到 286 万千瓦，其中额尔齐斯河、伊犁河、开都河、叶尔羌河等四条河流装机规模为 236 万千瓦；2015 年累计装机规模达到 545 万千瓦，其中四大流域装机规模为 400 万千瓦；2020 年累计装机规模达到 900 万千瓦，其中四大流域装机规模为 620 万千瓦。其他建设地点有喀什噶尔河流域、阿克苏河流域、和田河流域、玛纳斯河流域和精河流域。

4. 开发重点

大、中型水电站：重点开发条件好、流量大、落差集中的河段，建设一批具有较强调节能力的大、中型水库电站，做到电调服从水调，并与灌溉引水等水利工程协调发展。九大流域的 18 条大河，重点建设伊犁河、开都河、额尔齐斯河、叶尔羌河四大水电基地，同时有序开发其他 14 条河水资源。

小水电：继续加强小水电和农村电气化建设，建设好 19 个水电农村电气化县，造福广大农牧民。

5. 开发路径

路径一：加快建设四大水电基地，合理选择开发方式

根据新疆水资源特点和分布，重点建设额尔齐斯河、伊犁河、开都河、叶尔羌河等四大水电基地，同时，积极加快九大流域其他 14 条大河的开发。实施“流域、梯级、滚动、综合”的开发方式，

统筹水力资源开发利用和区域流域经济社会发展，采用“一库多级”，修建调节能力好的龙头水库，以龙头大库为主体，实施整个河流梯级的联合调度与补偿调节，共同满足电网的调峰和备用要求。在河流上、中游河段建设具有控制性的多功能大中型水利枢纽工程，相应建设具有较强调节能力的大、中型水库电站，依照地形条件尽量采用至少具有日调节能力的堤坝式或混合式开发方式，确保电站全年安全、经济运行。

路径二：加快开发小水电资源，满足农村电气化需求

大力发展小水电及农村电气化建设，促进县级和区域经济发展，保证城乡同步发展，改善广大农牧民群众的生产、生活条件。农村水电电气化建设要重点抓好19个小康水电农村电气化县和小水电代燃生态保护工程试点县，造福广大农牧民。

路径三：合理规划河流开发主体

对于中小河流，可采用一条河流一家公司开发的模式，依据上、下游梯级电站不同业主的情况，通过资产兼并、转让、合作等方式，组建新的流域梯级开发公司，以利于流域、梯级、滚动、综合开发。

路径四：水、火、风、光电并举，合理配置电力资源

水电虽然调峰能力强，但大部分未建设山区水库电站的径流式水电站进入冬季枯水期，发电能力有限。因此，在有条件的地区可以利用水、火、风、光电合理搭配，弥补不足，实现电力资源优势整合。

（二）加快开发风电

1. 前景分析

开发前景：风力发电是风能利用的主要形式。国内风电装机容量近3年年平均增长率达到100%以上。新疆风电发展近3年相对缓慢，年均增长速度仅为38%，远低于全国水平。新疆九大风区风能技术可开发量超过5.4亿千瓦，开发前景极其广阔。目前，新疆已建和在建的风电场装机约70万千瓦，仅为可开发量的0.13%，风电大规模开发尚处于起步阶段，乌鲁木齐市-吐鲁番-

哈密一线风电集中连片开发、大规模送出的条件也很优越。近期风能是作为可以调整能源结构的补充能源，远期将逐步成为替代常规能源的主力能源之一。

市场前景：按照目前国内外对风电占电网容量比例的主流观点，在风电装机占电网全部电源装机的10%～15%情况下，风电上网在技术上没有障碍，采取必要措施后不会对电网运行造成大的影响。当电网条件较好、备用容量充足时，这一比例还可提高。2007年丹麦风电装机与发电量占电网总装机与发电量的比例为25%与16%，德国为17%与7%。欧盟提出到2020年风电装机达到1.8亿千瓦，发电量达到3600亿千瓦时，分别占电网总量的20%与12%。从区内市场看，截至2007年，新疆风电装机仅占全部电源装机3.7%。2010年新疆的电源装机规划预计达到1780万千瓦，如果装机占总电源的10%，则风电可达到178万千瓦。从区外市场看，2010年西北五省电源装机预计超过6000万千瓦，新疆风电外送200万千瓦应可以在西北电网内消纳。从中期看，据国家能源局预计，2020年新疆电源总装机容量（含外送）将达到10124万～13154（低－高方案，下同）万千瓦，外输电力约5400万～7600万千瓦，需电量约4252万～5640亿千瓦时（含外送）。随着电网条件的改善，届时新疆风电装机规模预计可以达到1800万～2310万千瓦以上，发电量达到396万～508亿千瓦时以上。

技术和效益前景：目前，新疆金风科技已经掌握了1.5兆瓦风电机组的设计制造技术，并正在研制2.5、3.0兆瓦机组，为新疆加快发展风电创造了较好条件。通过技术进步、设备国产化、调整税收等手段，未来风电成本将持续下降，使风电更具有市场竞争力，逐步达到与常规能源接近的水平。在2020年实现风电装机1800万～2310万千瓦、发电量396万～508亿千瓦时目标后，每年仅直接发电收入即可达到近170亿元（依据低方案），并可节省燃煤约1200万吨左右（依据低方案），相应减少大量温室与有害气体排放，对新疆节能减排发挥重要作用。

2. 发展思路

以政策支持为引导，坚持“先优后劣”、“分散和集中兼顾”

的原则，以建设大中型风电基地为重点，在努力推动新疆风电疆内消纳的同时，积极创造条件实现风电大规模外送；围绕风电基地建设，建立完善的风能产业体系，保障风电持续、快速、稳定发展；结合新疆与西北电网联网进程，做好风电发展配套电网规划和建设，使规划风电顺利上网；通过提高风电机组性能、可靠性和风电场管理水平，优化风电场选址，不断提高运行小时数；在重点发展并网型风电技术的同时，还要根据市场需求带动离网型小风电机组的开发及产业化。积极开展风电与其他产业集成应用以及多能互补研究、应用，如风光互补电站、户用型风机等，解决边远地区的基本生产、生活用电问题。

3. 发展目标和布局

新疆2010年规划建设风电总装机容量为355万千瓦，约占全国风电总规模的17.5%。其中疆内消纳155万千瓦、外送西北电网200万千瓦，在哈密东南部风区、三塘湖－淖毛湖风区建成两个百万千瓦风电基地。

2015年规划装机容量为1040万千瓦，其中疆内消纳340万千瓦，外送西北电网700万千瓦；进一步扩大哈密东南部风区、三塘湖－淖毛湖风区两个百万千瓦级风电基地规模，建成达坂城百万千瓦风电基地。

2020年规划装机容量为1500万千瓦，其中疆内消纳420万千瓦，外送西北电网1080万千瓦，建成哈密（哈密东南部风区、三塘湖－淖毛湖风区合计）千万千瓦级风电基地，扩大达坂城百万千瓦风电基地规模，建成小草湖百万千瓦风电基地。同时，2010～2020年，积极发展十三间房风区、塔城老风口风区等其他风区风电场。风电发展目标、布局、详见表6。

4. 开发重点

综合考虑电网接入等风电场建设条件，新疆风电场的建设在疆内风电消纳方面，根据电网情况按照分散布置、适度集中的原则布置；在风电外送方面，根据离西北电网就近集中规模化开发风电送出的原则，新疆风电的开展重点应是哈密千万千瓦风电基地和达坂城、小草湖百万千瓦风电基地。

5. 开发路径

根据国家风电发展思路和部署，2020年之前风电场建设重点主要在陆地；2020年后海上风电开发建设将成为重点。新疆要牢牢把握当前风电发展的大好机遇，争取2020年前新疆风电产业发展迈出较大步伐，使风电从调整能源结构的补充能源逐步发展成为替代化石能源的主力能源之一。

路径一：建设哈密地区千万千瓦级风电基地

哈密地区主要有哈密东南部风区、三塘湖—淖毛湖风区，其风能资源丰富，风电机组的年标准利用小时数在2000～2500小时之间，技术可开发量约为3.2亿千瓦。根据《新疆哈密千万千瓦级风电基地规划》，“十一五”期间新疆将启动哈密地区千万千瓦级风电基地建设，规划建设哈密东南部、淖毛湖和三塘湖3座风电场。

路径二：建设达坂城风区百万千瓦级风电基地

达坂城风区位于乌鲁木齐市南郊，风电场施工安装条件非常优越。规划中与西北联网的750千瓦线路从谷地穿过，风区还靠近新疆主电网负荷中心，风电疆内消纳、外送的上网条件都很好。风区风电适合规模化开发，规划“十二五”初建成百万千瓦级风电基地。

路径三：建立风电与其他能源互补、集成利用示范基地

新疆风能、水能、煤炭资源分布具有一定匹配性，适合多能互补、集成开发。根据资源分布，可考虑使用技术上较成熟的风电－光伏发电互补系统、风电－水电互补系统和风电－燃气轮机发电互补系统等。互补系统不仅可以并网应用，也可以组成分布式电源系统独立运行。具体方案可考虑：①大中型风电建设与其他电源联合开发，并网应用；②风力发电与煤化工集成利用；③在远离电网的缺电地区，建设风－光、风－柴等独立运行系统的示范基地。

路径四：积极推广和发展小型风力发电机，解决无电地区用电需求

我国从20世纪80年代初就把小型风力发电作为实现农村电气

化的措施之一。据统计，新疆目前尚有17万户农牧民为无电户，其中处于风区的有10万户。解决这些无电户的用电问题，对提高农牧民生活水平，促进社会和谐进步意义重大。

路径五：在农牧区因地制宜推广风力提水，改善农牧民生活、生产条件

新疆很多地处偏远的农村和牧区常规能源贫乏，无电、缺电情况也较严重。在地下水资源较好的地区，风力提水对解决农牧区人畜饮水、草场灌溉和配合抽水蓄能等方面可发挥积极有效的作用。新疆北部属于风能丰富区，适合推广和发展风力提水，可利用低扬程大流量风力提水机组满足局部农田排灌和水产养殖需要。在牧区，利用深井风力提水机组为牧民和牲畜提供饮水或进行小面积草场灌溉，对于改善当地牧民的生活、生产条件具有明显的社会效益。

（三）积极推进太阳能示范推广和开发利用

1. 前景分析

开发和技术前景：新疆太阳能资源丰富、品质好，目前太阳能资源利用率不足1%，未来开发利用潜力巨大。太阳能热利用（除发电）技术已很成熟；太阳能光伏发电方面，多晶硅电池技术也比较成熟，非晶硅电池技术正处于研发、试验阶段。目前太阳能光伏发电成本约为每千瓦时4元，随着国家从政策上大力支持和鼓励，以及太阳能薄膜电池技术取得重大突破、太阳能电池组件成本逐步降低，光伏发电的应用成本将大幅度降低，太阳能应用领域和规模将不断扩大，从而由补充能源转变成为替代能源。

市场前景：目前太阳能应用领域主要集中在无电地区供电、太阳能热水器、通信等方面。未来太阳能光伏建筑集成及并网发电将成为太阳能大规模利用的主要方式，此外，太阳能也将更广泛、大规模地用于农业灌溉、微波通信、野外作业等领域。

2. 发展思路

新疆经济发展水平低，太阳能资源开发利用，要坚持与当地经

济发展水平相适应，与市场开发相结合，因地制宜、科学规划、示范带动、滚动发展，加快推进太阳能利用技术创新基地建设，研制太阳能光伏发电系统关键技术和设备，研究太阳能热气流、太阳能热电发电技术，开发太阳能建筑技术和产品，保证新疆太阳能产业在激烈的竞争中持续健康发展；以国内外市场为导向，围绕产业链，着力培育、壮大一批优势企业，重点发展多晶硅原料、硅片、电池片、组件、并网逆变技术等环节，全力打造新疆光伏产业集群，不断提高太阳能并网发电规模；建设具有国内先进水平的专业太阳能硅片、系统集成设备研发、生产基地，不断提高本地研发、制造水平，逐步提高产品规模、质量和国际、国内市场占有率；建设大型太阳能光伏、光热并网发电规模化利用示范基地，逐步实现太阳能并网发电的产业化发展；利用离网式太阳能发电系统，逐步解决电网无法延伸地区人民的基本生活用电问题；积极推动城乡太阳能建筑工程建设；继续推广太阳能热水器，提高城乡普及率。

3. 发展目标和布局

2010 年，太阳光伏、光热发电装机规模为 5.5 万千瓦；2020 年发电装机规模达到 75 万千瓦。光伏电站和光热电站主要分布在天山北坡及南疆三地州，屋顶太阳能并网光伏发电主要以乌鲁木齐市、伊宁市、石河子、昌吉市、吐鲁番市、克拉玛依市、库尔勒市等大中城市为试点。

4. 开发重点

太阳能发电利用：重点发展光伏、光热并网电站，示范推广屋顶太阳能并网光伏发电设施。

太阳能热利用：重点发展太阳能热水器，有序发展太阳能一体化建筑、太阳能采暖和制冷示范工程、太阳房、农业设施太阳能利用等。

5. 开发路径

路径一：在乌鲁木齐、昌吉等地建设太阳能示范区

太阳能开发要从“快”处着手，先易后难，力求长计划短安排。在乌鲁木齐南郊、乌鲁木齐高新区北区、米东新区、昌吉市农业示范区等区域，由政府投资，建设一些富有特色和代表性的太阳

能应用系统。如太阳能路灯一条街、太阳能建筑一体化示范区、太阳能公园、太阳能教学楼、太阳能村等，以起到示范、引领作用。

路径二：建设大型太阳能光伏、光热并网发电规模化利用示范基地

开展四种光伏并网电站的示范基地建设：①在吐鲁番、和田、哈密、达坂城等地区建设5000千瓦以上固定式太阳能光伏并网示范电站。②在乌鲁木齐达坂城地区启动建设1000千瓦平面反射镜聚光型光伏并网示范电站。③在乌鲁木齐达坂城地区启动建设1000千瓦二维自动跟踪太阳光伏并网示范电站。④在乌鲁木齐达坂城地区启动建设1000户3千瓦/户的分布式太阳光伏并网电站，总功率3000千瓦。逐步在大中城市，建设与建筑物一体化的屋顶太阳能并网光伏发电设施，首先在公益性建筑物上应用，然后逐渐推广到其他建筑物。

在乌鲁木齐达坂城地区启动建设总容量为5×10兆瓦的太阳能热发电试验示范基地，其中：①槽式太阳能热发电系统总容量为30兆瓦。②塔式太阳能热发电系统总容量为15兆瓦。③盘式/斯特林太阳能热发电系统总容量为5兆瓦（单套系统容量10～50千瓦）。④10兆瓦太阳能热气流实验电站。考虑到太阳能的间歇性，电站可用煤作为辅助能源。

路径三：实施好无电地区太阳能光伏发电工程

在大电网无法延伸的偏远地区，因地制宜建设太阳能集中光伏电站、户用光伏发电系统、户用风光互补系统，解决无电人口的基本生活用电问题。重点在和田、喀什、克州、博州推广户用光伏发电系统；在通信、气象、输油管线、铁路、公路、生态林、边防等领域进一步应用离网光伏发电；在道路、公园、车站等公共设施推广应用光伏照明。

路径四：继续推广太阳能热水器利用，提高城乡普及率

太阳能热水器的应用正在朝向三个方向发展：一是从城市向农村，从民用向大规模集中供热方向发展；二是从季节性向全天候使用方向发展；三是朝着与建筑一体化的方向发展。太阳热水器作为一个新兴产业正处在快速发展时期，政府有关部门要加大宏观管理

和指导力度，培育太阳能热水器产业成为国民经济新的增长点；积极组织实施重大技术示范，支持企业提高装备水平，提高产品质量和生产率，降低生产成本；鼓励企业不断开发新技术、新产品，增加产品品种和规格，扩大推广应用范围；引导产业结构调整，鼓励和支持从事太阳能热水器工程安装、服务的第三产业发展。政府各部门应协调太阳能热水器的推广应用，根据各地的情况，制定相关的政策。凡是有条件的城镇民用住宅和公共建筑要求安装太阳能热水器；富裕乡村民用住宅鼓励安装太阳能热水器；和田、喀什、克州南疆三地州采取适当的补贴措施进行安装，改善农牧民的生活条件。鼓励企业不断开发新技术、新产品，扩大推广应用范围。

路径五：积极促进农村太阳能利用工作

因地制宜在农村地区开展太阳能 - 生物能互补的采暖、炊事和生态住宅示范工程，逐步推广太阳能房、太阳能灶；解决乡村小康住宅采暖、烹调、热水和空调所需能源；加强设施农业的太阳能利用，促进其快速发展。

路径六：推进太阳能建筑集成研发、应用

太阳能建筑集成技术具有高技术、无污染和自供电的特点，能够强化建筑物的美感和建筑质量，具有多功能和可持续发展的特征；建筑物的外墙能为光伏系统提供足够的面积，不占用土地，节省光伏系统支撑结构和输电费用；光伏系统的安装可集中到建筑施工过程，成本又可大大降低。因此，要积极推动太阳能光伏建筑集成应用。把可再生能源的利用与建筑融为一体，直接和间接地利用太阳能 - 地源热能，以满足建筑对能源需求。开发太阳能与建筑结合的集成技术，包括工程规划、设计与工艺技术、与常规能源互补技术、控制技术，为建筑提供 80% ~ 100% 的热能。主、被动式太阳能房是节能效果极为显著的节能建筑，有关部门应给予高度重视，特别是在新疆广大农村应予以大力推广；在北疆城市推广普及多种能源互补的太阳能一体化建筑；在南疆和东疆开展太阳能采暖和制冷示范工程；在农村开展生物能 - 太阳能互补的采暖、炊事和生态住宅示范工程，推广太阳能房。

路径七：建立专业化的太阳能光伏发电设备生产基地

不断扩大多晶硅原料、硅片、电池片、组件产业规模，以区内优势企业为基础，尽快实现高纯度硅片多晶硅原料、电池片批量生产。通过科技攻关、产业化发展，向市场提供多尺寸规格、高品质的产品，实现硅片太阳能上游产品高端产品专业化和低成本发展。

加快太阳能发电系统集成的研制和生产。培育壮大一批太阳能离网和并网发电系统专业生产、服务企业，与国际、国内研究机构进行战略合作，将技术引进和自主创新相结合，研制和生产通信电源、大功率光伏离网逆变器和并网逆变器，逐步提高技术引进和研发、成果转化能力，扩大产品规模和品种，提高市场竞争力，向客户提供国际领先的大型离网和并网设备、方案设计和技术服务。

路径八：开展太阳能－氢能转换技术的应用试点

氢是一种高品位的清洁能源，太阳能可以通过多种途径分解水转换为氢能，以电解水制氢的方法应用较广且比较成熟，效率较高。新疆太阳能资源丰富，将太阳能转换成氢能，可以储存、运输。因此，加快太阳能－氢能转换以及储氢技术的应用研究，建立示范点，有助于推进太阳能大规模开发利用。

路径九：加快太阳能照明技术的研究及新产品开发

结合新疆实际以及国内外市场需求，围绕着城市光伏照明系统的发展方向，改进和完善光伏并网逆变设备，完善生产工艺，开发太阳能路灯等光伏照明系列产品。

（四）适度发展生物质能

1. 前景分析

沼气工程和垃圾发电：新疆畜禽粪便、生产和生活垃圾数量多、供应充足，且每年约以2.5%的速度增长，未来可满足大规模发展户用、大型沼气利用工程、垃圾发电的需要。

生物秸秆发电：玉米和棉花等农作物秸秆目前主要用于牲畜饲料、粉碎还田，少部分用于生活燃料，所以生物质发电原料有限，加上后续宜引发对植被的破坏，因此在新疆生态环境十分脆弱的状况下不宜发展。

生物作物种植：新疆土地广阔，可在政策允许的范围内，利用未开发的宜林沙荒地大面积培育能源林，既改善生态环境，又能为生物质燃料开发提供充足的原料。通过我们调研和咨询专家，新疆适宜种植的耐旱、耐盐碱能源植物有柽柳、文冠果、紫穗槐等10余种，目前正开展基地规模化试种。与其他省区相比，我区能源植物要比内地推广的麻风果等油科木本植物出油率高出10%～20%，发展前景极其看好。

综合来说，新疆生物质能资源总量大，市场前景较好，但新疆比较缺水，利用现有耕地发展能源作物受到一定限制，使得生物质液体燃料因原料有限应适度发展，沼气利用、垃圾发电可大规模发展。

2. 发展思路

依据国家产业政策，在保证农业生产、保护生态环境的前提下，以市场需求为导向，依靠科技进步，根据新疆生物质能资源供给情况，因地制宜，因需制宜，多元开发，物尽其用，稳步推进生物质能开发利用，逐步实现以规模化建设带动产业化发展。通过种植能源作物和能源植物，有效延长农业产业链，提高农业、植树造林和生态建设的综合经济效益，增加农民收入，改善农村环境，促进农村经济更快发展；通过发展沼气工程，为农村提供高效清洁的生活燃料，改善农民的生活条件；通过发展生物燃料乙醇和生物柴油，为石油替代开辟新的渠道，弥补石油资源不足。

3. 发展目标和布局（见表1、表2）

表1　2010～2020年新疆垃圾发电发展目标和区域布局

单位：万千瓦

类　别	2010年	2015年	2020年	区域布局
垃圾发电	0.5	1.2	2	乌鲁木齐、伊宁、石河子、克拉玛依、库尔勒等大中城市

表 2　2010～2020 年新疆生物质燃料发展目标和区域布局

类别		2010 年	2015 年	2020 年	区域布局
沼气	户用沼气工程（万立方米）	1000	1300	1600	喀什、克州、和田地区、伊犁州、塔城地区、阿勒泰地区、昌吉州
	大型沼气工程（万立方米）	150	400	800	
生物质液体燃料	生物乙醇（万吨）	10	40	60	伊犁州、阿勒泰地区、巴州、喀什地区
	生物柴油（万吨）	2	4.5	8	
能源植物种植面积	能源植物（万公顷）	13	20	30	

4. 开发重点

根据新疆经济社会发展需要和生物质能利用资源、技术状况，近、中期应大规模发展沼气开发利用、城市垃圾发电，适度发展生物液体燃料。在政策许可的条件下，逐步推进生物质林建设，为未来生物燃料开发利用提供资源保障。

5. 开发路径

路径一：示范推广大中型沼气发电工程

结合南北疆地域特点和经济社会发展水平，因地制宜实施户用沼气工程、大中型沼气发电工程。南疆地区应继续重点实施农村户用沼气工程，充分利用牲畜粪便、秸秆等废弃物资源，推广沼气池、青贮池、日光温室、暖圈、卫生厕所“五位一体”的养殖型沼气发展模式，解决生活燃料、照明等问题。南、北疆的中小城镇，积极在规模化畜禽养殖场、大型农副产品加工基地和城市污水处理厂建设大中型沼气利用工程，合理配套安装沼气发电设施，并逐步示范推广。

路径二：示范推广垃圾发电项目

以乌鲁木齐、伊宁、石河子、克拉玛依、库尔勒等大中城市为试点，积极推广垃圾卫生填埋技术，选择大中型垃圾填埋场设置填埋气回收装置，建设垃圾填埋气发电厂，或者通过直接燃烧建设垃圾直燃发电厂。建立完善的垃圾收集、供应体系，做好配套电网建设，保证发电厂安全、高效、持续运营。

路径三：建立生物液体燃料研发、生产基地

近期重点发展以甜高粱为主要原料开发燃料乙醇技术，中期发展以纤维素为原料的生物液体燃料技术；逐步发展以小桐子、油桐、棉籽等油料作物为原料的生物柴油生产技术；逐步建立餐饮等行业的废油回收体系；建设以甜高粱等能源作物为原料的燃料乙醇试点项目，逐步扩大规模。积极开展新技术、新装备和新产品的研制和开发工作，以及技术标准和认证工作，取得技术成果，提高经济性，扩大市场规模，加快产业化开发利用。

路径四：建设能源植物种植基地

根据生物液体燃料生产对原料供应的工业化需求，结合新疆土地资源和农业生产的特点，建设能源作物种植基地。合理开发利用边际土地资源，高效节约利用水资源，能源作物的种植做到不与民争粮、不与粮争地、不与地争水、不破坏环境。新疆农业科研部门多年的研究表明，发挥新疆现有土地资源和农业生产的特点，合理利用盐碱地、荒地和冬闲田等未利用或利用不充分的土地资源，还有适宜种植甜高粱的荒地面积达 2000 万亩以上。新疆林业科研部门研究试验表明，适合新疆荒漠种植的生长量大、耐旱、耐碱、节水的油料木本能源树种近 10 种，即核桃、巴旦杏、阿月浑子、柽柳、紫穗槐、文冠果、野巴旦杏、山杏等。经过科研部门长期攻关，积累了丰富的品种选育、育苗和丰产栽培等技术和经验，为新疆能源作物种植奠定了良好的科技基础。

五、新疆可再生能源开发利用对策建议

从 2000 年至今，国家对可再生能源开发利用的投资力度不断加大，极大地推进了新疆可再生能源产业的发展。政府政策扶持成为可再生能源产业发展的主要驱动力，《可再生能源法》的颁布及

一系列促进可再生能源产业发展政策和法规的实施成为可再生能源产业发展的重要动力。在化石能源资源富集的新疆，如何推进可再生能源的开发利用，需要国家和地方政府强有力的引导和支持，需要制定和落实扶持可再生能源发展的各项政策，完善市场机制，确保新疆可再生能源产业健康、有序发展。

（一）加强政府对可再生能源开发利用的协调指导作用

加快新疆可再生能源开发利用，首先要领导重视，转变观念，政府观念的改变是关键。因为开发可再生能源，一靠政策保障，二靠资金支持，三靠示范带动。从2000年至今，自治区以各种形式给予可再生能源推广应用各类优惠政策以及适当的经济补贴，使其得以生存和发展。但新疆可再生能源发展目前仍然面临很多问题，依靠政府政策和资金支持仍然是可再生能源发展的初始动力。随着自治区经济的快速发展，大量可再生能源利用工程项目开始启动与实施，政府要更加重视可再生能源产业发展，继续做好保驾护航。不断加大支持力度，明确发展方向、制定发展规划、出台优惠鼓励政策，引导投资者加大对可再生能源产业的投入。高度重视可再生能源开发利用对转变新疆经济发展方式、促进社会经济可持续发展的重大意义，制定出台各项鼓励可再生能源产业发展的优惠政策，想方设法加大资金投入以及科研、示范和推广。

随着可再生能源利用技术的提高和经济性的改善，提倡在一切可以利用可再生能源的生产、生活领域尽量利用洁净的可再生的能源，逐步建立可再生能源与常规能源并举发展的多元化能源结构。在推进落实国家各项扶持政策的同时，抓紧制定有利于可再生能源产业发展的地方法规政策，制定符合新疆实际的可再生能源发展规划，加强对可再生能源资源评价，设立可再生能源开发基金，建立可再生能源发电价格的补偿机制，建立和完善可再生能源产业市场机制，确保可再生能源企业持续、稳定、健康的发展。当前政府需要做好以下几项工作：一是借鉴国外成功经验，建立可再生能源的引导资金。二是加强政府对可再生能源资源的管理力度，充分发挥政府对可再生能源发展的指导、协调作用。三是认真落实《可再生能源法》中有关可再生能源发电上网的各项规定，针对风电、光伏电等可再生能源发电上网制定明确的、可供操作的政策规定，明确各相关部门的权利和义务，尽快破除可再生能源发电上网障碍。四是处理好常规能源与可再生能源的关系，使常规能源与可再生能源相互促进，共同发展。五是加强舆论宣传和引导，提高全社会对可再生能源开发利用重要意义的认知度。

（二）建议成立新疆可再生能源开发协调领导小组

可再生能源开发是一个多学科、多领域、跨行业、跨部门的重要产业，新疆可再生能源与常规能源产业有着割舍不断的联系。与常规能源发展相比，可再生能源是弱小产业，需要政府与社会各界的支持。因此建议成立“新疆可再生能源开发协调领导小组”，协调全疆可再生能源开发工作，组织和指导可再生能源基地建设，整合技术、人才优势，组织“产、学、研”结合的科技攻关队伍，开展各项研究，推进可再生能源产业快速发展。

（三）建议国家尽快在新疆实行《节能发电调度办法》

为大力推进可再生能源规模化发展，提高能源利用效率，节约能源，减少污染，促进能源结构调整，建议国家尽快在新疆实行《节能发电调度办法》。总体上，机组发电排序表优先调度风能、水能等可再生能源发电机组，由自治区发展改革委会同经贸委认真组织开展新疆年、季、月、日电力负荷需求预测及管理工作，并定期向相关部门及电网和发电企业发布预测信息；根据负荷预测和发电机组实际运行情况，制定本区年、季、月发电机组发电组合的基础方案。各级电力调度机构应按照排序表和发电组合的基础方案，并根据电力日负荷预测和发电机组的实际发电能力、电网运行方式，综合考虑安全约束、机组启停损耗等各种因素，确定次日机组发电组合的方案，并予以实施。

（四）制定产业发展规划，加强资源普查评估

坚持建设规模与经济发展水平相适应、开发与市场相结合原

则，在新疆能源开发协调指导小组的组织协调下，加快制定新疆可再生能源中长期发展规划及风能、水能、太阳能和生物质能开发利用专项规划，明确发展思路，确定发展目标。通过总体规划，分类实施，突出重点，滚动发展，因地制宜，合理布局，构建多元化的能源结构体系，使可再生能源成为新疆能源的重要组成部分。

新疆可再生能源资源工程性调查评估明显滞后。要实施可再生能源大规模集约开发，把新疆建成全国可再生能源规模化利用示范基地，必须加快对全疆太阳能、风能、生物质能、地源热能、地下水、城乡垃圾、污水以及荒漠土地等资源的详查和评估。要组织研究可再生能源资源特点、时空分布特征、有效资源量、可开发资源量，评估资源开发利用技术的可行性、经济和社会效益，制定可再生能源资源评价方法和技术标准，为制定新疆能源发展规划，促进可再生能源开发利用提供翔实可靠的基础数据。

（五）科学部署可再生能源示范基地建设

以示范基地为平台，积极开展荒漠地区大规模开发利用可再生能源的关键技术研究，研制、推广可再生能源大规模利用的技术设备；研究相关技术标准、规范，研究相关政策和法律；在重点发展并网型发电技术的同时，还要发展离网型发电技术；积极研制、开发水、风、光等可再生能源与煤炭等常规能源的互补利用技术，做好区域互补发电场各类资源的观测与评估，研究互补并网发电系统的体系结构，寻找较好的蓄能方式和备用发电装置，合理配置互补发电场，形成较完善的技术支撑体系，逐步进行示范推广。把基地建成新疆开发可再生能源利用技术的试验场，逐步形成工业化生产、商业化运营、市场化运作的可再生能源产业。

（六）重视对能源互补利用技术的研究与推广

从未来发展趋势看，新疆常规能源与可再生能源发展将携手并进，而多能互补、联合开发、集成利用成为能源行业节约能源、减少浪费、提高效率、降低成本的最佳选择。因此要重视对能源互补利用技术的研究，加快应用与推广。积极研制、开发可再生能源与其他能源的互补利用技术，做好区域互补发电场各类资源的观测与评估，研究互补并网发电系统的体系结构，寻找较好的蓄能方式和备用发电装置，合理配置互补发电场，形成较完善的技术支撑体系，逐步进行示范推广。

（七）积极培育可再生能源利用系统集成服务业

随着自治区经济的快速发展，大量的可再生能源利用工程项目开始启动与实施。然而，目前新疆的可再生能源利用系统集成、管理和服务业不适应可再生能源利用市场快速发展的要求，要大力发展可再生能源利用系统集成和服务业，采用市场运行机制，促进可再生能源产业的发展。依托可再生能源利用工程的开发，按行业分类，积极培育和扶持风电、光伏发电、农村能源、太阳能建筑工程等专业技术服务队伍和服务公司，使其快速发展壮大，利用成熟的可再生能源技术，开发、生产、推广各类高品位的清洁能源，并向最终用户提供完整的服务，为企业创造利润，促进企业可持续发展。

（八）积极培养人才，加强可再生能源开发能力建设

大规模开发利用可再生能源是一项浩大的系统工程，必须在国家有关部门和地方政府的引导下，以市场为导向，以企业为主体，采用“产、学、研”联合攻关的模式，开展可再生能源科技前沿的重大基础性、前瞻性与战略性研究，也需要有一支稳定、过硬的骨干队伍。目前新疆可再生能源技术人才结构不合理，高级复合型人才短缺，知识结构老化，不能适应新疆可再生能源产业的发展要求。一方面，要加快引进人才、稳定现有人才队伍；另一方面，要加快培养人才。建议新疆主要大专院校设立可再生能源学科，有计划地培养专业人才。同时，要解放思想，与时俱进，想方设法引进技术和人才。

（九）建立补偿和激励机制

采取有效措施吸引国内外企业和重大示范项目落户新疆，参与

开发，制定相关政策和法规，建立可再生能源开发利用补偿机制。推进落实国家已出台的相关扶持政策，解决可再生能源开发企业运行成本较高问题，推动可再生能源开发企业与一次能源开发企业的均衡发展。制定鼓励政策推动可再生能源发展，对参与可再生能源开发建设的企业或个人给以适当的政策性补贴，支持有实力的可再生能源企业到开发区发展。

（课题负责人：刘晏良，课题组成员：甘昶春、胡隽秋、向龙、王伯礼、刘文峰、陈晓萍、张新猛）

后　　记

党的十七大提出“转变经济发展方式”，并将其作为“关系国民经济全局紧迫而重大的战略任务”，这是在我国经济发展的基础上，不断进行理论和实践探索的结果，反映了我们党对建设中国特色社会主义的经济发展规律的全面和深刻认识，这一战略任务的提出也是对马克思主义发展理论的充实和发展。

为了深入领会转变经济发展方式的理论和精神实质，在我国经济发展的实践中自觉地贯彻中央制定的转变发展方式的方针，并将其与各级发展改革委系统的各项工作相结合，国家发展改革委学术委员会办公室在国家发展改革委学术委员会领导的指示下，组织了地方发展改革委学术委员会《转变经济发展方式研究》课题。课题研究工作从2008年2月开始，经过了以下几个阶段：一是组织准备阶段。2008年3月进行了课题研究工作的布置，共有14家地方发展改革委学术委员会参加，其中东部6家、中部4家、西部4家；6月底各参加单位完成了提纲编写；二是深入研讨阶段。2008年7月底，课题组在江西省南昌市召开了课题交流研讨会，特请原国家计划委员会秘书长、原国家计委宏观经济研究院院长白和金同志到会指导，并作了转变经济发展方式有关问题的专题讲解。各参加单位进一步理清研究思路，并对提供的研究提纲进行修改；三是形成初步研究成果阶段。2008年10~12月底，在深入调查研究的基础上，各参加单位形成分报告初稿，提交国家发展改革委学术委员会办公室。与此同时，国家发展改革委学术委员会办公室在各分报告研究的基础上形成总报告初稿，于2008年12月24日召开课题组第二次会议，讨论了各报告的有关情况和对总报告初稿的修改意见。国家发展改革委学术委员会办公室课题组同志于2009年2~3月份完成总报告的修改工作；四是成果的出版发行阶段。2009年2~3月，对课题各分报告和总报告进行编辑统稿，形成《转变经济发展方式研究》书稿，提交中国计划出版社编辑、出版、发行。

从研究的总体情况看，主要分两个层面，第一个层面是形成的总报告，着重从国家层面对转变经济发展方式的理论创新和重大意义、转变经济发展方式的紧迫性、“三个”转变的相互关系和存在的问题、转变经济发展方式的有利条件和制约因素、转变经济发展方式的中长期目标和政策措施等方面进行研究；第二个层面是形成的各地方发展改革委学术委员会分报告，结合各地区的情况，抓主要矛盾，结合转变经济发展方式的总体方针，深入进行研究并提出有针对性的政策措施建议。这次研究成果具有几个特点：一是紧密围绕十七大报告提出的转变经济发展方式的精神，结合全国与各地发展改革委的重点工作，对有关问题进行了有针对性的研究；二是各地结合自身特点突出了各地工作的特色，研究内容都主要集中于在转变经济发展方式中的突出矛盾和主要问题；三是结合落实科学发展观工作的实际，各地方对落实本地区的经济发展方式转变，提出了具有指导意义的重要建议。

在国家发展改革委学术委员会主任王春正和副主任朱之鑫同志的大力支持和正确指导下，在白和金同志的指导和帮助下，在14家地方发展改革委学术委员会的鼎立配合下，这次研究工作得以顺利进行，并取得了比较圆满的成果。在此，对大家的支持、努力、合作和积极配合表示衷心感谢！此外，也要感谢中国计划出版社为此书出版所付出的努力。

由于水平有限，研究工作和研究成果中不可避免存在一些不足和问题，我们欢迎来自各方面的批评指正！

编　者

2009年3月